张九成哲学思想研究

朱 琳·著

RESEARCH ON ZHANG JIUCHENG'S
PHILOSOPHICAL THOUGHT

ZHEJIANG UNIVERSITY PRESS
浙江大学出版社
·杭州·

图书在版编目（CIP）数据

张九成哲学思想研究 / 朱琳著. -- 杭州：浙江大
学出版社，2025.5. -- ISBN 978-7-308-26260-6

Ⅰ. B244.995

中国国家版本馆 CIP 数据核字第 2025Y5X700 号

张九成哲学思想研究

朱　琳　著

责任编辑	胡　畔
责任校对	赵　静
封面设计	雷建军
出版发行	浙江大学出版社
	（杭州市天目山路 148 号　邮政编码 310007）
	（网址：http：// www. zjupress. com）
排　　版	大千时代（杭州）文化传媒有限公司
印　　刷	杭州钱江彩色印务有限公司
开　　本	710mm×1000mm　1/16
印　　张	13.5
字　　数	201 千
版印次	2025 年 5 月第 1 版　2025 年 5 月第 1 次印刷
书　　号	ISBN 978-7-308-26260-6
定　　价	88.00 元

目　录

导　言

北宋是思想非常繁荣的时期,涌现出了许多哲学家,形成了众多学派。程颢和程颐所共同创立的洛学,是当时非常有影响力的学派。洛学也被称为"理学",因为这一学派主要是以"天理"为宇宙的本源。程颢和程颐虽然都以"天理"为最高本体,但是二人的思想存在差异,这种差异在后世逐渐地演变成了不同的学派。冯友兰先生提出:"明道乃以后心学之先驱,而伊川乃以后理学之先驱也。"[①]现在有些人认为程颢的心学思想被陆九渊所继承发展,程颐的理学思想被朱熹所继承发展。这一观点有待商榷。洛学确实是理学和心学的源头,程颐的理学思想也确实是被朱熹所继承,但是程颢的心学思想却并不一定是由陆九渊所继承。这一观点,忽略了两宋时期一个非常重要的人物,那就是张九成。

张九成(1092—1159),字子韶,号横浦居士、无垢居士,是两宋之际十分重要的思想家,其思想影响深远。金朝学者赵秉文评其《论语解》"虽圆顶黄冠、村夫野妇,犹宜家置一书"[②],从这里也可以看出张九成在当时社会中的影响之大。从学术渊源来说,张九成是二程的再传弟子,师承杨时。全祖望提出:"龟山弟子以风节光显者,无如横浦,而驳学亦以横浦为最。晦翁斥其书,比之洪水猛兽之灾,其可畏哉!然横浦之羽翼圣门者,

---

① 冯友兰:《中国哲学史》,上海:华东师范大学出版社,2000年,第242页。
② 赵秉文:《道学发源序》,载《金文最》卷四十,北京:中华书局,2020年,第579页。

正未可泯也。"①全祖望认为张九成是杨时弟子中的佼佼者,肯定了其在程门中的地位和价值。张九成作为"二程再传""龟山门人",其传承体系非常清晰,可以称为"程门嫡传"。他的思想体系也非常清晰,主要是源于洛学的心学思想。朱熹曾说:"上蔡之说,一转而为张子韶,子韶一转而为陆子静。上蔡所不敢冲突者,子韶尽冲突;子韶所不敢冲突者,子静尽冲突。"②朱熹认为张九成的思想来源于谢良佐,又与陆九渊的思想具有一致性,所以谢良佐、张九成、陆九渊的思想是一脉相承的。朱熹从心的角度出发,认为他们都与心学关联甚深,张九成与陆九渊的思想都属于心学。全祖望也提出:"程门自谢上蔡以后,王信伯、林竹轩、张无垢至于林艾轩,皆其前茅,及象山而大成,而其宗传亦最广。"③全祖望认为张九成的思想和陆九渊的思想具有相关性,是"心学"的"前茅"。我们可以看出,无论是从学术传承还是从思想传承来看,程颢的心学思想的传承者都应该是张九成而非陆九渊。虽然我们现在对于张九成相对来说比较陌生,但是却不能否认其在洛学中的地位,不能忽视其在洛学心学化中的作用。

张九成的思想在宋代时期影响深远,以他当时的影响力,在洛学中应该具有非常重要的地位,而我们现在对其在洛学中的定位尚未有明确的共识,这是一个非常值得关注的问题。我们现在对于张九成的研究和认识都不够充分,没有认识到其在洛学中的地位和价值,也没有认识到其心学思想的地位和价值。本书主要是在两宋历史和学术的大背景下,通过梳理张九成的思想,分析其学术特色,考察其学术脉络,探索其思想的内在理路。本书从学术史、思想史、哲学史的角度,分析张九成思想。从学术史的角度出发,给予张九成以恰当的历史定位;从思想史的角度,研究其思想的发展脉络与演变,探索其思想发展的内在规律;从哲学史的角度,分析其哲学思想并阐明其思想的独特性,以期更深入、清晰地阐述张九成思想的丰富性和独特性。

---

① [清]黄宗羲、全祖望:《宋元学案》,北京:中华书局,1986 年,第 1302—1303 页。

② [清]黄宗羲、全祖望:《宋元学案》,北京:中华书局,1986 年,第 931 页。

③ [清]黄宗羲、全祖望:《宋元学案》,北京:中华书局,1986 年,第 11 页。

第一章　生平简介

任何一个人思想的形成都与其所处的时代密切相关,张九成思想的形成也受到当时时代环境的影响。他生活在两宋时期,经历了北宋的灭亡和南宋的建立,深刻地体会到人心不正给社会造成的混乱。他主张"正心",希望通过"正心",维护社会伦理秩序。在时代环境的影响下,他形成了一套贯通形而上与形而下的完备的心本论理论体系。

第一节　社会背景

北宋开国皇帝赵匡胤发动陈桥兵变,黄袍加身,接受周恭帝禅让,建立宋朝,结束了五代混乱不堪的社会局面。北宋吸取了唐代藩镇割据的教训,以及五代时期道德沦丧、纲常混乱的教训,开国之时就实行以皇帝为核心的中央集权制。北宋虽然结束了战乱,却面临着严峻的社会问题。邓广铭曾提出:"就其政权本身来说,所继承的是五个短命王朝,即在五十三年时间内,改换了五个朝代和八个姓氏的十三个君主。"[①]为了维护君

---

① 邓广铭:《北宋政治改革家王安石》,石家庄:河北教育出版社,2000年,第347页。

主的统治地位,赵匡胤极力削弱军权,以加强君主的权威和主导地位,减少将领对军权的威胁,还实行内重外轻的军事策略,以及重文轻武的政治措施,并大力发展儒学,重振儒学权威,进行科举取士,广泛吸引社会人才为国家所用。

北宋建立时确立的各种经济、政治、军事制度,都是为了维护中央集权统治。宋太宗说:"国家若无外忧,必有内患。外忧不过边事,皆可预防。惟奸邪无状,若为内患,深可惧也。帝王用心,常须谨此。"①这在一定程度上确实可以缓解唐代藩镇割据局面的产生,起到维护君主统治的作用,但也在一定程度上削弱了军事实力,为后来的社会发展埋下了深深的隐患,以至于在面对辽和西夏入侵之时,无力抵抗,只能被迫割地赔款。北宋重文轻武的政治主张,虽然吸引了一批人才,但是随着时间的推移,文官体制过于庞大,最终成为朝廷负担,以致尾大不掉。

到了北宋中期,内忧外患进一步加剧。庆历前后,辽和西夏势力壮大,在宋与西夏的战争中,宋军接连惨败,宋朝被迫岁供银绢茶采。辽国又趁机用武力逼迫宋朝,与宋缔结了"澶渊之盟",在规定赔偿的基础上又增加银和绢,宋王朝陷入内外交困的局面,政权开始摇摇欲坠。正如欧阳修所提到的:

> 从来所患者夷狄,今夷狄叛矣;所恶者盗贼,今盗贼起矣;所忧者水旱,今水旱作矣;所赖者民力,今民力困矣;所须者财用,今财用乏矣。陛下之心,日忧于一日;天下之势,岁危于一岁。②

北宋中期,内部民困财乏,面临匪患和水旱灾害,外部又面临外敌入侵的威胁。面对内外交困的社会局面,有识之士纷纷上疏要求改革,要求对内改革弊政,对外坚决抵抗辽和西夏。为了维护社会秩序,北宋开始了改革。北宋发生了两次重大的改革,宋仁宗时期范仲淹主持的庆历新政和宋神宗时期王安石主持的熙宁变法。两次改革都是想改变北宋积贫积

---

① [宋]李焘:《续资治通鉴长编》,北京:中华书局,1979 年,第 719 页。

② [宋]欧阳修:《欧阳修全集》,北京:中华书局,2001 年,第 646 页。

弱的社会局面,都是为了拯救时弊,摆脱内忧外患的局面,但是这些改革都没有顺利进行,因为改革触犯了既得利益者,遭到了他们的激烈反抗,最终都以失败告终。

宋徽宗赵佶为政时期是北宋最为黑暗、腐败的时期,也是北宋的末期。宋徽宗昏庸无度,蔡京等人大肆敛财,掠夺百姓财富,供自己挥霍,阶级矛盾进一步激化。蔡京等人还大肆迫害与他们持反对意见的人,把他们定为"元祐党人",致使统治集团内部的矛盾进一步激化。宣和七年(1125)十月,金太宗攻宋,面对金人的威胁,宋徽宗将帝位传给了赵桓,并随即南逃。赵桓即位,也就是宋钦宗,他即位后首先取消了元祐党禁,惩处蔡京集团,一定程度上缓解了内部矛盾。靖康元年(1126)二月,金军退兵,宋徽宗回到开封,又开始了奢靡无度的生活。靖康二年(1127)三月宋徽宗、宋钦宗被俘,北宋灭亡。

建炎元年(1127),宋徽宗第九子、钦宗之弟赵构即位,建立南宋。南宋在政治、军事等一些领域都沿袭北宋。宋高宗反思北宋灭亡的原因,认为北宋亡于蔡京等人之手,但是归根溯源始自熙宁变法,认为王安石是北宋灭亡的罪魁祸首,他坚持保守,反对革新,偏安一隅,不思进取。绍光八年(1138)宋室南迁,正式定都临安府(今浙江省杭州市)。1141 年,宋、金达成了绍兴和议,南宋放弃了淮河以北地区,双方以淮河—大散关为界。南宋时期民族矛盾日益激化,不仅受到金的军事威胁,还遭到元的野蛮侵略,外部环境十分严峻,深深地威胁着南宋政权的稳定。内部,南宋权相把持朝政,官僚腐化,军费支出庞大,岁币沉重,统治集团靡费,财政困难,剥削严重,民众负担繁重,阶级矛盾激化。

宋朝开国之初,赵匡胤和赵匡义等开国之君制定的加强中央集权的各种措施,被后世的君主依循。这些措施虽然起到了加强中央集权的作用,维护了君主的权威,但也是后期宋朝积贫积弱的原因。随着后期社会矛盾激化,有识之士想要改革以缓解社会矛盾,却遭到一些守旧派以及既得利益者的反对,导致改革无法顺利进行,最终失败。面对内忧外患的局面,南宋之君只重守成,最终宣告了整个宋朝的灭亡。

张九成一生命途多舛,亲身经历了北宋的灭亡和南宋的建立,历经了哲宗、徽宗、钦宗、高宗几朝,目睹宋徽宗荒淫无度导致的社会混乱,以及当时士大夫面对国破的冷漠、道德沦丧以及士风颓丧。在这种时代环境下,他主张将内在道德自觉与外在政治实践结合起来,开始建立心本论的理论体系。

第二节　生平经历

张九成(1092—1159),字子韶,号横浦居士、无垢居士,祖籍涿郡范阳(今河北省涿州市)。后来其祖父张士寿因喜爱钱塘山水,举家迁到了杭州盐官。其父张伸(1067—1141),品性高洁,颇有声望,"贫无资用,而周人之急,虽解衣推食弗惮也。生平耻言人过,乐诱以善道,乡曲无少长,皆爱慕欣欣焉"①。张九成在其晚年自述中提到:"予家世业儒,颇以清德显。"②张九成自小聪颖,"某自六岁读书,家素寒窘,父某不使某为农为商,躬自抚育,教督诲诱,凡三十余年"③。他八岁之时,已能默诵"六经",通晓经书大概的旨意。"八岁默诵'六经',通大旨"④,其父张伸曾经让其友人当众以经书考校张九成,而他对答如流,并说"精粗、本末无二致,勿谓区区纸上语不足多,下学上达,某敢以圣言为法"⑤,他的回答出乎所有人的意料,众人纷纷感叹"真奇童子也"⑥。张九成十岁擅文,令当时同辈人折服。十四岁之时,开始游学郡庠,"予十四入乡校,止以勤诵读,不出

---

① ［宋］张九成:《张九成集》第4册,杭州:浙江古籍出版社,2013年,第1313页。
② ［宋］张九成:《张九成集》第4册,杭州:浙江古籍出版社,2013年,第1186页。
③ ［宋］张九成:《张九成集》第1册,杭州:浙江古籍出版社,2013年,第192页。
④ ［宋］张九成:《张九成集》第4册,杭州:浙江古籍出版社,2013年,第1313页。
⑤ ［宋］张九成:《张九成集》第4册,杭州:浙江古籍出版社,2013年,第1313页。
⑥ ［宋］张九成:《张九成集》第4册,杭州:浙江古籍出版社,2013年,第1313页。

户,加谨畏,遂为学中所知"①。他非常珍惜学习的时光,读书非常刻苦。有舍生暗中窥探,发现他"敛膝危坐,对置大编,服膺匪懈,若与神明为伍",对其更加敬佩。张九成十八岁之时因为家贫,所以开始教学乡里,"十八即为人门客,教子弟,聚束脯,归赡家"②。这个行为一直持续到其进士及第之时。

宣和年间,张九成游学京师,这时候他拜见了杨时,并从学于杨时。张九成是杨时的弟子,全祖望曾提到:"龟山弟子以风节光显者,无如横浦。"③全祖望认为张九成是杨时弟子中的佼佼者,肯定了其在程门中的地位和价值。杨时首先教导他如何看仁,并大约在此时,他结识了胡安国父子。《武林梵志》记载,"(张九成)谒胡文定公,咨尽心行己之道,胡告以将《语》《孟》谈仁义处,类作一处看,则要在其中。公禀受其语,造次不忘"④。他与胡宏受学于杨时,并与胡寅结下深厚友谊。

绍兴二年(1132),张九成四十一岁,进士及第。高宗在策问中列举了当时的弊政,如外侵内盗、财政、军队、吏治、中兴、民心等,下令征求意见。张九成针对高宗的策问,提出高宗应该以刚大为心,以俭德为主,然后亲近儒臣,远离小人,广开言路,去声远色,设精锐之军,行屯田之法,节财保民,卧薪尝胆,以图中兴。高宗叹曰:"忠鲠可嘉,宜擢置第一。"⑤杨时也对张九成说"廷对自更科以来,未之有。非刚大之气,不为得丧回屈,不能为也"⑥,然后授宣教郎。他的状元策后来传到北方的刘豫伪朝廷,因策中将刘豫比作狐狸、鸱鸮,所以刘豫想要派刺客刺杀张九成,而张九成丝毫不畏惧,且曰:"欺天罔人,恶积祸稔,殆自毙矣。"高宗闻之,对其更加器重:"逆豫榜卿廷策,谋以致害。非卿有守,岂能独立不惧?"⑦授镇东军金

---

① [宋]张九成:《张九成集》第4册,杭州:浙江古籍出版社,2013年,第1186页。

② [宋]张九成:《张九成集》第4册,杭州:浙江古籍出版社,2013年,第1186页。

③ [清]黄宗羲、全祖望:《宋元学案》,北京:中华书局,1986年,第1302—1303页。

④ [明]吴之鲸:《武林梵志》,杭州:杭州出版社,2006年,第188页。

⑤ [宋]张九成:《张九成集》第4册,杭州:浙江古籍出版社,2013年,第1314页。

⑥ [宋]张九成:《张九成集》第4册,杭州:浙江古籍出版社,2013年,第1314页。

⑦ [宋]张九成:《张九成集》第4册,杭州:浙江古籍出版社,2013年,第1314页。

判。张九成到任后一直专注于吏事,下属不敢有所欺瞒,治绩被评为第一。他曾经在墙壁上写道:"此身苟一日之闲,百姓罹无涯之苦。"①朝廷当时责令州县,究查官吏,浙东宣谕朱御史上奏了张九成的事迹,所以蒙恩赐转奉议郎。任期满的时候,他入见皇帝,认为自己没有取得什么成就,向皇帝请辞;再次请辞,未允。后来有百姓违背禁盐令,这个事情牵连到旁的郡。禁令严峻,监司张宗臣借此发作,罪及无辜,然而无人敢于申辩。只有张九成直言不讳地指出:"当坐者数人。余家良民,远处数百里外,若尽欲追系,苛扰甚矣。"②张宗臣说:"彼首冒近制,必峻法以戒将来。"③张九成说:"朝廷立法,以治奸究,倘有观望,使无辜例陷于罪,非惟某所不忍,亦非使君所乐为。"④张宗臣因此大怒,当时有同僚劝张九成附和张宗臣,而张九成说:"事不可行,岂宜苟循!"⑤随即弃官归家,讲学于家乡盐官。

绍兴四年(1134),张九成在盐官授徒讲学。当时的士人听闻张九成返乡,各路学子汇集到这里,张九成提出:"夫人幼而学之,壮而欲行之。《大学》平天下之道,自格物而入;夫子不逾矩之道,自志学入。一心之所营,即经纶天下之业;一身之所履,即绥定国家之事。耳目乃礼乐之原,其可弗正?梦寐乃居处之验,其可弗思?诸君曷亦深求而自得之,以无愧所学。"⑥学要有所用,真正地为国家服务。绍兴五年(1135),通过赵鼎举荐,授太常博士。在回答皇帝的问题之时,他提出要正心术、用人才、收兵权。高宗深为嘉叹,认为他忠直可嘉。同年改著作佐郎。这一年其弟子汪应辰中状元,高宗感叹:"魁殿省者皆卿门人。"⑦张九成回答:"昔夏侯胜矜语门人,谓'士患不明经,经旨苟明,取青紫如拾芥',臣尝鄙之。明

<hr>

① [宋]张九成:《张九成集》第4册,杭州:浙江古籍出版社,2013年,第1314页。
② [宋]张九成:《张九成集》第4册,杭州:浙江古籍出版社,2013年,第1315页。
③ [宋]张九成:《张九成集》第4册,杭州:浙江古籍出版社,2013年,第1315页。
④ [宋]张九成:《张九成集》第4册,杭州:浙江古籍出版社,2013年,第1315页。
⑤ [宋]张九成:《张九成集》第4册,杭州:浙江古籍出版社,2013年,第1315页。
⑥ [宋]张九成:《张九成集》第4册,杭州:浙江古籍出版社,2013年,第1315页。
⑦ [宋]张九成:《张九成集》第4册,杭州:浙江古籍出版社,2013年,第1316页。

经,所以立身行已而致君泽民。倘以是为取青紫之资,则得失乱其中,荣辱夺其外,始焉苟得,则终必患失。汉儒经学之弊,正在于此。张禹、孔光沿袭以为常,而阿合苟容,以成汉室之变,是皆志在青紫所致也。臣不佞,不复以利禄之说耸诱其徒,惟知讲明经术,景行前修,庶几克尽忠孝耳。"①在对于经学的看法上,他主张经学体现的是"圣人之道",读经是为了明"圣人之道",最终把"圣人之道"运用于社会治理之中。

绍兴八年(1138)六月,张九成权礼部侍郎兼掌秋官。他为官之时,尽职尽责,体察民情。"刑部吏断天下死囚,不以情,自公莅职,有情轻免死者甚众。"②当时朝廷想要为此奖赏张九成,他说:"职在详刑,而卖众以邀赏,可乎?"③八月,进侍经筵,进讲《春秋》。经筵之日,议论日食之事,劝高宗克勤克俭,以德怀人,三省吾身,并以灾异言人事。"日食之变本于恶气,恶气之萌本于恶念。……臣愿陛下正心术以格天心,实宗社无疆之福。"④高宗说:"诚在朕念虑间,当为卿戒之。"⑤他与高宗论述王道,高宗怀疑"以羊易牛"是否是王道。齐宣王因不忍之心把祭祀用的牛换成了羊,孟子认为有这个心就足以称王,这就是王道。张九成回答:"陛下不必疑。疑则心与道二。不忍一牛,仁心著见,此则王道之端倪。推此心以往,则华夏蛮貊、根荄鳞介,举天下万物,皆在陛下仁政中,岂非王道乎?"⑥同年秋,南宋与金议和。张九成认为金国多失信,如果议和,也要掌握主动权。他对丞相赵鼎说:"彼诚能从吾所言十事云云,则与之和。当使权在朝廷可也。"⑦但赵鼎不久即被罢相。赵鼎被罢相后,当时主持和议的人问他现在对和议的看法,他依然坚持之前的主张,有人让他与之共同推进和议事宜,他断然拒绝。秦桧于是诬陷张九成为赵鼎一党,张九

---

① [宋]张九成:《张九成集》第 4 册,杭州:浙江古籍出版社,2013 年,第 1316 页。
② [宋]张九成:《张九成集》第 4 册,杭州:浙江古籍出版社,2013 年,第 1316 页。
③ [宋]张九成:《张九成集》第 4 册,杭州:浙江古籍出版社,2013 年,第 1316 页。
④ [宋]张九成:《张九成集》第 4 册,杭州:浙江古籍出版社,2013 年,第 1316—1317 页。
⑤ [宋]张九成:《张九成集》第 4 册,杭州:浙江古籍出版社,2013 年,第 1317 页。
⑥ [宋]张九成:《张九成集》第 4 册,杭州:浙江古籍出版社,2013 年,第 1317 页。
⑦ [宋]张九成:《张九成集》第 4 册,杭州:浙江古籍出版社,2013 年,第 1318 页。

成对此毫不避讳,亦上书求去,于是罢张九成礼部侍郎兼侍讲,除秘阁修撰,再次提举江州太平兴国宫。

绍兴十年(1140)八月,张九成知邵州。谪守邵州时,很多人都与其断绝往来,而汪应辰与之交往一如从前。在邵州之时,张九成亦宽舒民赋,赈济饥寒。绍兴十一年(1141),其父张伸去世。汪应辰不远千里前来吊唁。

绍兴二十五年(1155),秦桧去世,张九成复秘阁修撰,知温州(即瑞安府,辖永嘉等四县)。刚被任命之时,张九成说:"吾居横浦久,心实安之,不能忘也。"①他对谪居南安14年的生活难以忘怀,因为南安军所在郡名为横浦,遂自号"横浦居士"。在温州上任之初,张九成便要求州县询访隐士贤哲,在任期间为政宽和。当时民间有举办柑宴的风俗,然而这加重了百姓的负担,当时的官员却不顾百姓疾苦,逼迫百姓遵守,有稍缓缴纳的就鞭笞拷打。张九成说:"夺民自媚,而靡耗以快其所嗜,吾安为之?"②所以罢除了柑宴。他为政宽大,赢得百姓爱戴。然而面对吏治腐败的局面,他又无力挽回,最后请求致仕,诏提举江州太平兴国宫。绍兴二十九年(1159),张九成六十八岁,在家乡盐官去世。他去世的消息传到朝廷,高宗为之哀悼、惋惜。诏复敷文阁待制,赠左朝请大夫。宋理宗宝庆元年(1225),赠张九成太师,追封崇国公,谥号文忠。

张九成亲身经历了宋朝南渡,对靖康之耻、丧国之痛有着深刻的体会。虽然他一生都生活得十分清苦,而且仕途坎坷,但是他一直坚守自己的信念,一直保持着富国强兵、恢复中原的政治信念。他一生安贫乐道,不趋炎附会、攀附权势,为官之时,一直兢兢业业,以民生为本,为后世所称道,是为一代大儒。

---

① [宋]张九成:《张九成集》第4册,杭州:浙江古籍出版社,2013年,第1320页。
② [宋]张九成:《张九成集》第4册,杭州:浙江古籍出版社,2013年,第1320页。

第三节　往来僧侣

南宋时,杭州佛教氛围浓厚,张九成的家乡盐官信奉佛教的氛围也非常浓厚。在佛教氛围浓厚的环境中,张九成自然也不可避免地与佛教有所接触,他就曾与宝印楚明、善权清、法印一、寿圣惟尚等诸位禅师有过交往。《嘉泰普灯录》言:"侍郎张九成居士,字子韶,号无垢。未第,因客谈杨文公、吕微仲诸名儒所造精妙,皆由禅学而至也,于是心慕之。"①张九成得知杨亿、吕微仲皆从禅学而学问精微,于是对禅学产生了兴趣。

张九成曾向宝印楚明禅师请教入道之要。宝印楚明属于云门宗,居住在临安净慈寺,宝印楚明告诉他:"此事唯念念不舍,久久纯熟,时节到来,自然证入。"②并举赵州柏树子话,令时时提撕。但张九成一直未能醒悟,在后来谒见善权清禅师,张九成问:"此事人人有分,个个圆成,是否?"清曰:"然。"张九成曰:"为甚某无个入处?"清于袖中出数珠示之,曰:"此是谁底?"张九成俯仰无对。清复袖之,曰:"是汝底,则拈取去;才涉思惟,即不是汝底。"③这段对张九成后来的"道即心"思想的形成应该产生了一定的影响,让他认识到自己的心和性中本来就存在这个"道"。此后他又拜访了法印一禅师和寿圣惟尚禅师,机锋棒喝,言语契合。

建炎三年(1129),张九成三十八岁,偶染风疾,病情愈发严重,然而医者束手无策。张九成好友陈彦柔提议去请正慈懿方禅师,禅师连夜赶来医治,病情好转后又再次探望。张九成对他的救命之恩不胜感激。

绍兴三年(1133),张九成进士及第后第二年,再次到明镜庵参访寿圣惟尚,惟尚说:"浮山圆鉴云,饶你入得汾阳室,始到浮山门,亦未见老僧

---

①　[宋]正受:《嘉泰普灯录》,上海:上海古籍出版社,2017年,第617页。

②　[宋]正受:《嘉泰普灯录》,上海:上海古籍出版社,2017年,第617页。

③　[宋]正受:《嘉泰普灯录》,上海:上海古籍出版社,2017年,第617页。

在,公作么生?"张九成叱侍僧曰:"虾蟆窟里讨甚蛟龙?"①张九成与惟尚一直有交往,他还为惟尚作《海昌童儿塔记》,"予寓居盐官时,遇风同清美,芒鞋竹杖,径寻师于茂林修竹之间"②。其中提到了心的作用和价值,"乃知千圣虽往,此心原不去;万变虽经,此心自有余"③。这说明在与佛教禅师的交往中,他认识到了心的作用和价值。

张九成与以上多名禅师都有所交往,但是他交往最深的当数宗杲。宗杲(1089—1163),俗姓奚,字昙晦,号妙喜,宣州宁国(今属安徽省)人,谥号普觉禅师。宗杲是南宋著名的禅宗大师,精通儒家典籍,当时名震京师,颇得士大夫尊仰。张九成与宗杲关系甚笃,宗杲对张九成赞誉有加,曾对汪应辰言:"此个境界,除无垢老子,他人如何信得及?"④宗杲是一位忠君爱国的僧人,曾提出"菩提心则忠义心也,名异而体同"⑤,张浚为他作塔铭,亦说"师虽为方外士,而义笃君亲,每及时事,爱君忧时,见之辞气,其论甚正确"⑥。这应该是宗杲备受当时士大夫包括张九成推崇的原因之一。张九成与宗杲交游次数不多,但二人交情非常深厚,堪称莫逆之交。这是因为他们在思想上契合,在个人品行上也契合。张九成曾经赞誉宗杲:"每闻径山老人所举因缘,豁然四达,如千门万户,不消一踏而开,或与联舆接席,登高山之上,或缓步徐行,入深水之中,非出常情之流,莫知吾二人落处。"⑦宗杲可以说是禅门中为数不多的学识、修养甚高的佛理学者,他主张儒释调和,以儒道说佛。

绍兴七年(1137),宗杲受宰相张浚之请,住持径山寺。绍兴八年(1138)参政刘大中邀请宗杲在临安天竺寺说法,这时张九成曾多次拜访宗杲,但没有遇见宗杲。不久后宗杲回访张九成,这是两人初次见面。

---

① [宋]正受:《嘉泰普灯录》,上海:上海古籍出版社,2017年,第618页。

② [宋]张九成:《张九成集》第1册,杭州:浙江古籍出版社,2013年,第184页。

③ [宋]张九成:《张九成集》第1册,杭州:浙江古籍出版社,2013年,第185页。

④ [宋]蕴闻编:《大慧普觉禅师语录》卷二十八,北京:北京图书馆出版社,2004。

⑤ [宋]蕴闻编:《大慧普觉禅师语录》卷二十四,北京:北京图书馆出版社,2004。

⑥ [宋]蕴闻编:《大慧普觉禅师语录》卷六,北京:北京图书馆出版社,2004。

⑦ [宋]祖咏编:《大慧禅师年谱》,十年庚申,国家图书馆藏径山明月堂刻本。

绍兴十年(1140)，张九成与宗杲第二次见面，在张九成被贬，提举江州太平观期间：

> 慧曰："公只知有格物，而不知有物格。"公茫然，慧大笑。公曰："师能开谕乎?"慧曰："不见小说载：唐人有与安禄山谋叛者，其人先为阆守，有画像在焉。明皇幸蜀，见之怒，令侍臣以剑击其像首，时阆守居陕西，首忽堕地。"公闻，顿领深旨，题"不动轩"壁曰："子韶格物，妙喜物格。欲识一贯，两个五百。"慧始许可。①

张九成、汪应辰等士大夫在径山讨论格物，宗杲以物格来解释格物，给张九成的思想带来了极大的冲击。张九成当时领悟了宗杲的寓意，这是说他的格物之说与宗杲的物格之说是同一含义。张九成思想中的"格物"最终是为了"格心"，这就是体认和穷尽本心之知。他们还谈及工夫路径：

> 又一日，问曰："前辈既得了，何故理会临济四料拣，则甚议论。"问师曰："公之所见，只可入佛，不可入魔。岂可不从料拣中去邪?"公遂举克符问："临济至人境两俱夺，不觉欣然。"师曰："余则不然。"公曰："师意如何?"师曰："打破蔡州城，杀却吴元济。"公于言下得大自在。②

"四料拣"是临济宗祖师义玄所创立的四种接引参禅者的方法，据《人天眼目》上记载，"四料拣"是"有时夺人不夺境，有时夺境不夺人，有时人境俱夺，有时人境俱不夺"③。"夺人"指的是破除"我执"，"夺境"指的是破除"法执"，无论是主体的自我，还是外境都无自性，不是独立存在的实体，因而人需要破除妄想、执着。张九成认为宗杲既然已经了悟，就不需再理会修学的方法和过程。修养功夫有顿悟直取和渐进修养，"四料拣"是参禅者的进学阶梯，可以接引更多人。

---

① [宋]正受：《嘉泰普灯录》，上海：上海古籍出版社，2017年，第618页。

② [宋]祖咏编：《大慧禅师年谱》，十年庚申，国家图书馆藏径山明月堂刻本。

③ [宋]蕴闻编：《大慧普觉禅师语录》卷十六，北京：北京图书馆出版社，2004。

在这期间张九成与宗杲多有交流,宗杲升堂说法,因说"圆悟谓张徽猷昭远为铁划禅,山僧对以无垢禅如神臂弓",遂说一偈曰:"神臂弓一发,透过千重甲。仔细拈来看,当甚臭皮袜。"①次日有禅客致问,有"神臂弓一发,千重关锁一时开;吹毛剑一挥,万劫疑情悉皆破"②。宗杲以"无垢禅为神臂弓"称赞张九成,支持主战派,把主和派的秦桧比喻为"臭皮袜"。这一言语让主和派的秦桧等人非常不满,秦桧遂污蔑张九成与宗杲乱议诽谤朝廷,最终令张九成居家服丧,丧期满后待命,宗杲则被剥夺僧籍,勒令还俗,发往衡州(湖南衡阳)编管。张九成与宗杲此次遭人陷害,是秦桧等人为铲除异己而制造的冤案。

绍兴二十五年(1155),秦桧死。绍兴二十六年(1156),张九成复秘阁修撰,知温州。宗杲亦赦还,返归途中,宗杲在赣州等待张九成。张九成与其外甥于宪拜宗杲,于宪排斥佛教,不肯拜僧人。张九成让他向宗杲问道,于宪知道宗杲熟悉儒家经典,于是举《中庸》"'天命之谓性,率性之谓道,修道之谓教'三句为问。慧曰:'凡人既不知本命元辰下落处,又要牵好人入火坑,如何圣贤于打头一著不凿破?'宪曰:'吾师能为圣贤凿破否?'慧曰:'天命之谓性,便是清净法身;率性之谓道,便是圆满报身;修道之谓教,便是千百亿化身。'"③。

绍兴二十七年(1157)三月,枉道访宗杲于育王,作《妙喜泉铭》。现今育王寺中,妙喜泉依然在,泉边有碑,碑文正是张九成所作《妙喜泉铭》,曰:

> 育王为浙东大道场,地高无水,僧众苦之。绍兴丙子,佛日禅师杲公受请住持,周旋其间,命僧广恭穿穴,兹地为一大池,锹锤一施,飞泉涌溢。知州事姜公秘监见而异之,名曰"妙喜"。无垢居士为之铭曰:"心外无泉,泉外无心。是心即泉,是泉即心。"或者疑之,以问居士:"心在妙喜,泉是育王,云何不察,合而为一?"居士曰:"来,汝其

---

① [宋]祖咏编:《大慧禅师年谱》,十一年辛酉,国家图书馆藏径山明月堂刻本。
② [宋]祖咏编:《大慧禅师年谱》,十一年辛酉,国家图书馆藏径山明月堂刻本。
③ [宋]正受:《嘉泰普灯录》,上海:上海古籍出版社,2017年,第619页。

听取。妙喜未来,泉在何处?妙喜来止,泉即发生。心非泉乎?泉非心乎?谓余未然,妙喜其决之。"①

碑文后三行以行书载宗杲答九成之偈:

> 谓泉即心,谓心即泉。无垢居士,作一串穿。有出有入,有正有偏。居士恁么,妙喜不然。徐六担板,为见一边。泉即是泉,难唤作心。心即是心,决定非泉。是义不正,亦复不偏。泉乎心乎,亦非弃捐。②

张九成说的是"心外无泉,泉外无心。是心即泉,是泉即心",宗杲认为"泉即是泉,难唤作心。心即是心,决定非泉"。张九成认为心是万物的本源以及道德的来源。绍兴二十九年(1159)六月,张九成病逝于家乡盐官,宗杲作文以祭之。在他看来,"心"与"泉"本为一物,若无"心"则无"泉",与后世王阳明所提出的"心外无物"有异曲同工之妙。

第四节 孟学渊源

心学最早起源于孟子,这时候的心学不是心本论而是心性之学。儒家心性之学是心本论产生的前提和基础,其中孟子关于心的思想,对心本论的建构产生了深远的影响。"心"在孟子思想体系中居于重要地位。张岱年先生在其《中国哲学大纲》中指出:"孔墨老都没有论心的话;第一个注重心的哲学家,当说是孟子。"③张岱年先生认为"心"的价值和地位的提升始自孟子,他关于心的思想,对于中国哲学心学的发展产生了深远的

---

① 中国地方志集成编辑工作委员会:《中国地方志集成·浙江府县志辑》第18册,上海:上海书店,1992年,第316—317页。
② [明]王世贞:《弇州续稿·题妙喜泉偈》卷145,景印文渊阁四库全书。
③ 张岱年:《张岱年全集》,石家庄:河北人民出版社,1990年,第261页。

影响。张九成的心学是从儒家的心性之学演化而来,他吸收了孟子心学的思想,形成了他的心本论的理论体系。

孟子认为人人都有不忍人之心,而这个心源于"四端之心",他提出:

> 人皆有不忍人之心。先王有不忍人之心,斯有不忍人之政矣;以不忍人之心,行不忍人之政,治天下可运之掌上。所以谓人皆有不忍人之心者,今人乍见孺子将入于井,皆有怵惕恻隐之心,非所以内交于孺子之父母也,非所以要誉于乡党朋友也,非恶其声而然也。由是观之:无恻隐之心,非人也;无羞恶之心,非人也;无辞让之心,非人也;无是非之心,非人也。恻隐之心,仁之端也。羞恶之心,义之端也。辞让之心,礼之端也。是非之心,智之端也。人之有是四端也,犹其有四体也;有是四端而自谓不能者,自贼者也。谓其君不能者,贼其君者也。凡有四端于我者,知皆扩而充之矣,若火之始然,泉之始达。苟能充之,足以保四海;苟不充之,不足以事父母。[①]

孟子认为每个人都有怜悯、体恤别人的心,如果有人突然看见一个小孩将要掉进井中,会有担忧、恐惧的恻隐之心,这不是为了跟小孩的父母攀交情,不是为了在邻里朋友间赢得好名声,不是因为厌恶孩子的哭叫声才产生这种心理。由此可以看出,没有同情心,就不算是人;没有羞耻心,就不算是人;没有谦让心,就不算是人;没有是非心,就不算是人。同情心是仁之发端;羞耻心是义之发端;谦让心是礼之发端;是非心是智之发端。同情之心,人人都有;羞耻之心,人人都有;恭敬之心,人人都有;是非曲直之心,人人都有。同情之心,表现为相互亲爱;羞耻之心,表现为行为方式符合义;恭敬之心,表现为符合社会行为规范;是非曲直之心,表现为人的智慧。与人建立相互亲爱的关系、选择最佳行为方式、遵守社会行为规范,都要用智慧,不是由外面渗入我内心,是我本来就有的,只是未曾思考罢了。

张九成对于孟子十分推崇,他著有《孟子传》对孟子的思想进行阐明,

---

① [清]焦循:《孟子正义》,北京:中华书局,2018 年,第 232—235 页。

孟子的心学思想是张九成心学思想重要的思想来源。张九成提出：

> 夫平居无事，忽见婴孩孺子将入于井，则凡为人类者，其怵惕恻隐之心随见即生，间不容息。顾惟此心，岂暇校计内交于孺子父母？岂暇校计要誉于乡党朋友？又岂暇校计恶其无仁者之声而然哉？此盖见随机动，心与机生，天与良心于此可卜。使犬马禽兽立于其旁，又安有此心乎哉？既有此心，则是与先王同心矣。呜呼！何不于此而径识其所谓本心耶？稍涉校计，间有秋毫，已非此心矣。学者不可不力也。人有此心，而犬马禽兽乃独无之。今商鞅、孙膑、苏秦、张仪诸人乃独无恻隐之心，而以进取为功业，杀人为英雄，是岂人类也哉？既无恻隐，残民害物，偷合苟容，而独无羞恶之心焉，非人也；既无羞恶，互相侵夺，而独无辞让之心焉，非人也；既无辞让，是不知义理，毁坏名教，而独无是非之心焉，非人也。①

张九成认为平时没有事情的时候，突然看见小孩将要掉入井中，那么只要是人，担忧、恐惧的恻隐之心就会随之而生，时机紧迫、不容延误，没有思考的时间。这是面对这个事情身体的本能反应，事情是突然发生的，没有思考的时间，所以说这就代表人最真实的想法。在突然的情况下，根本没有时间思考、计较是否会跟小孩的父母攀上交情，根本没有时间思考计较是否会在邻里朋友间赢得好名声，根本没有时间思考是否厌恶孩子的哭叫声才产生这种心理。从这里可以看出，人心中天然具备道德，也可以说人心是一种"良善之心"。人之为人是因为人有恻隐、羞恶、辞让、是非的心，是因为人的心中先天地具备道德。"四心"是仁、义、礼、智的发端，而仁、义、礼、智都属于道德，心中自然具备四种德性。"四心"是"四端"的开始，从"四心"到"四端"，论证了心是道德的根源。如果发生这件事情的时候动物在一旁，它们不会有这种反应，因为没有这个心。人和动物的区别，就在于心中是否具有道德。他对于人的规定是人的心中要具有道德，如果人的心中没有道德，那么就不是真正的人。在他看来，商鞅、

---

① ［宋］张九成：《张九成集》第 3 册，杭州：浙江古籍出版社，2013 年，第 781 页。

孙膑、苏秦、张仪等人,都充满着算计之心,没有恻隐之心、羞恶之心、辞让之心、是非之心,心中没有道德,做了很多违背道德的事情,那么他们就不属于人。他对商鞅、孙膑、苏秦、张仪极尽批判,是因为他们毁坏了伦理纲常和社会秩序,这是他所不能接受的,因为张九成非常维护伦理纲常和社会秩序。孟子提出:"仁义礼智,非由外铄我也,我固有之也。"①孟子认为心是善的,先天地具备各种道德。张九成正是继承了孟子的这一思想。张九成在对孟子这段话进行阐释的过程之中,表达了他自己对于心的看法。人的心中是具备道德的,先王之心也是具备道德的,而每个人的心与先王之心是相同的,并且可以与先王之心相互感通。张九成从孟子这里认识到了心的普遍性和道德性,认识到了心的地位和价值,也认识到了通过心维护伦理秩序的可能性。

在孟子的思想中,不仅提到了"四心""四端",还提到了"本心"的概念。本心是善的,也就是具备道德性的,他提出:

> 一箪食,一豆羹,得之则生,弗得则死。嘑尔而与之,行道之人弗受。蹴尔而与之,乞人不屑也。万钟则不辨礼义而受之,万钟于我何加焉?为宫室之美,妻妾之奉,所识穷乏者得我与?乡为身死而不受,今为宫室之美为之;乡为身死而不受,今为妻妾之奉为之;乡为身死而不受,今为所识穷乏者得我而为之:是亦不可以已乎?此之谓失其本心。②

一碗食物、一碗汤,得到就能活下去,得不到就会被饿死。如果有人盛气凌人地呼喝着给别人吃,那么即使饥饿的行人也不愿接受;如果用脚踢给别人吃,那么就连乞丐也会因轻视而不肯接受。如果有人给予了高官厚禄,而我却不辨别是否合乎礼义就接受它。这样的高官厚禄对我有什么好处呢?是为了住宅的华丽、妻妾的侍奉和认识的穷人感激我吗?以前有人宁肯死也不愿接受,现在有人却为了住宅的华丽而接受它;以前

---

① 〔清〕焦循:《孟子正义》,北京:中华书局,2018年,第757页。

② 〔清〕焦循:《孟子正义》,北京:中华书局,2018年,第784—786页。

有人宁肯死也不愿接受,现在有人却为了妻妾的侍奉而接受它;以前有人宁肯死也不愿接受,现在有人为了认识的穷人感激自己而接受它。这种行为难道不可以停止吗?这就叫作丧失了人所固有的本心。这里的"本"是根本和根源之意,亦有固有之意,"本心"就是原本固有之心、本然之心。对于本心,陈来评价说:"从孟子到陆九渊,'本心'指先验的道德意识,这个说法强调道德意识是每个人心的本来状态,它存在于任何时代任何人身上,是永恒的和普遍的。"①陈来对于"本心"这一概念的认识,可以说非常恰当。

　　本心是一种道德意识,它有自己的评判标准。本心的这个标准就是看是否符合"义"的标准。"义"是十分重要的概念,贯穿于儒家整个思想体系中。孟子认为"义"是出于人自身的先天的道德情感和标准,它既是行为主体所要遵循的规则,也是行为主体内在的道德品质。孟子的"义"是一种当然之则,是出于本心的内在的行为规范,也是行动的目的和动力,行为的价值取决于是否合乎义的要求,而不是行为产生的结果。孟子认为符合"义"的行为就符合道德标准,不符合"义"的行为就不符合道德标准。张九成从"义"的这一角度出发,对本心中的"羞恶之心"进行诠释。他提出:

　　　　义之可欲,有甚于生,吾敢为苟得耶?死亦我所恶,然所恶有甚于死者,其惟不义乎!不义可恶有甚于死,吾何敢辟患耶?然羞恶之心,人皆有之,非独贤者有是心也,特识轻重不为死生所乱耳。何以知人皆有羞恶之心哉?箪食、豆羹,得之则生,弗得则死,是性命系于此矣。然呼尔而与之,行道之人宁饥死而弗受,以呼尔之非礼,吾宁饥死耳;蹴尔而与之,虽乞人宁饿死而不以为意,以蹴尔之非礼,吾宁饿死耳。是羞恶之心,人皆有之。以羞恶为重,故以死生为轻,虽行道、乞人之无知,亦知所轻重矣,而况士大夫哉?夫能辨礼义,弗受于箪食,而不辨礼义,受之于万钟,向也滨于死而不受,今也为宫室、妻

① 　陈来:《宋明理学》,北京:生活·读书·新知三联书店,2011年,第208页。

妾、所识而受,何于箪食时而见礼义如此之明,而于万钟时见礼义如此之暗乎?岂非失向来之本心乎?此孟子所以深指羞恶之心人人具有,第识之于逆而违之于顺耳。①

在他看来,义的价值远远高于生命的价值。死是每个人都厌恶的,但是比死更令人厌恶的是不义的行为。人人都有羞恶之心,通过平时的行为可以看出这一点。一碗食物、一碗汤,得到了就能生存下去,得不到就会死,个人的生命与之关联。如果用脚踢给他吃,那么就连乞丐宁肯饿死也不会接受,这是因为用脚踢的行为不符合礼的标准,所以他宁肯饿死也不会吃。所以他说羞恶之心是人人都有的。以羞耻为重,那么就会把个人的生死看得很轻,虽然行人和乞丐没有多少知识,也是知道轻重的,何况士大夫呢?只要能辨别礼义,那么就不会接受别人用无礼的行为给予的食物和汤。不能辨别礼义,给予他高官厚禄,以前即使死了也不会接受,现在为了妻妾的侍奉、认识的穷人感激而接受它,为什么在穷困的时候礼义这么明显地表现出来,然而富贵的时候礼义这么不明显呢?这不是失去了本来的心吗?这也是孟子所说的羞恶之心是人人所具有的,只是在困境的时候能认识到,在顺境的时候却违背它。张九成在这里想说的是本心是遇事而发,困境和逆境都是对本心的一种考验,无论处于什么样的境地,都应该保持本心。张九成认为:"何不于此而径识其所谓本心耶?稍涉校计,间有秋毫,已非此心矣。"②人的心处于本然状态的时候就是本心,没有丝毫的考虑和计较的时候,就是本心。他还认为本心是一种道德意识,是一切道德的来源。张九成提出:

> 心之本体,居则为仁,由则为义,用则为正。君有此心,天下亦有此心。君举本心之仁以示天下,则天下本心随所举而皆仁;君又举本心之义以示天下,则天下本心随所举而皆义;君又举本心之正以示天

---

① [宋]张九成:《张九成集》第4册,杭州:浙江古籍出版社,2013年,第1044—1045页。

② [宋]张九成:《张九成集》第3册,杭州:浙江古籍出版社,2013年,第781页。

下，则天下本心随所举而皆正。①

张九成认为"心之本体"就是"本心"，从本心出发，用心于仁爱，行事循义理，运用的时候符合心中的道德标准。君主有了这个心，那么天下人都有这个心。君主把他的本心中的"仁"展示在天下面前，那么天下人的本心都随着他的这个举动而符合"仁"；君主又把他的本心中的"义"展示在天下人的面前，那么天下人的本心都随着他的这个举动而符合"义"；君主又把本心中的道德标准展示在天下人的面前，那么天下人的本心都随着他的这个举动而符合道德的标准。心中存在道德准则，按照这个道德的标准行事，那么一切的行为都会符合道德。在此基础上，他提出："臣民听上号令，此本心也，本心则一。"②臣民听从上天的号令，这就是本心，这样本心就是与天保持同一。本心是从上天获得的，本心中所具有的道德属性也是天赋的，这样就论证了本心中道德的本源性。他论证了本心道德的本源性，然后就可以从本心出发，进行王道秩序建构。

孟子还提出了良心的概念，良心本为天然的善良心性，多指内心对是非、善恶的正确认识。他提出：

> 虽存乎人者，岂无仁义之心哉？其所以放其良心者，亦犹斧斤之于木也，旦旦而伐之，可以为美乎？其日夜之所息，平旦之气，其好恶与人相近也者几希，则其旦昼之所为，有牿亡之矣。牿之反复，则其夜气不足以存。夜气不足以存，则其违禽兽不远矣。人见其禽兽也，而以为未尝有才焉者，是岂人之情也哉？③

在一些人身上，难道就没有仁、义之心吗？他们放弃良心，是由于像刀斧对待树木那样，天天砍伐它，这样怎么可能茂美呢？尽管他们日夜息养善心，接触清晨的清明之气，他的好恶和正常人相近的就很少了，但是他们第二天还要经受白天的那种所作所为，因为有束缚、受遏制而消亡。

① ［宋］张九成：《张九成集》第3册，杭州：浙江古籍出版社，2013年，第908页。

② ［宋］张九成：《张九成集》第2册，杭州：浙江古籍出版社，2013年，第398页。

③ ［清］焦循：《孟子正义》，北京：中华书局，2018年，第775—776页。

束缚的多次反复，就使夜里息养的善心不能存留下来；夜里息养的善心不能存留下来，人便跟禽兽相距不远。良心是人生而就有的善端，只是这种人人生而具有的善端，却极易被破坏而流失。正如牛山之木一样，由于其毗邻大国而遭斧斤伐之、牛羊牧之，从而失去了其原来的茂盛之美，恰如孟子引孔子所言："操则存，舍则亡；出入无时，莫知其乡。"①在良心的这个问题上，孟子想强调的是良心就是人心中的善心，对待善心要悉心地进行养护，不然日渐消耗，就会走向消亡。善心没有了，人心中的良心也就没有了，那么就不能称为人。孟子的本心和良心是不同的两个概念，本心是不能用善恶这一标准来衡量的，而良心是可以用善恶这一标准来衡量的。本心和良心处于不同的境界和层次，本心的境界和层次高于良心的境界和层次。在对于良心这一问题上，张九成提出："夫山本有美木，人本有仁义之心。"②山上本来就有茂盛的树木，人本来就有仁义之心。在张九成看来，良心就是仁义之心。仁义是一种道德标准，也是一种行为规范，他在这里用仁义来形容人之良心，是想说明良心的道德属性。良心是具有道德的，它根据道德的准则对行为进行评判。

孟子虽然没有把心确立为本源，但是他的心性之学，对于心学的发展产生了深远的影响。他确立了心为道德的本源，又通过心、性、天贯通了天道与人道，把心的地位提升到了一个新的高度。在孟子看来，人生活在这个世界上，总是会受到一些事情的影响，这时候心就不一定依然维持原来的状态，人的心会受到外物的诱惑，这时候只有抵御住这一诱惑，才能保持本心和良心。张九成通过对孟子思想的阐发，形成了他的心本论的理论体系。张九成认为所有人的心都是相同的，人心就是圣贤之心，所以心具有普遍性。在张九成看来，本心是从上天获得的，本心中所具有的道德属性也是天赋的，这样就论证了本心中道德的本源性，所以为心寻找到了形而上的终极依据。他论证了本心道德的本源性，然后就可以从本心出发，进行王道秩序建构。

---

① ［清］焦循：《孟子正义》卷二十三，南京：凤凰出版社，2015年，第1687页。

② ［宋］张九成：《张九成集》第4册，杭州：浙江古籍出版社，2013年，第1039页。

第五节 著作简介

张九成在世之时，不喜欢和人辩驳，对于讲学活动也并不热衷，谪居南安期间一直闭门著书。他一生著述颇多，遍及经史。他的著述在南宋时期影响深远，但随着时间的推移，逐渐被世人所淡忘，其著作在后世也未得到有效的传承，致使很多著作已亡佚。

张九成的侄子张榕所书《横浦先生家传》记载，其著述有："《论语说》二十卷，《孟子说》十四卷，《尚书说》五十卷，《中庸》《大学》说各一卷，《孝经说》一卷，《经筵讲义》一卷，《横浦家集》二十卷。"①

南宋陈振孙（约1186—1262）在《直斋书录解题》中记载，张九成的著述有：《无垢尚书详解》五十卷，《中庸说》一卷，《大学说》一卷，《少仪解》一卷，《孝经解》一卷，《论语解》二十卷，《孟子解》十四卷，《乡党》《少仪》《咸有一德》《论语孟子拾遗》共一卷，《无垢语录》十四卷，《言行编遗文》一卷，此外，赵师侠《西铭集解》一卷，收录张九成《西铭解》。

《宋史·艺文志》载张九成著述有：《尚书详说》五十卷、《中庸说》一卷、《大学说》一卷、《论语解》十卷、《四书解》六十五卷、《张九成无垢心传录》十二卷、《横浦集》二十卷、《语录》十四卷。此书中对于《孝经》有两种记载：一是《孝经解》四卷，二是《孝经说》一卷。此外对于《孟子拾遗》的卷数有两种记载：一是《乡党》《少仪》《咸有一德》《孟子拾遗》一卷，二是《孟子拾遗》一卷。

宋代戴栩《浣川集》记载张九成有《无垢先生廷对分录》。《续文献通考》卷一百七十三经籍考记载张九成有《标注国语类编》。晁公武《郡斋读书附志》记载张九成有《唐鉴》五十卷。民国《杭州府志》卷九十五记载张

---

① ［宋］张九成：《张九成集》第4册，杭州：浙江古籍出版社，2013年，第1322页。

九成有《唐诗该》。《横浦诗钞》一卷,载《宋诗钞初集》。《横浦集补钞》一卷,载《宋诗钞补》。

此外还有张九成弟子郎晔所编《横浦先生文集》二十卷,《横浦日新》两卷。

张九成对于诸经的著作主要有"说"和"解"两种形式。《横浦家传》记载其著作都是以"说"的形式。张九成的好友胡寅在《答张子韶侍郎》中曾提及"何时得观全书,并《尚书》《大学》《中庸》《孟子》诸说,渴饥莫喻也"①,可见最初张九成的著作都是以"说"的形式命名。而"解"可能是张九成著作刊行以后,当时的人对其作品的称谓。朱熹曾在《杂学辨·张无垢中庸解》中提到"因览其《中庸说》,姑掇其尤甚者什一二著于篇。其他如《论语》《孝经》《大学》《孟子》之说,不暇遍为之辨。大抵忽遽急迫,其所以为说,皆此书之类也"②。从以上朱熹的论述中也可以看出,张九成最初的命名都是以"说"的形式,《横浦家传》的记载也最为可信。

此外《横浦家传》记载的《横浦家集》与后世的《横浦集》,应属于同一著作,《横浦集》是由张九成弟子郎晔所编,为《横浦先生文集》,明代后被称《横浦集》。《横浦集》的出版时间晚于《横浦家集》,应是在《横浦家集》的基础上编纂而来。

通过以上可知张九成的著作有:《横浦集》《尚书说》《孝经说》《大学说》《中庸说》《论语说》《孟子说》《孟子拾遗》《乡党解》《少仪解》《咸有一德解》《西铭解》《唐鲹》《心传录》《横浦日新》《言行编》《廷对分录》《经筵讲义》《唐诗该》《横浦诗钞》《横浦集补钞》《无垢语录》。

张九成的著作现仅存《横浦集》二十卷、《尚书详说》二十五卷、《孟子传》二十九卷、《中庸说》三卷、《心传录》三卷、《日新录》,除此之外,还有一些杂文。

---

① 〔宋〕胡寅:《崇正辩·斐然集》下册,北京:中华书局,1993 年,第 389 页。

② 〔宋〕朱熹撰,朱杰人、严佐之、刘永翔主编:《朱子全书》第 24 册,上海:上海古籍出版社;合肥:安徽教育出版社,2002 年,第 3473 页。

第二章　心即天

张九成认为天是万物的终极本源,是自然和人类社会正当性的终极依据,他从天开始进行思想体系的建构。他提出"心即天",认为心为万物的本源,把心上升到了宇宙本体的高度,建立了心本论的理论体系,实现了天道与人道的贯通。"心即天"是心学思想确立的标志,这一思想对后世心学的发展产生了深远的影响。

第一节　天、帝一也

古代社会人们对自然界认识不足,认为有一种超人的力量在支配着自然界,支配着人类。他们认为这种超人的力量便是天,天在很多儒家学者心中一直以来都是最高的哲学范畴,具有绝对的支配地位和统治地位。天是至高无上的存在。人们最开始认为天是自然之天,随着人们对于世界的认识,天逐渐地演变出多种含义。

冯友兰先生对天有过一段精辟的论述,他将天的意义归纳为五个方面:"曰物质之天,即与地相对之天。曰主宰之天,即所谓皇天上帝,有人格的天、帝。曰运命之天,乃指人生中吾人所无奈何者,如孟子所谓'若夫成功则天也'之天是也。曰自然之天,乃指自然之运行,如《荀子·天论篇》所说之天是也。曰义理之天,乃谓宇宙之最高原理,如《中庸》所说'天命之谓性'之天是也。"①张九成对于天有很多论述,认为天主要可以分为自然之天和主宰之天、义理之天,其中最主要的是作为主宰之天和义理之天存在,人事成败由于天,心性义理出于天。

在对天和帝的认识上,张九成认为天作为一种客观存在,具有客观自然性;帝作为一种人格神存在,具有主观社会性。天和帝是不同的概念,但是它们在很多方面具有相似的内涵,它们都是具有主宰意义的存在,都对自然和社会具有绝对的支配地位。在张九成的思想体系中,天和帝有时候是一个意思。对于天和帝的关系,他提出:

> 天、帝一也。天言定体,帝言造化。日月星辰,天也;执祸福之柄,以应善恶者,帝也。夫为人君得罪于天,又得罪于上帝,其何以王天下乎? 欲知天、帝之与不与,当自民观之。民秉持我以为依赖,为爱我以为父母,则天帝之与我可知矣。②

对于帝,他有多种不同的表述方式,比如上帝、天帝之类,其实代表的是同一个意思。他所说的"天、帝一也"是指在对于自然和社会的主宰力上,二者是一体的。天和帝的关系像是体用的关系,天是"体",帝是"用",体用是一体的,天和帝是一体的。这里天和帝的关系有点像是老子所说的"无名天地之始,有名万物之母"的感觉。"无"是天地的本始,"有"是万物的根源。天是天地的本始,帝是万物的根源。还有点像是"无极而太极"的感觉,先有"无极"才有"太极",通过"太极"的作用才能创造万物。先有天再有帝,通过帝的作用,社会才能平稳运行。在他看来,日月星辰这种具有固定自然规律的事物属于天的范畴,人的祸福善恶这种没有固定规律的事情属于帝的范畴。天和帝虽然对于自然和社会都具有支配作用,但是在进行具体分工的时候,帝在很大程度上扮演了处理社会事务的

---

① 冯友兰:《中国哲学史》,上海:华东师范大学出版社,2000年,第35页。
② [宋]张九成:《张九成集》第2册,杭州:浙江古籍出版社,2013年,第554页。

角色。帝在处理社会事务的时候遵循的是道德伦理原则。

他对于天和帝关系的讨论,最终目的是讨论王道何以可能的问题。他所认为的王道要获得天和帝的认可,而天和帝代表的是民众的意愿,所以想要获得天和帝的认可,就需要得到民众的认可。只有民众认可的统治,才能本固邦宁,其王权统治才能长久地延续下去。民众对于君主是有依赖感的,君主就像是父母一般的存在,而君主要对得起民众的这份信任,尽职尽责地爱护他们,这样就会得到天和帝的认可。王道政治的统治本源是天和帝,统治来源是民众。天和帝为王道政治提供了形而上的支持,民众为王道政治提供了形而下的支持。他从形而上和形而下两个层面上论述了王道政治何以可能的问题。建构王道政治的统治秩序,不仅要获得天、帝的认可,还要获得民众的认可,只有这样统治才能维持。

第二节　祖宗即天

古人认为只有具备道德的人才能成为祖宗,不然只是孤魂野鬼。祖宗逝世以后会以另外的形式存在于这个世界,他们会回到天上,协助天帝处理事务。这时的祖宗不再是家族的先人,而是成为具有普遍意义的人,成为一种神化的人。在这种情况下,祖宗就具有了宗教性、伦理性、政治性。宋代时期,自太宗以降,非常注重"祖宗之法",祖宗在这时更具政治性。他想通过"心即天"论证心本论,首先要说明天的问题,而祖宗在当时是被广泛关注的社会话题,所以他在理论体系建构之时自然就涉及了祖宗与天的关系问题。

在祖宗和天的关系上,张九成认为祖宗和天是一体的关系,他提出:"祖宗即天也。自绝于祖宗,则亦自绝于天也。自绝于天,故天弃之。"[①]

---

① ［宋］张九成：《张九成集》第 2 册,杭州：浙江古籍出版社,2013 年,第 422 页。

这里的祖宗其实与先王是一个意思,都是指具备道德的先人。从道德的层面上讲,天所认同的是具备道德的人,而祖先就是具备道德的人,所以在这一点上,祖宗和天具有一致性,所以二者是一体的。祖宗在某种程度上代表着天意,违背祖宗的意愿就是违背天的意愿,违背天的意愿,天自然就会放弃他。自行断绝与祖宗的关系,也就是自行断绝与天的关系。自行断绝与天的关系,那么上天也会放弃他。这里的断绝与祖宗和天的关系,是因为人做了违背道德的事情,所以才中断了祖先和天的沟通,天才会放弃他。违背道德的事情就是违背伦理秩序,而天非常维护道德和伦理秩序。关于天与伦理秩序的关系,他提出:"夫天即五常也。五常,人人具有,是天未尝绝人也。"①天就是仁、义、礼、智、信。仁、义、礼、智、信每个人都具有,是天没有断绝与人的关系。这是因为伦理道德来源于天,人心中具备这五种德性,是天没有放弃人类。张九成在这里讨论祖宗与天的关系,主要是在强调伦理秩序和道德法则来源于天,目的是论证"祖宗之法"的合理性。

第三节　人事皆天事

在人事与天的关系上,二程提出:"凡下学人事,便是上达天理。"②二程把天理作为宇宙的本源,所以在为人事寻找终极依据的时候,选择的是天理。在张九成理论体系中,他提出"人事,即天也"③,人事都来源于天。他在这里把人事和天关联起来,是想为人事寻找终极依据和理论支持。在论述这一问题之时,他涉及了人事与天、人事与天命、人事与天道的关系问题。张九成虽然没有沿用二程的理本论体系,但是与二程走的道路

---

① ［宋］张九成:《张九成集》第 2 册,杭州:浙江古籍出版社,2013 年,第 444 页。

② ［宋］程颢、程颐:《二程集》,北京:中华书局,1981 年,第 360 页。

③ ［宋］张九成:《张九成集》第 2 册,杭州:浙江古籍出版社,2013 年,第 321 页。

是相同的,都是从天人一体的角度出发,思考人事与天的关系。

一、人事即天

张九成的哲学体系基于社会现实而建立,最终目的也是更好地服务社会治理。在这种情况下,他就开始思考人事与天的关系问题。他思考人事与天的关系,是为社会治理寻找理论依据。他提出:

> 人事,即天也。人力不加,已有饥馑之道,然而获仓箱之收者,幸也;人功加倍,已有丰富之理,然而水旱、蝗螟,不可致力焉,此不幸也。①

人事就是天,治理好了人事,那么就是顺应了天意。他提出:"夫人事即天意,非人事之外别有天意也。"②人事和天意是一体的,人事就是天意。不尽人事,那么按照道理来讲肯定会发生灾荒,庄稼没有收成,而有的人却获得了丰收,这是幸运而已;如果做到了尽人事,那么按照道理来讲就会获得丰收,然而却有洪水和干旱以及害虫的出现,这不是尽了人力就可以做到的事情,这是由于不幸。他在这里是想说明虽然努力了不一定有所收获,但是不努力肯定没有收获。人事就是天意,但是天又具有不可预测性,面对这种情况,我们不应该把希望寄托于命运的幸与不幸上,而是应该寄托于自身的努力,我们应该做的是尽人事而听天命。他还提出:

> 上帝秉祸福之权以驭万物,人主秉祸福之权以驭万民,其理一也。人事不治,则有桑谷之妖;人事既治,则格于上帝。是则人主代天,无求合于天也,第修吾人之事而已矣。③

前面已经论述过天和帝的关系,这里的"上帝"和天是一样的意思。

---

① [宋]张九成:《张九成集》第2册,杭州:浙江古籍出版社,2013年,第321页。

② [宋]张九成:《张九成集》第2册,杭州:浙江古籍出版社,2013年,第402页。

③ [宋]张九成:《张九成集》第2册,杭州:浙江古籍出版社,2013年,第573页。

"上帝"掌握着决定祸福的权力用来驾驭万物,人主掌握着决定祸福的权力用来驾驭万民,其中蕴含的理是一样的。人事没有得到有效的处理,那么就会有不祥的事物或现象出现;人事得到有效的处理,那么就可以感通到"上帝"。人主是代替天处理各种社会事务的,但是人主不需要寻求与天相合,只需要尽心地处理人事即可。人主的权力是上天所赋予的,他的职责是爱护民众,而民众的意愿又能体现天的意愿,所以君主想要得到天的认可就要倾听并满足民众的意愿。他一直在强调人事的治乱影响天的决定,其实是想由此告诫君主要敬天保民。

君主和官员的设立是为了处理社会事务,尽职尽责地处理社会事务是他们应尽的责任和义务。他提出:

> 天下之事,无一事不出于天者。有是事必有是官,官所以代天治事也。一官旷则一事阙,一事阙则天事有不举者。人君代天君,天下不举可乎?[①]

在他看来,天下之事都出于天,而人事就代表着天,天下的事都是出于天,而事情分为很多种类,为了处理不同种类的事务,划分出了不同的官员,官员的设立是为了处理各种社会事务而存在的。每个官员都代替天治理相应的社会事务,如果一个官员耽误或者荒废事务,那么就会有一事疏失,一事存在疏失那么天事就会无法进行。人间的君主就是代表天君也就是上帝行使职责的,人间的君主受命于天,秉承天道,那么天事还能顺利进行吗?自然是不可能的。君主和官员的权力都是顺应了天意,代替天行使职责,所以社会伦理等级秩序是具有合理性的存在。

二、人事皆天命

古代社会,人们的社会生产力水平十分低下,知识水平也非常有限,面对各种自然现象无法解释,也无法与之抗衡,所以对天产生了一种既崇

---

① [宋]张九成:《张九成集》第1册,杭州:浙江古籍出版社,2013年,第298页。

拜又畏惧的心理。人们将这种自身无法抗拒、无法改变的命运称为天命。"天"是古人所谓命之来源,亦是"命"之存在的形上根据。"天命"一词的最初意思是一种至高无上的决定性力量,可以主宰万事万物。天命是天之所命,是上天主宰之下的人们的命运。命令发出者是天,接受者是人。

古往今来,我们认识到了天命的多种特性。天命来源于天,具有一定的权威性。天命是道德的根源,具有一定的道德性。天命不因外在事物而改变,具有一定的客观性。天命是注定会发生的,具有一定的必然性。天命有时候是无法揣测的,具有一定的偶然性。天命具有权威性、道德性、客观性、必然性、偶然性,并且是政权合法性与合理性的来源。在人事与天命的关系问题上,人事与天命是一体的关系,人事都是天命,修人事就是在谨遵天命,不是人事之外还有一个天命存在。他提出:

> 夫人事皆天命也。修人事则是谨天命,非于人事之外别有天命也。以威待庶顽,此人事之不至也。人事不至,则是忽天命。修德以格庶顽,此人事之尽者也。人事之尽,则是敕天命。[①]

用刑罚对待众多愚妄之人,这是没有尽到人事。人事没有尽到,那么就是疏忽了天命。修养德行、行善积德用来对待众多愚妄之人,这是尽到了人事。人事尽到,就是天命。这其实是对君主说的,君主的职责就是修人事,而只有修人事,才能禀受天命。天命在各种人事之中,不需要外求,君主想要禀受天命只要做到修人事即可。他提出:"古人求天于民,而后人求天于天。求天于天,则人事不修,或至于乱;求天于民,则以德抚民,以谓民心归之是天归之也。"[②]这里的"古人"应该指的是先王,是在社会治理上表现优异的君主。这样的君主在遇到事情的时候,不是依靠上天,而是依靠民众,这是一种合理的治理方式。君主在遇到问题无法解决的时候总是想着依靠上天,那么就没有尽到君主应尽的义务,这是失职的行为,所以才会导致社会混乱,既得不到民心也不符合天命。君主处理事情

---

① ［宋］张九成:《张九成集》第1册,杭州:浙江古籍出版社,2013年,第305页。

② ［宋］张九成:《张九成集》第2册,杭州:浙江古籍出版社,2013年,第458页。

的时候依靠民众,用德政安抚民众,这样民众就会归顺,就会得到民心,从而得到天命的庇佑。"德"在君主是否获得天命中发挥了十分重要的作用,徐复观提出:"孔子的所谓天命或天道或天,用最简洁的语言表达出来,实际是指道德的超经验的性格而言;因为是超经验的,所以才有其普遍性、永恒性。因为是超经验的,所以在当时只能用传统的天、天命、天道来加以征表。道德的普遍性、永恒性,正是孔子所说的天、天命、天道的真实内容。"①天命是道德的终极来源,从某种程度上来说,遵守道德就可以获得天命的认可,他在这里是想论证君主实行"德政"的价值和意义。

三、人事即天道

天道字面意义上是指天的运动变化规律,通常是指天地万物的运行法则,是一种客观自然的存在。"天道"一词最早出现于《老子》"不出户,知天下;不窥牖,见天道"②。陈鼓应认为"天道"指"自然的规律"③。老子又说:"天道无亲,常与善人。"④老子认为宇宙自然的大道,是没有亲疏之分,公平对待万物,平等对待每一个人,它永远只扶佑善为道的大德之人。陈鼓应认为"天道无亲"是"天道没有偏爱"⑤。这里"天道"又具有赏善的功能,不只是一种规律性。"天道"代表一种自然的客观规律,没有意志和主宰性。老子认为上天不偏向任何人,只是经常降福和保佑遵循天道的人。在他看来,天道是客观的自然规律。张岱年先生认为:"所谓天道,即是有天象变化的具有规律的过程。"⑥任继愈则指出:"天道指的是天体运行和时序变化的规律。"⑦在他们看来,天道是自然界的运行规律和法则。

① 徐复观:《中国人性论史》,上海:华东师范大学出版社,2005年,第53页。
② 陈鼓应:《老子今注今译》,北京:商务印书馆,2003年,第248页。
③ 陈鼓应:《老子今注今译》,北京:商务印书馆,2003年,第248页。
④ 陈鼓应:《老子今注今译》,北京:商务印书馆,2003年,第341页。
⑤ 陈鼓应:《老子今注今译》,北京:商务印书馆,2003年,第343页。
⑥ 张岱年:《中国哲学发微》,太原:山西人民出版社,1981年,第22页。
⑦ 任继愈:《中国哲学发展史(先秦篇)》,北京:人民出版社,1983年,第127页。

在张九成看来,天道是一种客观规律性的存在。

在天道与人事的关系问题上,张九成认为天道和人事是一体的关系,他提出:"人事即天道。人事可欺,天道不妄,以天道之征以验吾人事,则分毫不差矣。呜呼!人主其可肆乎?"①人事就是天道,人事可以欺骗,天道却不虚妄。他在这里论证人事与天道的关系,其实是为了论证政道要如何运行。君主代天处理社会事务,帮助和约束人的行为,使其符合天道的要求。人事代表着天道的要求,所以天道就是人事,人事就是天道。天道不会被蒙蔽和欺骗,他在这里是想通过天道来告诫君主,希望君主可以尽职尽责地做好自己的本分,按其职责所在处理人事。

张九成提出"人事即天""人事皆天命""人事即天道",天、天命、天道其实都是天的不同的形式,他在这里论证了人事与天、天命、天道的关系,其实是在为人事寻找终极依据,从而为政道的合理性提供论证。他的目的是想通过强调人事的合理性来源于天,所以君主应该要尽职尽责地处理人事。他的理论体系的出发点和落脚点是想要建立一个合理的政治秩序,并为其提供合理性的论证。在这里讲人事与天的关系,是在讲天人关系,而讲天人关系的目的是想实现天道与政道的贯通。

第四节 民心即天心

古人认为天人具有相似性,人有人心,以人推天,是以天也有天心。天心是人基于对自身的认识而形成的概念,人心是身之主宰,天心是天之主宰。在张九成的思想中,天心是一个非常重要的概念,他想通过天心论证天与人、自然与社会的贯通。在张九成的思想中,天心还有其他的表达方式,比如天之心,其实表达的都是同一个意思,就是上天之心。

---

① [宋]张九成:《张九成集》第2册,杭州:浙江古籍出版社,2013年,第475页。

一、天心即明德君子之心

在对于天心的认识上，程颐认为："合而听之则圣，公则自同。若有私心便不同，同即是天心。"①程颐认为天心就是没有私心，是天下之人共同的心。程颐是从公私的角度出发论述天心，他们的天心并不具备本源的含义，只是具有主宰意义的一个概念。在对于天心的看法上，张九成提出："以此知周公之心，乃先王之心；先王之心，乃天下之心；而天下之心，乃天心也。"②"天下之心，天之心也。"③天心是"圣王之心"，是天下之人没有个人私意的心。在这里程颐与张九成对于"天心"的看法并没有太大的差别，张九成延续的是二程的理路。

程颐对于天心并没有太多的论述，张九成对此却多有论述。在对于天心的认识上，张九成认为天心就是明德君子的心，"天心即明德君子之心"④。这里是在论述天心与德的关系，这是用"德"来贯通天人关系。他提出："夫一德之所在，天之所在，民心之所在也。有此一德，天必祐之，民必归之。"⑤这句话是对尚书《咸有一德》的注释，伊尹作这一篇的主要目的是告诫君主要经常修德。天命无常，只有经常修德，才可保住君位；停止修德，就会失去君位。在这里张九成想论述的是德之所在，就是天之所在，也就是民心之所在。始终如一地保持这个德行，那么天必然会保佑他，民众也必然会归顺他。德在天人关系和君民关系中都具有非常重要的作用，是天道与人道贯通的关键。

在修德的问题上，君主不仅要修德，还应该保护具有德行的人。这是因为明德之人得到天和民的爱护，所以君主也要爱护明德之人，这样就能

① [宋]程颢、程颐：《二程集》，北京：中华书局，1981年，第145页。
② [宋]张九成：《张九成集》第2册，杭州：浙江古籍出版社，2013年，第489页。
③ [宋]张九成：《张九成集》第2册，杭州：浙江古籍出版社，2013年，第433页。
④ [宋]张九成：《张九成集》第2册，杭州：浙江古籍出版社，2013年，第657页。
⑤ [宋]张九成：《张九成集》第2册，杭州：浙江古籍出版社，2013年，第380页。

得到天心和民心。他提出："明德之人,其心上合于天,下合于民。保护明德之人,是上合天之心也,所以昭然升于上;下合民之心也,所以敷美名于下。"①明德之人,他的心上与天合,下与民合,他认为:"明德君子其用如此,人君倘不为保护,而使小人谗贼之,是绝民之心也。绝民之心,是绝天之心。"②君主治理社会要重用明德之人,远离进谗言的小人,这样民心才会拥护他,才会得到上天的认可。如果不保护明德之人,那么就是自行断绝与民心的关联,断绝与民心的沟通是断绝与天心的关联。君主要畏天修德,保护民众和明德之人,只有这样社会才能形成崇德的氛围,社会才会和谐,统治才能一直延续下去。

他重视"德"的价值,其实是想用道德来限制君主,要求君主不能跨越道德的界限。君主一旦跨越这个界限,就会私心泛滥,最终物欲横流,被民众所抛弃,失去民心也就失去天心,失去了统治的权力和基础。他希望君主做到没有私欲,一切的行为准则都符合民众的心意,并且不断地修德。他在这里论证了道德的地位和价值,而道德是一种价值原则,这个价值原则赋予了王道政治合法性、合理性和正当性,这就使其王权统治具有一定的稳定性。以道德为原则所建立的社会秩序,肯定是和谐、有序的社会秩序,那么王权统治肯定能一直延续下去。他在这里继承了儒家一直以来的观点,用道德来约束君主,希望他们能自觉地遵守职责。自古以来一直宣传的是君权来源于天,他用天来约束君主,也算是从根源上来限制君主的权力。

二、民心归处即天心所在

张九成论述问题一直走的是天人一体的道路,在民心与天心的问题上也同样如此。他提出:"天以民为心,民既不得其所,天乃出灾害以谴告

---

① [宋]张九成:《张九成集》第2册,杭州:浙江古籍出版社,2013年,第657页。

② [宋]张九成:《张九成集》第2册,杭州:浙江古籍出版社,2013年,第657页。

之,又出怪异以警惧之。"①民众的心意就代表着天的心意,当民众的生活受到威胁、居无定所的时候,天就会出现灾害用来谴责警告君主,还会出现奇异的现象让君主警戒恐惧。他提出:"夫天所以区区出灾害、出怪异以谴告警惧之,欲其畏天而修德也。"②"天出灾异以警桀,民心戴商而不回,此天命之所在也。"③天命与民心息息相关,民心的所向就是天命的所向,民心的归处就是天命的归处。

民心会影响天命的所向,民心归属于君主,这个君主统治的王朝就会一直延续下去,民心不再归属于这个君主,那么这个君主的统治也就即将结束,天命不会再授予到这个君主身上。他提出:

> 盖伊尹与汤之心,即天之心也,民之心也。以天之心,故克享天心,受天明命;以民之心,故有九有之师,爰革夏正。④

> 先王之心,天之心也;天之心,民之心也。纣自绝于先王,故自绝于天,而天弃之;天弃之,故民弃之。今民无不欲纣之亡者,是民弃之也。原其所以自弃于先王者,则以先王之心乃天之心也,天之心乃民之心也。⑤

伊尹和汤是具有德行的人,代表着天心,也代表着民心,既符合天心也符合民心那么就可以禀受天命。先王的心代表的是天下人的心,也就是天心,天心就是民心。商纣王没有德行,这是自行断绝与先王的联系,断绝与天的关联,所以上天厌弃他。上天厌弃他,民众也厌弃他。当时的民众没有不想商纣灭亡的,这是民众厌弃他的表现。归其缘由是商纣王先自行断绝与先王的联系,也就断绝了与天的关联,断绝了与民众的关联,从而自行走向了灭亡。具有德行的人才能代表天心,才能禀受天命,君主想要一直获得天命,就要修德获得民心,从而获得天心,他提出:

---

① [宋]张九成:《张九成集》第 2 册,杭州:浙江古籍出版社,2013 年,第 554 页。

② [宋]张九成:《张九成集》第 2 册,杭州:浙江古籍出版社,2013 年,第 555 页。

③ [宋]张九成:《张九成集》第 2 册,杭州:浙江古籍出版社,2013 年,第 365 页。

④ [宋]张九成:《张九成集》第 2 册,杭州:浙江古籍出版社,2013 年,第 382 页。

⑤ [宋]张九成:《张九成集》第 2 册,杭州:浙江古籍出版社,2013 年,第 423 页。

人与天地常相通。人心和平,则天地之和应焉;人心怨愤,则天地亦为之怨愤矣。人主其可小失民心哉? 失民心,是失天心;失天心,则社稷倾矣。①

夫天必以民为视听,是以古之王天下者,不区区求合于天,一视民之心如何耳。武王之心,天之心也。因民之心以取纣,岂有一毫私意哉? 顺天之心耳。天心安在哉? 民心是也,天之视听一自民而已矣。②

人心平和,那么天地也就平和;人心充满怨愤,那么天地也会为之怨愤。君主不能失去民心,因为失去民心就意味着失去天心,失去天心,那么政权也就会倾覆。他从心的角度出发,提出民心的向背决定着整个王朝的兴亡。古代的君主取得天下是因为把民众的所见所闻当作自己的所见所闻。不谋求上合于天,只是看民心的所向。武王的心代表的是天的心,因为武王为了民众的心意讨伐纣王,没有自己的私意,所以是顺从的天心,而天心代表的是民心。

在天心与民心的关系上,张九成认为天把民众的心当作自己的心,他提出:"天无心也,以民为心。"③"天以民为心。今天下苦纣之虐,慕文王之仁,民心美之,是上帝美之也。"④天下的民众苦于纣王的暴虐,文王讨伐他,思慕文王的仁爱,民众欣赏文王的美德,这是"上帝"欣赏其美德。天下人的心都是相同的,君主从其"本心"出发爱护民众,那么民众自然能感受到。他提出:"一人之心,天下之心也。"⑤在张九成看来,万事万物皆出自"心",一人之"心"与万人之"心"相同,他认为:"夫千万人之心,一人之心是也。勿谓一愚夫妇之心与千万人之心不同此几也,失一愚夫妇之

---

① [宋]张九成:《张九成集》第 2 册,杭州:浙江古籍出版社,2013 年,第 438 页。
② [宋]张九成:《张九成集》第 2 册,杭州:浙江古籍出版社,2013 年,第 441 页。
③ [宋]张九成:《张九成集》第 2 册,杭州:浙江古籍出版社,2013 年,第 360 页。
④ [宋]张九成:《张九成集》第 2 册,杭州:浙江古籍出版社,2013 年,第 507 页。
⑤ [宋]张九成:《张九成集》第 2 册,杭州:浙江古籍出版社,2013 年,第 379 页。

心,是千万人之心皆失矣。得民心则为天子,失民心则为匹夫。"①作为君主,失一人之"心"等同于失去千万人之"心"。天下是否安定取决于一"心",他提出:"以此知天下治乱,尽在人主而已;人主治乱,尽在一心而已。"②他还提出:"天下之本在人君,人君之本在一心。"③天下的治乱在于君主的心,所以身为君主就要做到保持"本心",保持"本心"就要做到亲君子,远小人。他提出:"人主善养其心者,必亲近君子,疏远小人,使左右前后无一非正人,以养吾之诚,则是事上帝也。"④君子可以正君心之非,所以要亲近君子。小人是助长君心之非,所以要远离小人。

张九成认为天心与民心是相互感通的,所以他重视民心的价值。他提出:"民心如此,天心在焉。天人同心,幽明协德,武王世世作民父母,为天下王,此自然之理也。"⑤得到民心就是得到了天下,天人同心,就像周武王一样,得到天命,可以为天下的君主。对待民众要尊敬,这是因为民众有天的支持。他提出:"民所以可敬者,以民者天之心也。上不顾天,下不明民为可敬,则天怒民怨而大命殒坠矣。纣之所为如此,所以上天不保佑之。夫人主所以君天下者,天相之也。天相之,则国家昌明;天不相,则国丧亡矣。纣上不畏天,中不念先王,下不敬民,天绝之,先王绝之,民绝之,不亡何待乎?"⑥"敬民"的目的在于"敬天",君主如果既不"敬天",也不"敬民",那么他的统治肯定无法保持下去,天怒人怨,那么就会失去天命。纣王就是因为天怒人怨,上天不再保佑他,所以才失去天命,最终统治无法维持。君临天下是因为天赋予了他这个权力,上天保佑,那么国家就兴盛发达;天不保佑,那么国家就会灭亡。纣王不敬畏上天,不顾念先王,不尊敬民众,那么就是断绝与上天、先王以及民众的关系,所以才会灭亡。构成统治的要素,纣王都不具备了,那么必然是走向灭亡,既没有天

---

① [宋]张九成:《张九成集》第2册,杭州:浙江古籍出版社,2013年,第346页。

② [宋]张九成:《张九成集》第2册,杭州:浙江古籍出版社,2013年,第425页。

③ [宋]张九成:《张九成集》第3册,杭州:浙江古籍出版社,2013年,第908—909页。

④ [宋]张九成:《张九成集》第2册,杭州:浙江古籍出版社,2013年,第598页。

⑤ [宋]张九成:《张九成集》第2册,杭州:浙江古籍出版社,2013年,第483页。

⑥ [宋]张九成:《张九成集》第2册,杭州:浙江古籍出版社,2013年,第556页。

命,又失去了民心。

他认为:"夫民者天也,民心违怨是天违怨也。"①在他看来,民心怨恨,就是天怨恨。他提出:"夫为人君得罪于天,又得罪于上帝,其何以王天下乎?欲知天、帝之与不与,当自民观之。民秉持我以为依赖,为爱我以为父母,则天帝之与我可知矣。"②君主得罪了天,得罪了"上帝",就没有资格君临天下。天、帝的支持,来源于民众的心意。民心支持,天、帝就支持。上天非常爱护民众,所以顺从民众的心意。他认为"民之心,即天之心"③。"民心即天心也。民喜即天喜,民怒即天怒"④。他还提出:

> 天下之大,固岂细事乎?曹操欲篡汉,民心未厌汉,是天未与操也;司马懿欲篡魏,民心未厌魏,是天未与懿也。天命不可妄得,而篡逆之心昭然布在天下,为千古罪人。使曹操不杀伏后,忠事献帝,天命在操,将自有尧、舜之举矣;使司马懿不诛凌统,忠事魏室,天命在懿,亦将自有尧、舜之举矣。天命至重,岂奸心贼虑所能图哉?操之子丕虽有天下,不旋踵而有司马懿之报;懿之孙炎虽有天下,不旋踵而有六王之报。呜呼!天命岂不昭灼乎?……呜呼!天命难知,其可不兢兢自慎乎?祸福之来,委之度外,而立行处事,其可忽耶?盖当格物、知至、诚意、正心、修身,无为造化所使,勿为丑行以害平生,勿为恶事以贻后祸。公、卿、大夫,此人爵也;仁义忠信、乐善不倦,岂不在我乎?倘天命之来,有出于非义,吾当以义裁正之;合于义者,吾受之而不辞;悖于义者,吾却之而不受。此所以处天命也。使蔡邕知此,岂肯为董卓客乎?《春秋》申之会所以列楚于晋下,而狄十二国之大夫,与淮夷不殊会者,此等以义可否天命也。⑤

天出现灾异用来警告桀,民众的心里拥护商然后不回来,这是天命所

---

① [宋]张九成:《张九成集》第 2 册,杭州:浙江古籍出版社,2013 年,第 568 页。

② [宋]张九成:《张九成集》第 2 册,杭州:浙江古籍出版社,2013 年,第 554 页。

③ [宋]张九成:《张九成集》第 2 册,杭州:浙江古籍出版社,2013 年,第 590 页。

④ [宋]张九成:《张九成集》第 2 册,杭州:浙江古籍出版社,2013 年,第 431 页。

⑤ [宋]张九成:《张九成集》第 3 册,杭州:浙江古籍出版社,2013 年,第 987—988 页。

在。曹操想要篡夺汉的王朝，但是当时的民心并未厌弃汉朝，是天没有把天下给予曹操。司马懿当时想篡夺大魏的王朝，民心尚未厌弃魏朝，是天不把天下给予司马懿。天命不可随便地获得，而篡夺谋逆的心已昭告天下，就成为千古罪人。如果曹操不杀害伏皇后，忠心地侍奉汉献帝，那么天命就会在曹操身上，也将会有尧舜的举动。如果司马懿不杀害凌统，忠心地侍奉魏朝的王室，那么天命就在司马懿身上，也将会有尧舜的举动。天命至关重要，岂是存有奸邪之心的贼人通过思考就能谋求的？曹丕虽然获得了天下，但是很快就受到司马懿的报复；司马懿的孙子司马炎虽然获得了天下，很快就有六王的报复。天命岂不是很明显了？天命难以知晓，我们要做到兢兢业业、谨言慎行。人应当格物、知至、诚意、正心、修身，不要被自然所驱使，不要因为丑恶的行为害了自己的一生，不要因为邪恶的行为给以后留下祸患。公、卿、大夫，这是人爵；仁义忠信、做善事从不倦怠，天命岂能不在我身上？如果天命来临的时候，我有不符合义的行为，我应当用义的标准来裁决订正；符合义的标准，那么我就安然受之不会推辞；如果我有违背义的行为，那么我会坚决推辞绝不接受。这是对待天命的方式。虽然我们要对天命敬顺，但是也应当保持自身的主观能动性。人虽然不能选择自己的命运，但是可以选择以何种态度对待命运。在对待天命的问题上，要有自己的标准，对于不符合义的事情，不应当接受。

张九成亲身经历了北宋的灭亡，深刻地感受到民心在社会变革中的作用，他希望君主认识到民心的作用，因为民心关系着政权的稳定。君主得到民心，就是得到天心，才能禀受天命，政权才能一直维持下去。

第五节　天止吾心而已

天在宇宙中具有至高无上的地位，而作为具有独立思考能力的人，在宇宙中处于什么位置呢？这个问题一直以来是历代哲学家不断在思考的问题。在中国哲学史上，许多哲学家都从不同的角度出发，提出了不同的观点，而这些观点大致可以分为天人相合与天人相分两种。张九成认为天人相合，天人是一体的关系，而一体性体现在心上。

在张九成看来，天人是一体的，天就是我，我就是天。他提出："天即是我，我即是天。凡我所念、所为无不合于道，则日日有天命；一念倘不当道，即天所弃也。"①这里的"我"是一种本体性的概念，是所有人抽象的普遍性。凡是"我"所思考的、所作为的没有不合天道的，那么"我"每天都是在敬受天命；如果有一丝一毫的念头不符合天道，那么天就会放弃"我"。这里的"我"是一个道德的主体，一切的行为都符合道德的标准，只有这样的"我"才能与天相合。这里的"道"是指天道，"我"符合道德的要求，才能禀受天命。不符合道德的要求，就会被天所放弃。他进一步指出：

> 天即是我。我得此理，知如是而为仁，如是而为义，如是而为礼，如是而为智，则一出言、一举足无非仁、义、礼、智之善，其心岂不泮涣优游泰然其日逸休乎？②

> 所谓天者，不必他求，在我而已。我无失德，则心逸日休，是天辅我；倘惟失德，则心劳日拙，是天绝之矣。③

天就是我。我得到了这个理，就知道了这样做就是仁，这样做就是义，这样就是礼，这样就是智，那么"我"说话和行动都会符合仁、义、礼、智。在他看来，天不必向外寻找，就在每个人的身上。我的行为没有过错，那么不用费心机，就会变得越来越好，这是天在辅助我；倘若我的行为存在过错，那么纵然使尽坏心，到头来不但捞不到好处，处境反而一天比一天糟糕，这是上天要断绝我的生路。德是沟通天人关系的桥梁，只要人有德，就能禀受天命。纣王就是失去了德，自己断绝了与天的沟通，最后才会被天所放弃。"纣于五年之间，心未尝讼过，口未尝出悔痛之言，一无

---

① ［宋］张九成：《张九成集》第2册，杭州：浙江古籍出版社，2013年，第590页。

② ［宋］张九成：《张九成集》第2册，杭州：浙江古籍出版社，2013年，第592页。

③ ［宋］张九成：《张九成集》第2册，杭州：浙江古籍出版社，2013年，第583页。

可念,一无可听者。盖我能念天,天亦念我;我能听天,天亦听我。"①天人是一体的,我能思考天的想法,天也思考我的想法;我能听从天的想法,天也能听从我的想法。在这里他想表达,上天用五年时间等待纣王改过,可是他的心里却从来没有认识到自己的错误,嘴里也从来没有说过懊悔、痛苦的话。面对上天降下的灾异,一点也没有思考过自己的错误,也一点不听从天意。在他看来,上天给予纣王足够多的时间和机会,让他改正错误,但是他依然不思考和听从上天的旨意,罔顾天的意愿,最终只能咎由自取地走向灭亡。他在这里是想告诫君主要修德,这样才能一直禀受天命。他提出:

> 太甲之不顺阿衡,是不顺天命。阿衡之心,即天命也。此伊尹作书,所以首以天之明命为言。先王无一毫私欲,其心常与天通,一念虑之起,必三省于心而后行,此所谓顾天命也;一事之变,必取正于心而后断,此所谓谛天命也。推顾谛之心,以承奉上天下地、右社稷左宗庙,是于幽明之间,上下左右,无所不顾谛其心也。心即天也,人有是心,心有是天,第人未知顾谛耳。②

张九成认为太甲不顺从伊尹的教导,是不顺从天命。伊尹的心就代表着天命。这也是为什么伊尹上书给王,首先说的就是上天的命令。先王没有一丝一毫的私欲,他的心是经常与天相通,一旦念虑生起就必然多次反省自己的内心然后再行动,这就是顾念天命。一件事情发生变化,必然听从心然后再做决断,这就是审谛天命。推行顾念审谛的心,用来承命奉行天和帝。天就是我的心,我的心也就是天,人有这个心,心有这个天。

在张九成看来,天下间的万事万物,其根源皆出自"心"。他很明确地提出"夫天下万事,皆自心中来"③。心是万物的来源和主宰。人皆有"心",而此"心"又与"天"同一,"夫人心即天心也"④。"天、人不远,我之

---

① [宋]张九成:《张九成集》第2册,杭州:浙江古籍出版社,2013年,第591页。
② [宋]张九成:《张九成集》第2册,杭州:浙江古籍出版社,2013年,第371页。
③ [宋]张九成:《张九成集》第4册,杭州:浙江古籍出版社,2013年,第1054页。
④ [宋]张九成:《张九成集》第2册,杭州:浙江古籍出版社,2013年,第436页。

心即天心也,我之心正则天之星辰无不循轨,我心不正则灾异百出矣。"①
他还提出:

> 无心于求天而天佑之,无心于求民而民归之。天非私我也,以天
> 心在此,天虽欲外吾心不可得也;我非求民也,以民心在此,民虽欲外
> 吾心亦不可得也。是一德者,乃天与民归之机也。或者于此心之外
> 别求天佑,于此心之外别求民归,是不知本者也。盖此心即天心,非
> 此心之外别有天也;此心即民心,非此心之外别有民也。②

没有想要求天的保佑,天却保佑他,没有想要求得民心的归顺而民众
却归顺他,这不是天的私心,这是因为天心在这里。不是我求得民众的认
可,是因为民心在这里。天心和民心都不需向外寻找,只需向内寻求,它
们都在我心中。心是万物的本源,是道德的本源,我的心就是天心和民
心,这是相互贯通的。心中自然地具备各种德,有德的君主天心和民心自
然归向,因为这就代表着天心和民心,不需要再向外寻求。他还提出:"大
风,反风,尽偃,尽起,特在成王疑与不疑之间耳。疑则变异如此,不疑则
为瑞如此,然后知天止吾心而已矣,无求诸高高苍苍之间也。是以人主当
先治其心。"③这段话是对于《尚书·金縢》中的这段话的阐释:

> 秋,大熟,未获,天大雷电以风。禾尽偃,大木斯拔,邦人大恐。
> 王与大夫尽弁,以启《金縢》之书,乃得周公所自以为功代武王之说。
> 二公及王乃问诸史与百执事,对曰:"信。噫!公命我勿敢言。"王执
> 书以泣,曰:"其勿穆卜。昔公勤劳王家,惟予冲人弗及知。今天动威
> 以彰周公之德,惟朕小子其新逆,我国家礼亦宜之。"王出郊,天乃雨,
> 反风,禾则尽起。二公命邦人凡大木所偃,尽起而筑之。岁则大熟。④

《尚书·金縢》主要讲述的是武王死后成王对周公起疑,上天降下灾

---

① ［宋］张九成:《张九成集》第2册,杭州:浙江古籍出版社,2013年,第586页。
② ［宋］张九成:《张九成集》第2册,杭州:浙江古籍出版社,2013年,第382页。
③ ［宋］张九成:《张九成集》第2册,杭州:浙江古籍出版社,2013年,第491页。
④ ［宋］张九成:《张九成集》第2册,杭州:浙江古籍出版社,2013年,第489页。

难,成王对周公的误会解开,上天就不再降灾。张九成认为天和人是存在感应的,天可以体察到人心,成王疑心周公,上天认为这是成王做错了事情,所以降下灾异以警告成王。成王不再疑心周公,开始诚心地悔过,上天就原谅了他的行为,收回了对他的惩罚。天就是我的心,君主只要自身修德,保持本心,就是符合天意。

张九成在建立自己理论体系的时候是从宇宙论的角度出发。陆九渊在建立自己心本论体系的时候也是从宇宙论出发,他提出:"宇宙便是吾心,吾心即是宇宙。"①宇宙就是我的心,我的心也包含整个宇宙。他还认为所有人都具有同一个心,并且把宇宙和心联系在了一起。我们只要充分发挥主观能动性,明晰自己心中的心性之理,就能洞悉宇宙间一切至理。张九成通过"心即天"使心获得了本体地位,陆九渊通过"吾心即是宇宙"使心获得了本体地位,他们走的都是相同的道路,确立的都是心本论的理论体系。王阳明也提出:"人者,天地万物之心也;心者,天地万物之主也。心即天,言心则天地万物皆举之矣。"②王阳明认为人是天地万物的心。心是天地万物的主宰。心就是天,说心的时候天地万物都包含在其中。他首先从天地人的角度出发,认为人在天地万物中处于关键的地位,然后心在人中又处于关键的地位,所以心在天地万物中处于关键的地位。在王阳明看来,天是一种客观的具有绝对统治地位的存在,而他又认为心就是天,那么心就是具有绝对性的存在。张九成的"心即天"比王阳明的"心即天"更直接一些,他直接通过天人一体,实现人心与天心的贯通,从而达到"心即天"。张九成通过"心即天",论证了心为万物的本源,确立了心本论的理论体系。通过张九成、陆九渊、王阳明的思想可以看出,心学在建立自身理论体系之时,总是会从天寻找理论依据,也就是从宇宙论的角度出发,论证心的地位,确立心的地位和价值,最终建立心本论的理论体系,通过"心即天"实现了天道与人道的贯通。"心即天"可以说是心学的一种标志,标志着心学的建立。

---

① [宋]陆九渊:《陆九渊集》,北京:中华书局,1980年,第483页。

② [明]王守仁:《王阳明全集》,上海:上海古籍出版社,1992年,第238页。

第三章　心即理,理即心

　　宋代时期,理气心性的理论体系基本构建完成。程颢既是理本论的源头,也是心本论的源头。他在建构理本论体系之时,也认识到了心的地位和价值。虽然他没有确立心本论的理论体系,但是他的"心即理"思想,对后世心学的发展以及心本论的建构都产生了深远的影响。古往今来,所有的思想都不是凭空产生的,都是在前人的基础上形成的,张九成"心即理"的思想就是在程颢思想的基础上形成的。张九成虽然提出了"心即理"的思想,但是他的"心即理"的目的是证明"理即心",也就是通过"理"论证心的本源地位。

第一节　天理即仁义

　　"天理"最初表示的是依循事物的本质和客观的规律以及自然法则,先秦时期并没有得到重视和提倡,到了北宋时期宋明理学兴起才成为被广泛讨论的概念。二程提出:"天理云者,这一个道理,更有甚穷已? 不为尧存,不为桀亡。"①"天下善恶皆天理,谓之恶者非本恶;但或过或不及便如此。"②二程认为天理是客观存在的,不因为任何事情而改变,是道德的来源。程颐提出:"理便是天道也。且如说皇天震怒,终不是有人在上震怒;只是理如此。"③天理是万物的本源,对外在的自然、社会,具有绝对的支配权。陈来将二程所说的"理"分为四类,即"天道、物理、性理、义理"④。天理是理学中的最高标准,是普遍、客观、永恒的"理",它包括天道、物理、性理、义理四类。在天地自然,天理便是"天道",掌握自然变化、运行的准则;在具体事物,天理则是事物自身具有的规则和性质;在社会文明,天理则是外在的道德准则,是伦理纲常的标准;在人类本性,天理则是判断善恶是非的标准。二程的"天理"是宇宙本源,万物法则,人伦道德之根源。蔡方鹿指出,二程的"天理"是"独立于人的宇宙精神,是万物存在的根据"⑤。天理是宇宙本体论和道德本体论,是天人合一的表现。

在对于天理的看法上,张九成虽然没有把天理作为世界的终极本源,但是天理是道德的来源。在"天理"和"人伦"的关系中,二程认为"人伦者,天理也"⑥。人伦关系就是"天理"。程颢又从"忠恕"论"天理","忠者天理,恕者人道"⑦。"忠"是"天理","恕"是"人道"。天理就是仁义,仁义在这里指的不单单是仁和义这两种道德品德,而是代指的道德。天理就是道德,他将宇宙本源和伦理秩序结合在一起。程颐提出:"君子所以异于禽兽者,以有仁义之性也。苟纵其心而不知反,则亦禽兽而已。"⑧人和动物的区别就在于有没有仁义,也就是道德品性。在这一点上,张九成继承了二程的观点,他提出:

---

① [宋]程颢、程颐:《二程集》,北京:中华书局,1981年,第31页。

② [宋]程颢、程颐:《二程集》,北京:中华书局,1981年,第14页。

③ [宋]程颢、程颐:《二程集》,北京:中华书局,1981年,第290页。

④ 陈来:《宋明理学》,北京:生活·读书·新知三联书店,2011年,第86页。

⑤ 蔡方鹿:《程颢程颐与中国文化》,贵阳:贵州人民出版社,2001年,第69页。

⑥ [宋]程颢、程颐:《二程集》,北京:中华书局,1981年,第394页。

⑦ [宋]程颢、程颐:《二程集》,北京:中华书局,1981年,第124页。

⑧ [宋]程颢、程颐:《二程集》,北京:中华书局,1981年,第323页。

天理者,仁义也。仁义既明,则以此明庶物,知禽兽之所以禽兽;以此察人伦,知人伦之所以人伦。夫人与禽兽相去几何? 耳目、口鼻、好恶、嗜欲一切无异;其所以异者,特有仁、义、礼、智见于君臣、父子、兄弟、夫妇、朋友之间耳。徇人欲则为禽兽,守天理则为人伦。人心何所不有? 人欲、天理之所推焉者也。庶民去天理而堕人欲,所以有禽兽之行;君子存天理而忘人欲,所以造人伦之至。舜人欲都亡,天理昭灼。知如是而为人欲,所以明庶物之微;知如是而为天理,所以察人伦之大。夫所以能如此者,以由天理而行也。舜即天理,非舜之外复有天理也。天理,居则为仁,由则为义,运用在我。①

天理就是仁义。既然明白了天理就是仁义,以此对待万物,那么就知道禽兽为禽兽的原因。用这个来考察人伦,就知道人伦为人伦的原因。人和禽兽在身体构造上没有太大的不同,不同的点在于人有人伦。人伦就是在道德约束下形成的君臣、父子、夫妇、兄弟、朋友及各种尊卑长幼关系。依从人欲那就会成为禽兽,坚守天理那么就符合人伦。人心中是有大理和人欲存在,只是有的人能坚守伦理秩序,遵守大理的标准,有的人抵制不住外在诱惑陷入人欲。庶民远离了天理堕入了人欲,所以有禽兽的行为。君子心中存有天理忘记了人欲,所以才会有人伦的极致。舜没有私欲,心中只存天理。知道怎么做就会陷入人欲,所以对万物的细微之处都明白了解。知道怎样可以达到天理,所以明白伦理秩序的重要。做到这样,那么一切行为都符合天理。舜就是天理,不是在舜之外又有天理,天理存在于日常的生活中,在心中表现为仁,在外表现为义,运用都在自身。只要人做到了符合道德标准,也就是伦理秩序的原则,那么就符合天理。在天理的问题上,他强调的不是天理的本体性的问题,而是天理与伦理秩序的关系问题,他想通过天理为伦理秩序的合理性论证。

---

① 　[宋]张九成:《张九成集》第3册,杭州:浙江古籍出版社,2013年,第949页。

第二节　理即心

　　程颢把"天理"作为最高的本源,确立了理本论的理论体系。程颢提出:"心是理,理是心。"①这句话针对曾子易箦而提出。曾子是一个非常注重礼法的人,他对于礼法的重视程度甚至超越了生命。曾子认为没有做过大夫却无意中用了大夫专用的席子,并且死在了大夫专用的席子上,那就是"非礼",所以哪怕是处于弥留之际,也依然命令儿子给他更换席子。程颢认为一切行为都符合"礼"的规范和要求,就是符合"理"的规范和要求。从心的本然状态出发,那么心就是理。心在已发状态之时,就需要礼对人内心进行约束,礼是外在的道德规范,礼的要求其实就是本心的要求,那么礼就是心。从本心出发"心即理",从已发之心出发"礼即心"。程颢通过"心即礼"提出"心即理",他虽然提出了"心即理",但是在他的思想体系中心和理并不处于同一个层次,在他的思想体系中理的地位远远高于心的地位。

　　在心与理何者为本源的问题上,张九成认为心为万物的本源。然后,他具体地论证了这一主张,提出:

　　　　所谓格物者,穷理之谓也。一念之微,万事之众,万物之多,皆理也。惟深造者,自天下之本,溯流沿叶,进进不已,而造极于格物。是故于一念之微,一事之间,一物之上,无不原其始而究其终,察其微而验其著,通其一而行其万,则又收万以归一,又旋著以观微,又考终而要始,往来不穷,运用不已,此深造之学也。夫如是,则心即理,理即心,内而一念,外而万事,微而万物,皆会归在此,出入在此,非师友所

────────────────

①　[宋]程颢、程颐:《二程集》,北京:中华书局,1981年,第139页。

传,非口耳所及,非见闻所到,当几自见,随事自明,岂他人能知哉?①

张九成认为理存在于万事万物之中,而只有穷究万事万物的道理,才能认识并运用这个理。他想通过格物的功夫达到穷理的目的,而穷理是为了达到明心,实现心与理的贯通。心中本来具备各种道德,心本来是善的,通过格物的功夫,认识到心中本来存在的道理,从而达到心与理的贯通,这样内外一致,才是"心即理,理即心"。他在这里所说的心与理,是从"体"达"用",又从"用"返"体"的过程。从"心即理"到"理即心",这个认识过程就像是历尽千帆最终达到的境界,这其实是原始反终的过程。他的"心即理"并不只是从本然的层面上思考心与理的关系问题,还从实然的层面上思考心与理如何实现统一的问题。他从应然与实然的双重角度,思考了心与理的关系问题,最终得到的结论是"心即理"以及"理即心"。张九成提出了"心即理"的主张,他的这一主张提出的目的是证明"理即心",提升心的价值和地位,并为其心本论理论体系作合理性论证。

从应然的角度上"心即理",但是在实然的角度上心未必就是理。应然是说的心之本体之时的状态,实然说的是心之已发之时的状态。心已发之时,人心中会有天理和人欲,心中充满天理之时就是"心即理",心中被人欲遮蔽之时就不是"心即理"。在天理和人欲的关系上,程颐提出"无人欲即皆天理"②,心中没有人欲就是达到了天理,天理和人欲是相对的范畴。程颐还提出:"先王制其本者,天理也;后人流于末者,人欲也。损之义,损人欲以复天理而已。"③在心中"本"是天理,"末"是人欲,要认识到这一问题,不能舍本逐末。在这一问题上,张九成与程颐看法相同,他提出:

> 夫天人一心,本无彼此,自是学之不精,不能尽识,流荡人欲,故此心不见尔。惟学问之深者,人欲不行;惊忧之迫者,人欲暂散,故此

---

① ［宋］张九成:《张九成集》第 3 册,杭州:浙江古籍出版社,2013 年,第 943 页。
② ［宋］程颢、程颐:《二程集》,北京:中华书局,1981 年,第 144 页。
③ ［宋］程颢、程颐:《二程集》,北京:中华书局,1981 年,第 907 页。

心发见焉。此心既见，则天理在我耳。①

在他看来，天心和人心是一体的，没有彼此的分界。从这里也可以看出天理在他的观念中并不是作为构建其哲学体系的本源存在，作为本源的只是心。他从心的角度出发论述天理和人欲的关系。学习得不够精通，不能全部认识到心中存在的理，就会人欲流荡，所以本心才没有显现。只有学问到了一定的境界，人欲才不会在心中横行，本心才能显现，本心显现，那么天理自然显现。在关于天理的问题上，天理存在于伦理纲常中，在日用中显现，只是有时候因为人欲的横流，我们没有发现而已。他提出："夫父子、君臣、夫妇、兄弟、朋友，皆有天理在其间。日用之中，天理每于此而发见，第以人欲所汩，无自而识之耳。"②伦理等级秩序都是从天理而来，那么维护这个等级秩序就是天理的要求。他想通过天理证明封建礼教所规定的人与人之间的关系，尤其是尊卑长幼之间的等级关系是合理的，论证等级秩序的合理性。社会的伦理等级秩序是合理的，那么社会的混乱就是人欲导致的，只要克制了人欲，自然归为天理，那么社会秩序也就会稳定。

张九成认识到人心中有天理和人欲的存在，那么怎样才能达到心中充满天理的状态呢？在如何达到天理的这个问题上，张九成继承的是程颐的思想，程颐提出："视听言动，非理不为，即是礼，礼即是理也。"③礼就是天理，符合"礼"的行为，就符合"理"的要求。礼是社会规范和道德规范，其中包括政治制度、社会伦理道德规范，具有天赋性、神圣性、权威性。礼强调尊卑上下的等级秩序，通过礼的等级规范调整社会政治关系，约束人的行为。有时候需要礼对人进行必要的制约和限制，进而逐步使"礼"由一种外在的仪式升华为本己的、内在的自觉意识。在张九成看来，他也希望通过"克己复礼"以达到理，因为"仁者，天理也"④，所以通过克己复

---

① [宋]张九成：《张九成集》第1册，杭州：浙江古籍出版社，2013年，第104页。

② [宋]张九成：《张九成集》第1册，杭州：浙江古籍出版社，2013年，第160页。

③ [宋]程颢、程颐：《二程集》，北京：中华书局，1981年，第144页。

④ [宋]张九成：《张九成集》第4册，杭州：浙江古籍出版社，2013年，第1063页。

礼达到了仁,也就是达到天理。他提出:

> 正理明,则孔子告颜子以"克己复礼为仁"可得而论也。夫天下
> 无一物之非理,亦无一物之非仁。有己则理暗,无己则理明。己者,
> 何也? 人欲也。礼者,何也? 天理也。灭天理,穷人欲,何由而得仁?
> 灭人欲,尽天理,于是乃为仁。克己也者,灭人欲者也。己何自而克,
> 人欲何自而灭乎? 本乎学而已矣。其学安在? 曰:礼而已矣。非礼
> 勿视,视皆理也;非礼勿听,听皆理也;非礼勿言,非礼勿动,言、动皆
> 理也。夫视以礼,听以礼,言、动以礼,视、听、言、动一循乎天理之中,
> 则人欲灭矣,私己克矣,天理明矣,天下皆归于仁矣。①

在如何达到天理的问题上,张九成与程颐的思想具有一定的一致性。
他们都认为要克制人欲,恢复天理。只不过程颐认为天理是外在的,而张
九成认为天理存在于每个人的心中。天人一体,天理存在于每个人的心
中,只要心中没有私欲,那么就是达到了天理。孔子的克己复礼的克己是
君子下学上达,修身俟命。复礼是回归周公的礼乐制度。张九成对于"克
己复礼"的看法,继承的是从孔子而来的儒家的一贯的思想。张九成认为
"本心即天理",然后做到"克己复礼",那么就可以成仁。天下没有一种事
物是不符合理的,也没有任何事物是不符合仁的。理的显和隐在于是否
克服了"私己"。心中没有自己的私心和私欲那么天理自然显现,而无法
做到克服自己的私欲,那么天理自然不会显现。"有己"就是心中存有人
欲。"克己"就是没有人欲,就是做到了天理,礼本来就是规范人的行为规
范,所以符合礼的标准,就达到了天理的标准。只有消除了人欲,才能达
到天理的标准。而"己"和人欲,可以通过学习的方式去除,学的是什么
呢? 学的是礼,只要做到不符合礼教的东西不看、不听、不说、不动,那么
视、听、言、动就都符合天理。这样视、听、言、动都符合天理,那么人欲也
就没有了,私己也就去除了,天理自然就得以显现,天下就都归于仁。通
过"克己复礼"达到"天理",也就是实现了心与理的合一,实现了"心即

---

① ［宋］张九成:《张九成集》第1册,杭州:浙江古籍出版社,2013年,第217页。

理"。从"克己复礼"到复礼为仁，是从外在的行为规范转变为内在的道德自觉。"克己复礼"从而以仁配天，做到博施而泛爱众，修己以安百姓。在他看来，为仁由己，希望通过"克己复礼"，最终达到天下归仁的境界。

张九成是通过理来论证心的本源性，在这一点上胡宏与张九成有相似之处，胡宏是通过理来论证性的本源性。胡宏的"性即理"就是通过理论证性的本源地位。他的"性即理"的思想是从程颐而来，程颐提出："性即理也，所谓理，性是也。"①胡宏在程颐的基础上提出："大哉性乎！万理具焉，天地由此而立矣。世儒之言性者，类指一理而言之尔，未有见天命之全体者也。"②性是万物的本源，事物的终极依据，也是道德的来源。向世陵指出："胡宏的性与理之间是整体与部分、一般与个别的关系，只有性才能具有充当哲学本体的资格，因为它代表天命之全体，从而胡宏将他的性本论与二程的'性即理'的理本论区分开来，重新规定了性理关系，在形式上则表现为对二程理论的颠倒，形成了一个'理即性'的格局。"③他还提出："从北宋理学以来，理学家无不关注本体论与人性论的联系，其典型的理论表现就是'性即理'，人性即天理，人的本质与宇宙本体是同一的。胡宏性学继承了这一基本的理论格局，但又以性为本出发，对性与理的关系重新进行了梳理。"④张九成的"心即理"与胡宏的"性即理"具有异曲同工之处。程颢和程颐在"心即理"还是"性即理"的认识上存在分歧，这也使洛学后学走向了不同的发展道路。张九成与胡宏同时受学于杨时，是二程的再传弟子，但是他们所建立的理论体系不同，对于二程的思想采纳的也是不同的观点。

在理与心、性的关系上，朱熹提出过"心即理"，也提出过"性即理"。他提出：

> 既是如此穷究，则仁之爱，义之宜，礼之理，智之通，皆在此矣。

---

① ［宋］程颢、程颐：《二程集》，北京：中华书局，1981年，第292页。

② ［宋］胡宏：《胡宏集》，北京：中华书局，1987年，第28页。

③ 向世陵：《善恶之上——胡宏·性学·理学》，北京：中国广播电视出版社，2000年，第112页。

④ 向世陵：《善恶之上——胡宏·性学·理学》，北京：中国广播电视出版社，2000年，第112页。

推而及于身之所用，则听聪，视明，貌恭，言从。又至于身之所接，则父子之亲，君臣之义，夫妇之别，长幼之序，朋友之信，以至天之所以高，地之所以厚，鬼神之所以幽显，又至草木鸟兽，一事一物，莫不皆有一定之理。今日明日积累既多，则胸中自然贯通。如此，则心即理，理即心，动容周旋，无不中理矣。[①]

张九成认为从本源上"心即理"，朱熹认为需要"格物"的功夫才能达到"心即理"的状态。他们虽然都说"心即理"，但是心与理在他们的思想体系中的位置是不同的，在张九成的思想体系中，心为万物的本源，在朱熹的思想体系中，理为万物的本源，他们通过"心即理"想实现的最终目的是不同的，一个是为其心本论的理论体系论证，一个是为其理本论的理论体系论证。

胡宏提出"性即理"，朱熹也提出了"性即理"，但是朱熹的"性即理"与胡宏的"性即理"有所不同。胡宏的"性即理"是为了论证性的本源地位，而朱熹的"性即理"是为性的合理性提供论证，并不是论证其本源地位。朱熹提出"性，即理也。大以阴阳五行化生万物，气以成形，而理亦赋焉，犹命令也"[②]。他从本源的角度出发，认为人之本性是禀受理和气而形成的，"天命之性"来源于理。"性只是理，万理之总名。此理亦只是天地间公共之理，禀得来便为我所有。"[③]"性是理之总名，仁义礼智皆性中一理之名。"[④]人之本性具备天理，具备各种道德。在"心即理"和"性即理"的问题上，他最终坚持的是"性即理""性无不善。心所发为情，或有不善"[⑤]。心中有性和情的存在，而情是有善有恶的，所以不能说"心即理"，只能说"性即理"。"盖天者，理之自然，而人之所由以生者也。性者，理之全体，而人之所得以生者也；心则人之所以主于身而具是理者也。天大无

---

①　[宋]黎靖德编，王星贤点校：《朱子语类》第 2 册，北京：中华书局，1986 年，第 408 页。

②　[宋]朱熹：《四书章句集注》，北京：中华书局，1983 年，第 17 页。

③　[宋]黎靖德编，王星贤点校：《朱子语类》第 7 册，北京：中华书局，1986 年，第 2816 页。

④　[宋]黎靖德编，王星贤点校：《朱子语类》第 1 册，北京：中华书局，1986 年，第 92 页。

⑤　[宋]黎靖德编，王星贤点校：《朱子语类》第 1 册，北京：中华书局，1986 年，第 92 页。

外，而性禀其全，故人之本心，其体廓然，亦无限量。"①心中具有性和情，只能说"性即理"。

"心即理"在心学和理学中所代表的意义不同，"心即理"在心学中，是从洛学向心学转变的标志，是心学独立性的开始。陆九渊是心学的代表人物，他提出："四端者，即此心也；天之所以与我者，即此心也。人皆有是心，心皆具是理，心即理也。"②陆九渊认为心中具备道德，而这个德是由天所赋予。他的心虽然是从论述"四端"而来，但是他并没有把心局限在心性论的范畴，而是从本体论的角度进行论述，他的心比孟子的心的内涵和外延更广，使心更具超越性、无限性、普遍性。陆九渊的"心即理"相对于张九成来说，更直截了当一些。他提出：

> 东海有圣人出焉，此心同也，此理同也；西海有圣人出焉，此心同也，此理同也；南海北海有圣人出焉，此心同也，此理同也；千百世之上至千百世之下有圣人出焉，此心此理亦莫不同也。③

心古往今来人人所同具，人人所同有，超越了时间和空间的界限，不被任何事物所阻隔。在这里，心与普遍之理重合，于是每个个体之心也就有了普遍意义。所有的时间和空间中所存在的心和理都是相同的。人人都有心，心中都具备理，心和理处于同一个层次，理并不高于心。陆九渊通过"心即理"把"理"这个概念涵盖在了心中，对理进行了内在的消解，使理不再具备最高的本源义，使心的独立性得以彰显。陆九渊从本然的层面上指出心和理处于相同地位。心具有本源性，是道德的主体，从心出发的一切行为都符合道德规范，也都符合理的要求，所以他说"心即理"。陆九渊从本然的层面出发，提出了"心即理"，进一步确立了心本论的理论体系。张九成的"心即理"需要格物的功夫，陆九渊的"心即理"并不需要，在这一问题上，陆九渊比张九成更直接一些，但这也容易导致空虚。

---

① [宋]朱熹撰，朱杰人、严佐之、刘永翔主编：《朱子全书》23 册，上海：上海古籍出版社；合肥：安徽教育出版社，2002 年，第 3273 页。

② [宋]陆九渊：《陆九渊集》，北京：中华书局，1980 年，第 149 页。

③ [宋]陆九渊：《陆九渊集》，北京：中华书局，1980 年，第 483 页。

　　"心即理"这一思想,在心学中是一脉相承的。除了上面所提到的张九成和陆九渊外,王阳明也提出过"心即理"的观点。他的"心即理"同"致良知"和"知行合一"一起,组成了王阳明哲学体系的三大部分。"心即理"说是王阳明哲学的立言宗旨,他提出:

> 　　心即理也。此心无私欲之蔽,即是天理,不须外面添一分。以此纯乎天理之心,发之事父便是孝,发之事君便是忠,发之交友治民便是信与仁。只在此心去人欲、存天理上用功便是。[①]

　　王阳明认为心就是理,心与理不是两种事物,二者为一。我们只需要在心上做功夫,不需要向外做功夫。这里提到的心是心之本体,这时候的心与理为一。心中具备各种道德,从心出发的任何行动都符合道德,也都符合理,所以说"心即理"。王阳明在"心即理"的基础上,进一步提出了"心外无物""心外无事""心外无理"的观点。陈来提出:"可以毫不夸张地说,'心即是理'或'心外无理'是阳明伦理学的第一原理,集中体现了心学自孟子以来的伦理哲学。"[②]王阳明认为要了解宇宙的奥秘,达到对事物真相的认识,只需要探求自己的心性良知即可。心与物同体,物不能离开心而存在,心也不能离开物存在。事不能离开心而存在,心也不能离开事存在。王阳明的"心外无理"是心为本体、天理,心即理也。不必在事事物物上求理,心中之理,就是至善,不需要向外寻求善。

　　在"心即理"这一问题上,陆九渊比张九成的思想更进一步,从本体的角度上提出了心与理同的观点。王阳明的"心即理"又比陆九渊的思想更进一步,对于"心即理"进行了具体的论述,他不仅提出了心与理等同,还主张在后期的道德实践过程中实现二者的统一。"心即理"可以说是心学的思想家确立自己思想体系的一个标志,并且随着心学的发展,也逐渐地在发展,具有了更丰富的内涵。"心即理"实现了本体与主体的统一,这样心与理合一,就不会出现心与理割裂的问题。我们从"心即理"的学术演

---

① 　[明]王守仁:《王阳明全集》,上海:上海古籍出版社,1992年,第3页。

② 　陈来:《有无之境:王阳明哲学的精神》,北京:人民出版社,1991年,第20页。

变还可以看出,张九成与陆九渊、王阳明的思想是一脉相承的,他们都是心学的重要代表人物。张九成通过"心即理"把心学从洛学中分离出来,提升了心的地位和价值,对后世心学的发展产生了深远的影响。

张九成、陆九渊、王阳明属于心学,程颢、程颐和朱熹属于理学。他们的理论体系不同,所以对于"心即理"的认识也就不同。我们可以通过现代学者对于朱陆之异的评价,来看理学和心学在心与理关系上面认识的区别。吕思勉《理学纲要》在论及朱陆之异时指出:"朱陆之异,象山谓'心即理',朱子谓'性即理'而已。惟其谓'性即理',而心统性情也,故所谓性者,虽纯粹至善;而所谓心者,则已不能离乎气质之累,而不免杂有人欲之私。惟其谓心即理也,故万事皆具于吾心;吾心之外,更无所谓理;理之外,更无所谓事。一切工夫,只在一心之上。二家同异,后来虽枝叶繁多,而溯厥根源,则惟此一语而已。"①在吕思勉看来,朱熹讲"性即理",陆九渊讲"心即理",二者的差别在于对于心与理的关系的认识不同。陆九渊认为理在心中,朱熹认为理在心外。冯友兰先生提出:"朱子言性即理,阳明言心即理。此为理学与心学不同之处。"②冯友兰先生认为朱陆的不同在于朱熹是"性即理",陆九渊是"心即理"。通过以上几位的论述,我们可以看出,学界基本对朱陆在心性论上的不同达成了共识。我们通过他们对于朱陆的评价,可以看出理学和心学的差异。从张九成到陆九渊再到王阳明,都一直延续了对于"心即理"的讨论。

张九成认为心为万物的本源,心中本来就具备各种道德,所以"心即理"。"心即理"的提出,标志着其开始建构心本论的理论体系。张九成"心即理"的提出,是洛学转折的重要标准。正是从这里开始,洛学内部开始出现分歧,一派以张九成为代表,走向了"洛学心学化"的道路;一派以朱熹为代表,走向了"洛学理学化"的道路。这一分歧的出现是因为张九成与朱熹对于万物本源的看法不同,张九成认为心为万物的本源,朱熹认为理为万物的本源。张九成提出"心即理"的思想,朱熹提出了"性即理"

---

① 吕思勉:《理学纲要》,南昌:江西教育出版社,2018年,第89页。

② 冯友兰:《宋明道学中理学心学二派之不同》,《清华大学学报(自然科学版)》1932年第1期。

的思想。他们二人形成了不同的理论体系,在对于心性论的看法上,也表现出了截然不同的观点。张九成心学、胡宏性学、朱子理学都在沿用"理"这一话语体系进行理论建构,从这里我们可以看出洛学的话语体系在后世的地位和影响。

第四章 心性一体

宋代时期,心性关系问题是非常热门的话题。在心与性的关系上,张九成认为心与性都来源于天,心性一体、心性一元,而心是其中的主宰。在心性的善恶问题上,张九成继承了孟子以心善言性善的理路,心和性中的道德都由天所赋予,所以从本然的状态上讲,心和性都为善。

第一节 心体德用

在心与德的问题上,二程提出:"心具天德,心有不尽处,便是天德处未能尽,何缘知性知天?尽己心,则能尽人尽物,与天地参,赞化育。"[①]心中具备道德,而德从天而来,通过"尽心"认识到自己所具备的德,最终实现德从应然向实然的转化。张九成提出:"夫人心何所不有?仁、义、礼、智,皆其固有之物也。"[②]仁、义、礼、智,是儒家一直以来推崇的德,德为心中本来固有的,并不需要向外追求,只需向本心中寻求。他提出:"夫以人心为仁,则凡目之所以视,耳之所以听,鼻之所以嗅,舌之所以尝,四体之

---

① [宋]程颢、程颐:《二程集》,北京:中华书局,1981年,第78页。
② [宋]张九成:《张九成集》第4册,杭州:浙江古籍出版社,2013年,第1079页。

所以知疴痒者,皆出于心,心即仁也。"①在张九成看来,如果人的心就是
仁,那么我们眼睛所看到的,耳朵所听到的,鼻子所闻到的,舌头所尝到
的,身体所感知到的痛痒都出自心,也都符合仁。他在这里想说明的是只
要"心正",那么所有从心出发的行为都是符合道德的行为。

张九成认为心是道德的来源,心中本来就具备各种德。在心与德的
问题上,心与德是体用的关系,心是本体,德是心的作用。他提出:

> 心谓本体,德谓作用。心、德皆离,则本体、作用皆不在纣,人人
> 自为计尔;心、德皆同,则本体、作用皆在武王,无非为天下、国家计
> 也。意言商人虽多,而心、德皆不归纣;周人谋计者虽止十人耳,而
> 心、德一归于武王。以此十人奇伟卓绝,胜亿兆凡庸,自为之又何难
> 哉? 故有天下者,是最忌失人心。人心既失,则其所趣向、所谋画不
> 在我。不患德不同,所患心不同耳。心既已同,则德不期而自
> 同矣。②

这段话是对《尚书·泰誓》"天其以予乂民,朕梦协朕卜,袭于休祥,戎
商必克。受有亿兆夷人,离心离德;予有乱臣十人,同心同德。虽有周亲,
不如仁人"③的阐释。《泰誓》这段话的意思是:上天使我治理人民,我的
梦符合我的卜兆,吉庆重叠出现,讨伐商国一定会胜利。商纣有亿兆平
民,却都离心离德;我有拨乱的大臣十人,却都同心同德。纣虽有至亲的
臣子,都比不上我周家的仁人。纣王是心与德离,所以人人都是为自己考
虑。武王是心与德相同,所有人都是为了天下和国家考量。商朝的人虽
然众多,但是他们的民心和德都不属于纣王。周朝谋划的人虽然只有几
十个,但是他们的心和德都属于武王。这十几个人的计谋远胜过亿万个
凡俗的庸人。所以说持有天下的人,最忌讳的就是失去人心。人心已经
失去,那么所想要去的方向,所要谋划的事情都不在我。不担心德不同,

---

① ［宋］张九成:《张九成集》第 4 册,杭州:浙江古籍出版社,2013 年,第 1045 页。

② ［宋］张九成:《张九成集》第 2 册,杭州:浙江古籍出版社,2013 年,第 440—441 页。

③ ［宋］张九成:《张九成集》第 2 册,杭州:浙江古籍出版社,2013 年,第 440 页。

担心的是心不同。心相同,那么德自然就相同。人心的向背影响王朝的兴亡,心与德合,那么统治秩序就会平稳运行,心与德离,统治秩序就无法维持下去。德来源于心,所以君主只要不失去本心,爱护民心,那么德也会一直伴随着他,统治秩序也会一直延续下去。

在他看来,心中本来存在各种德,但是在发用的过程中会受到外界环境的影响,心中所存有的德不能得以显现,他提出:"人皆有此心,何识之者少也? 倘私智消亡,则此心见矣。此心见,则入孔子绝四之境矣。"①虽然德没有显现,但是本心中依然存在德,只要通过后天的修养功夫,去除私欲,就能回归到心的本然状态。"绝四"是孔子所倡导的原则,就是要杜绝四种弊病,也就是杜绝凭空猜疑,绝对偏执,拘泥固执,唯我独尊。在张九成看来,人人都有这个心,这个心具备各种道德,但是认识到的人却很少,这是受到了"私智"的影响,这里的"私智"便是指私欲、邪念等等,"私智"的存在会遮蔽本心,使人们不能认识到心中本来存在的德。只要"私智"消亡,心中存在的道德自然就会显现,心中存在的德显现,那么就是达到了孔子"绝四"的境界。在他看来,心与德的关系是"夫操则存,舍则亡,此人之心也。操之则为德,舍之则为欲矣"②,心中的道德把握住就存在,放弃的话就会失去,这就是人心。心中虽然具备各种道德,但还是需要修养功夫,保持本心。

在保持本心上,他提出:"人心虚静则明,杂扰则暗。明久则定,暗久则亡。"③只要保持虚静的状态,人心就会明。被外界事物干扰,人心就暗。人心明亮就会稳定,这时候本心是善的,也就是充满德。人心的善被遮蔽久了,本心中的善就会消亡。想要保持本心的善,就需要时刻地审视自己的行为。他提出:

> 心所念虑、心所愿欲、心所趋乡,一皆知其所自起,而辨其所自来,或阖或辟,或变或移,使邪心妄虑不得投其隙,则圣王之用,皆将

---

① [宋]张九成:《张九成集》第4册,杭州:浙江古籍出版社,2013年,第1278页。

② [宋]张九成:《张九成集》第1册,杭州:浙江古籍出版社,2013年,第284页。

③ [宋]张九成:《张九成集》第4册,杭州:浙江古籍出版社,2013年,第1147页。

得之于一心之间矣。①

　　凡念虑之起,履践之初,皆察其始察其终,察其微察其著,使念虑
无所逃,履践无所失,则邪妄灭迹,仁义油然而生矣。凡一毫之恶皆
在所恶而去之,一毫之善皆在所爱而护之,久而念虑皆正,履践皆明。
心为仁义之宗,身由仁义之路,而圣贤所蕴,一皆印于念虑、履践间
耳,岂不盛哉?②

　　心所挂念、思虑的,心所志愿、欲念,心所趋向、向往的,都要知道这些
念虑所生起的原因,然后辨明其从哪里生出。凡是念虑生起,想要践行的
时候,都要观察它的开始和结束,观察它的细微和明显的地方,使念虑没
有地方躲避,那么邪念和妄虑都没有痕迹,仁义就会生出。凡是一丝一毫
的恶念都要去除,一丝一毫的善念都爱护,那么久而久之念虑都正,行为
也就都正。心是仁义的根本,在仁义这条路上行走,那么圣贤所蕴含的思
想,都在我的念虑和行为之中。我们在产生某一个念头或者说在做某一
件事情的时候,做之前就要对这整个事情进行反思,看这件事或者说这种
想法是否合乎善,如果合乎善,便继续做下去;如果不合乎善,便要及时改
正,使其归于善,对此我们需要格外地小心谨慎,确保我们在做一件事情
的时候,从开始到完成,无时无刻不在进行反思,使其不至于有"恶"出现。

　　那些犯罪的人便是心不正,所以才会有恶念产生,最终导致犯罪。他
提出"夫臣庶所以犯刑者,则以其心不正也。不正之念,起于微芒,长于芽
蘗,倘或纵之,荡如狂澜,不可收拾,至于为寇贼奸宄而不知耻矣"③。在
"恶"刚开始萌芽的时候未加制止,以至于不可收拾,最终走向罪恶的深
渊,没有羞耻之心。他还提出:"知礼义,则其心常明;任血气,则其心常
昏。"④"礼义"指的是儒家的道德行为规范,"血气"则更多是指人冲动之
下产生的不符合道德规范的想法。"血气"可能刚开始不是恶念,但是不

①　[宋]张九成:《张九成集》第4册,杭州:浙江古籍出版社,2013年,第1048—1049页。

②　[宋]张九成:《张九成集》第4册,杭州:浙江古籍出版社,2013年,第1047页。

③　[宋]张九成:《张九成集》第1册,杭州:浙江古籍出版社,2013年,第285页。

④　[宋]张九成:《张九成集》第2册,杭州:浙江古籍出版社,2013年,第377页。

加引导会引发不符合善的行为,最终会使我们的本心被遮蔽,善无法得以彰显。在面对恶念或者念虑之时,要时刻地保持谨慎,他提出:"诚使以思而入之,惟精惟一,惟时惟几,一旦豁然,念虑皆断,心之本体见矣。居之则为仁,由之则为义。"①时刻不断反思自己的行为,用心专一,心中的种种邪念便会自然消散,使善念永固,恶念不起。这时候心之本体自然显现,那么行为都会符合道德的标准。到了这一阶段所思所行皆合乎善,不必再刻意进行反思反省,自然而然地便会好善去恶,这便是张九成所说的"吾心既正,则所好者天下之善,所恶者天下之恶"②。只要心正了,心中所发出的念虑都是"正"的,那么一切行为都会符合道德规范。

张九成认为心与德的关系是体用的关系,心在未发之时,心中具备各种德性,心在已发之时,会受到外界事物的干扰,德性就会受到影响,这时候就需要修养功夫,使其恢复到心的本然状态。

第二节　心即性,性即天

《中庸》言"天命之谓性",人性是从天而来。程颐"'生之谓性',与'天命之谓性'同乎? 性字不可一概论。'生之谓性',止训所禀受也。'天命之谓性',此言性之理也。今人言天性柔缓,天性刚急,俗言天成,皆生来如此,此训所禀受也。若性之理也则无不善,曰天者,自然之理也"③。程颐认为"生之谓性"与"天命之性"不是一个,"天命之谓性"是说本然之性,这时候就是"性即理"。

张九成在确立性的本源性之时是从天的角度出发进行论证。在对于

---

① 〔宋〕张九成:《张九成集》第 4 册,杭州:浙江古籍出版社,2013 年,第 1052 页。
② 〔宋〕张九成:《张九成集》第 2 册,杭州:浙江古籍出版社,2013 年,第 605 页。
③ 〔宋〕程颐、程颢:《二程集》,北京:中华书局,1981 年,第 313 页。

天和性的认识上,他提出:"何谓天? 喜怒哀乐未发以前,天也。"①"'喜怒哀乐之未发',此指言性也。"②在他看来,性是天所赋予的人之本性,那么喜怒哀乐未发以前就是从天而来的性之本然状态,在一定意义上这也是天,在这一层面上,性和天是等同的。他从未发已发的角度出发论性,认为人未发之性就是天。他直接提出了"天即吾性也"③的观点,这里的性应指的是未发之性。在对于性的认识上,张九成提出:"吾之性不止于视、听、言、貌、思,凡天地之间,若动作,若流峙,若生植,飞翔潜泳,必有造之者,皆吾之性也。"④他还认为性不仅仅在审视、倾听、言论、举止、思考,在这个天地间生活,像是行为和举动,像是流动和耸立,像是生命和植物,像是飞行和游泳,都有造成这个的原因,就是自然本性。性是造成万物这样运行的内在的原因,每个事物都存在自己的本性,依存自己的本性生存,那么就会有这个多彩的世界。他在论证心的本源地位之时是从天的角度出发进行论证,提出"天止吾心"。在论证性的本源地位之时也是从天的角度出发进行论证,提出"天即吾性"。心和性都是来源于天,都具有本源性。

心为万物的本源,在这里性又具有本源性,那么心和性是什么关系呢? 在对于心性的看法上,张九成与二程的观点相似。二程提出:"只心便是天,尽之便知性,知性便知天,当处便认取,更不可外求。"⑤二程在这里延续的是孟子"尽心""知性""知天"的思路。程颐提出:"自理言之谓之天,自禀受言之谓之性,自存诸人言之谓之心。"⑥心、性、天是一体的,程颐"心即性也。在天为命,在人为性,论其所主为心,其实只是一个道"⑦。程颐认为心就是性。在天就表现为命,在人就表现为性,主宰是心。在程

---

① ［宋］张九成:《张九成集》第4册,杭州:浙江古籍出版社,2013年,第1110页。

② ［宋］张九成:《张九成集》第4册,杭州:浙江古籍出版社,2013年,第1087页。

③ ［宋］张九成:《张九成集》第2册,杭州:浙江古籍出版社,2013年,第508页。

④ ［宋］张九成:《张九成集》第1册,杭州:浙江古籍出版社,2013年,第170页。

⑤ ［宋］程颢、程颐:《二程集》,北京:中华书局,1981年,第15页。

⑥ ［宋］程颢、程颐:《二程集》,北京:中华书局,1981年,第296—297页。

⑦ ［宋］程颢、程颐:《二程集》,北京:中华书局,1981年,第204页。

颐看来心性一体，而心是其中的主宰。张九成也发挥了这一思想，他提出：

> 孟子曰："尽其心者，知其性也。知其性，则知天矣。"邵尧夫作《尽心知性赞》曰："廓然心境大无伦，尽此规模有几人？我性即天天即性，皆于微防起经纶。"至矣哉斯言！夫心即性，性即天。心体甚大，尽之者少耳，故惟学问为可以宏之。①

孟子说尽自己的善心，就是觉悟到了自己的本性。觉悟到了自己的本性，就是懂得了天命。保存自己的善心，养护自己的本性，以此来对待天命。邵雍也说心中包含很多东西，但是很多人都不能穷尽自己的心。我的性就是天，天就是我的性。张九成非常认同邵雍的观点。他提出心就是性，性就是天，心体非常的广大，能穷尽的很少，所以只有学习可以弘扬它。张九成在确立心本论的思想体系之时，提出过"心即天"的观点，而在这里他提出"心即性，性即天"，是为了说明性的本源性，论证心性一体。宋志明等人提出："'心即性'的意义在于将主体与本体联结为一体，同时又不抹杀各自的特性。性既与心相通，又与天相连，天命与人性各有其存在的价值，但又都以心为其主宰。"②张九成通过心性一体，实现了本体论与人性论的贯通。张九成在程颐思想的基础上，走的是心性一元的道路。在这一点上，王阳明和张九成的思想相似，走的路径也相似。王阳明提出："心也，性也，天也，一也。"③王阳明在论述心性关系问题上走的是和张九成相同的路径。王阳明和张九成都是在论述心、性、天三者的关系，二者所想要表达的观点是相同的，都是论证心、性、天的合一，三者是一体的关系。王阳明还提出："夫心之体，性也；性之原，天也。天之所以命于我者，心也，性也。"④王阳明认为心的本体就是性，性的本源就是天，天赋予我的就是心和性。在这里他明确地表示了心、性、天三者的关系。他通

---

① ［宋］张九成：《张九成集》第 2 册，杭州：浙江古籍出版社，2013 年，第 508 页。

② 宋志明、向世陵、姜日天：《中国古代哲学研究》，北京：中国人民大学出版社，1998 年，第 131 页。

③ ［明］王守仁：《王阳明全集》，上海：上海古籍出版社，1992 年，第 98 页。

④ ［明］王守仁：《王阳明全集》，上海：上海古籍出版社，1992 年，第 49 页。

过论证心、性、天三者的关系,论证了心和性的本源性,也论证了本体性,确立了它们的合理性和合法性。张九成和王阳明都属于心学,心学都是从本体论出发,论证人性论,实现本体论与人性论的合一。

在心性关系上,胡宏与张九成走的是一样的路径,都是从天讨论心、性。胡宏认为"性,天命也。命,人心也"①。"天命"是指宇宙的本体、万物的终极依据。胡宏认为"性"就是"天命","命"就是人心,他通过天把性和心贯通起来,将"性"等同于"天"或者"天命",从而使"性"成为宇宙的终极依据。他的这一思想是想说明"性"的本源性。他认为:"'天命之谓性'。性,天下之大本也。尧、舜、禹、汤、文王、仲尼六君子先后相诏,必曰心而不曰性,何也?曰:心也者,知天地,宰万物,以成性者也。六君子,尽心者也,故能立天下之大本。"②向世陵指出:"胡宏以'天命'的概念来形容性的整体,是因为天命一词当时已普遍被用来解释人的本质和描述客观必然性,而不论其基本理论是以气、以理、还是以性为本。"③朱汉民认为:"'天'在胡宏的哲学体系中,具有本体论的意义。"④天命、天都是胡宏用来建构其性本论理论体系的工具。在他看来,心和性的关系是"性体心用",这一思想是从程颐而来。程颐提出过:"凡言心者,皆指已发而言。"⑤以心为已发之用,以性为未发之体。胡宏继承了程颐这一思想并进一步提出"未发只可言性,已发乃可言心"⑥。胡宏说:"圣人指明其体曰性,指明其用曰心。性不能不动,动则心矣。"⑦陈来提出:"胡宏以心为已发、性为未发,是把性与心的关系理解为体用的关系。"⑧性为本体,心

---

① 〔宋〕胡宏:《胡宏集》,北京:中华书局,1987年,第6页。

② 〔宋〕胡宏:《胡宏集》,北京:中华书局,1987年,第328页。

③ 向世陵:《善恶之上——胡宏·性学·理学》,北京:中国广播电视出版社,2000年,第113页。

④ 朱汉民:《论胡宏的性本论哲学》,《湖南大学学报》1990年第5期。

⑤ 〔宋〕程颢、程颐:《二程集》,北京:中华书局,1981年,第608页。

⑥ 〔宋〕胡宏:《胡宏集》,北京:中华书局,1987年,第115页。

⑦ 〔宋〕胡宏:《胡宏集》,北京:中华书局,1987年,第336页。

⑧ 陈来:《宋明理学》,北京:生活·读书·新知三联书店,2011年,第164页。

为作用,"性譬诸水乎,则心犹水之下"①。性就像是水,也就是本源。心像水往下流,心是性的作用。我们可以看出,性为本,心为用。性为未发,心为已发。向世陵概括胡宏心性的特点为:"性体而心用,性静而心动,性未发而心已发。"②对此,陈来认为:"性在本体论上是最重要的,心在道德实践中是最重要的。性虽然是宇宙的根本,而心才是道德实践的用力之地和根本出发点,因而对于人的精神发展来说必须强调'心'。"③心和性面向的对象不一样,胡宏的"性"是对本体而言,心是对道德实践而言,从这里也可以看出"性"比心高一个层次。胡宏认为性体心用,心以成性。胡宏以性为最高范畴,直接把道德理性本体化,使"性"获得了普遍性和本源性。

胡宏的"性体心用"说后来又影响了朱熹,朱熹早期认同这一学说,朱熹指出:"《中庸》未发、已发之义,前此认得此心流行之体。又因'程子凡言心者,皆指已发而言',遂目心为已发,性为未发。"④朱熹在这时赞同性为未发之体、心为已发之用的观点。后来朱熹与张栻进行了"中和之辩",之后朱熹就放弃了这一主张,转而开始对其进行批判。这是理学史上非常重要的一个转折点,朱熹开始从"中和旧说"的心为已发、性为未发,从已发中见未发,转变为"中和新说"的心兼未发已发,未发是性,已发是情,性体情用,心统性情。他提出:"性者,理也。性是体,情是用。性情皆出于心,故心能统之。统,如统兵之'统',言有以主之也。"⑤"心之体为性,心之用为情。"⑥他把性和情放在了同等位置,这样性的地位就低于心的地位。朱熹认为心统性情,性体情用,强调的是心性二元,心性有别。他

① [宋]胡宏:《胡宏集》,北京:中华书局,1987年,第13页。

② 向世陵:《理气性心之间——宋明理学的分系与四系》,北京:人民出版社,2008年,第270页。

③ 陈来:《宋明理学》,北京:生活·读书·新知三联书店,2011年,第171页。

④ [宋]朱熹撰,朱杰人、严佐之、刘永翔主编:《朱子全书》,上海:上海古籍出版社;合肥:安徽教育出版社,2002年,第3130页。

⑤ [宋]黎靖德编,王星贤点校:《朱子语类》第7册,北京:中华书局,1986年,第2513页。

⑥ [宋]黎靖德编,王星贤点校:《朱子语类》第7册,北京:中华书局,1986年,第2822页。

说："心与性自有分别。灵底是心,实底是性。灵便是那知觉底。"①张九成和胡宏在心性关系上,都没怎么关注情。朱熹引用了"情"这一概念,解决已发之时人性的善恶问题。

张九成认为心性是一体的,并且心性一元。胡宏认为心性一体,但是心性有别,心性二元。张九成与胡宏都认为心性一体,张九成认为心和性都处于本源地位,胡宏认为性处于本源地位。朱熹也认为心性有别,心性二元。胡宏与朱熹虽然都认为心性二元,但是他们对于心和性的认识却有很大的区别。胡宏心性二元是为了论证性的本源地位,强调"性"为宇宙的本源。朱熹心性二元是为了论证"性即理"的合理性,认为理在心中,"理"为宇宙的本源。

第三节　心善性善

宋代的学者对于心性善恶问题的认识存在分歧,对于这一问题,程颐持心性皆为善的观点,他指出:"心本善,发于思虑,则有善有不善。若既发,则可谓之情,不可谓之心。"②心之本体为善,只是已发之时有善与不善的区别,而已发之时已经不是心之本体,所以不能说心有善恶之别。他还提出"气有善不善,性则无不善也"③。"性无不善,而有不善者才也。"④性之本体为善,不善是因为受到气禀的影响。程颐认为心和性的本体都为善,也就是未发之时为善,已发之时有善恶之别。

在心性的善恶问题上,张九成继承了程颐的心性都为善的观点。张九成认为心和性都来源于天,心和性中的道德也都是由天所赋予,所以从

---

① ［宋］黎靖德编,王星贤点校:《朱子语类》第2册,北京:中华书局,1986年,第323页。

② ［宋］程颢、程颐:《二程集》,北京:中华书局,1981年,第204页。

③ ［宋］程颢、程颐:《二程集》,北京:中华书局,1981年,第274页。

④ ［宋］程颢、程颐:《二程集》,北京:中华书局,1981年,第204页。

本然的状态来看,心和性都是善的,他提出:"夫心同然,则性善之说也。以其性善,故心所同然者,理也,义也。何谓理?何谓义?理即义之本体,义即理之见于用者。惟性善可以悦理义,悦义所以可以为圣人也。"①所有人的心是相同的,都是善的。那么所有人的性也是相同的,都是善的,因为心性一体。理是道理,义是按照道理所进行的行为,理和义的关系像是体用的关系。性善符合理和义的标准,只有性善才有可能成圣成贤。圣贤是心性都符合道德标准,也就是都为善,他在这里是想通过现实生活中的性善论证心善。他从本源的角度出发,从心善论证性善的合理性,又从现实的角度出发从性善论证心善的合理性。他既通过心善论证性善,也通过性善论证心善,形成了一个完整的体系。

张九成认为性中自然地具备各种道德,从本性出发,那么一切行为都符合道德的标准。他提出:"夫性则仁义也,居之则为仁,行之则为义。仁义乃性之自然,非私意所能为也。"②性中自然地具备仁义,内心存仁,行事循义。仁义是性的自然流露,不是个人的私意所能做到的。这里的"性之自然"说的就是从天而来的人之本性。在他看来人的本心和本性都是善的,而出现不善,是因为受到外界事物的影响,使心和性无法保持本然的状态。心性的善恶问题其实是一种价值判断,符合道德标准的就是善,不符合道德标准的就是恶。张九成认为心和性是道德的来源,所以心和性都是善的。

在心性的善恶的问题上,心学具有一致性。陆九渊认为:"盖人受天地之中以生,其本心无有不善。"③他还提出:"人性本善,其不善者迁于物也。知物之为害,而能自反,则知善者乃吾性之固有。"④本心没有不善,本性也是没有不善。在这一问题上,陆九渊比张九成更直接一些,张九成还需要通过天来论证心和性的善,而陆九渊简明扼要地直接提出了本心

---

① [宋]张九成:《张九成集》第4册,杭州:浙江古籍出版社,2013年,第1037页。

② [宋]张九成:《张九成集》第4册,杭州:浙江古籍出版社,2013年,第1027页。

③ [宋]陆九渊:《陆九渊集》,北京:中华书局,1980年,第154页。

④ [宋]陆九渊:《陆九渊集》,北京:中华书局,1980年,第416页。

和本性为善,这是心学的一大进步,从依靠具有权威性的天为心学提供理论依据,到不通过天获得理论依据直接提出心性为善,在这里心学的独立性真正地彰显出来,也是心学理论体系完善的一个标志。

王阳明延续的也是心学一直以来心善性善的理路,他提出"然至善者,心之本体也"①。"至善者性也,性元无一毫之恶,故曰'至善'。"②"至善"就是心之本体。性中本来没有恶,所以说性之本体为至善。"夫心主于身,性具于心,善原于性,孟子之言性善是也。善即吾之性,无形体可指,无方所可定,夫岂自为一物,可从何处得来者乎?"③心是身体的主宰,性在心中,善源于性。善就是我的性。王阳明还提出:"心之本体原自不动。心之本体即是性,性即是理,性元不动,理元不动。"④"心之体,性也,性即理也。故有孝亲之心,即有孝之理,无孝亲之心,即无孝之理矣。有忠君之心,即有忠之理,无忠君之心,即无忠之理矣。理岂外于吾心邪?"⑤心的本体就是性,性就是理。有孝顺亲人的心,就有孝的理存在,没有孝顺亲人的心,那么就没有孝的理存在。有忠诚君主的心,就有忠诚的理存在,没有忠诚君主的心,就没有忠诚的理存在,理不在我的心之外。他在论述性的时候引用了理的概念,这和引用天的概念具有相似的意义,因为在王阳明所处的时代,理学已经是权威性的存在,所以引用了理的概念是为其心本论理论体系服务。他在这里引用理的概念,是想通过理论证性的合理性。只有在心善的基础上,心本论才能成立,所以心学都坚持心善论。张九成、陆九渊和王阳明都属于心学,在这一点上具有一致性,我们可以看出,虽然张九成和陆九渊、王阳明没有直接的学术渊源,但是其心学思想具有一致性,他们的思维方式和实现路径都具有相似性。

在心性的善恶这一问题上,胡宏认为性无善恶,但是性有好恶。对于

---

① [明]王守仁:《王阳明全集》,上海:上海古籍出版社,1992年,第135页。
② [明]王守仁:《王阳明全集》,上海:上海古籍出版社,1992年,第29页。
③ [明]王守仁:《王阳明全集》,上海:上海古籍出版社,1992年,第175页。
④ [明]王守仁:《王阳明全集》,上海:上海古籍出版社,1992年,第28页。
⑤ [明]王守仁:《王阳明全集》,上海:上海古籍出版社,1992年,第48页。

心的问题,心性一体,那么性的善恶以及好恶就是心的善恶以及好恶,所以心也没有善恶,但是有好恶。胡宏提出:"凡人之生,粹然天地之心,道义完具,无适无莫,不可以善恶辨,不可以是非分,无过也,无不及也。此中之所以名也。夫心宰万物,顺之则喜,逆之则怒,感于死则哀,动于生则乐。欲之所起,情则随之,心亦放焉。故有私于身,蔽于爱,动于气,而失之毫厘,谬以千里者矣。众人昏昏,不自知觉,方且为善恶乱,方且为是非惑。惟圣人超拔人群之上,处见而知隐,由显而知微,静与天同德,动与天同道,和顺于万物,浑融乎天下,而无所不通。"①人性本中,没有善恶之别。圣人是心性都处于"中"的状态,所以与天地同体,凡人就是心性不处于"中"的状态,所以堕于人欲。在性的善恶问题上,胡宏提出:"性也者,天地鬼神之奥也,善不足以言之,况恶乎?"②在他看来"性"是超善恶的存在,善都没法来形容,更何况是恶了。胡宏主张性无善恶,但是性有好恶。他认为"好恶,性也。小人好恶以己,君子好恶以道"③。胡宏认为好恶即性,对此朱熹认为"好恶固性之所有,然直谓之性则不可。盖好恶,物也,好善而恶恶,物之则也"④。朱熹认为"好恶"虽然是性,但"好恶"不等于性。在心性的问题上,胡宏认为性有好恶,心也有好恶。

在心性善恶这一问题上,朱熹主张心有善恶、性为善说。朱熹不同意心性均为善的观点,他指出:"心有善恶,性无不善。"⑤在这一点上朱熹与程颐、张九成对于心的认识不同。程颐和张九成认为心为善,不善的原因是已发的时候受到外界环境的影响。这是因为程颐和张九成认为心和性的本然状态,也就是未发之时都是善。而朱熹认为心的本然状态并非都为善,因为心中有性和情的存在。性有"天命之性"和"气质之性"的区别,"气质之性"不全为善。情也不是一直都为善。朱熹提出:"性以理言,情

---

① [宋]胡宏:《胡宏集》,北京:中华书局,1987年,第332页。

② [宋]胡宏:《胡宏集》,北京:中华书局,1987年,第333页。

③ [宋]胡宏:《胡宏集》,北京:中华书局,1987年,第330页。

④ [宋]胡宏:《胡宏集》,北京:中华书局,1987年,第331页。

⑤ [宋]黎靖德编,王星贤点校:《朱子语类》第1册,北京:中华书局,1986年,第89页。

乃发用处,心即管摄性情者也。故程子曰:'有指体而言者,"寂然不动"是也,此言性也;有指用而言者,"感而遂通"是也,此言情也。'"①程颐的原文为:"凡言心者,指已发而言,此固未当。心一也,有指体而言者,寂然不动是也;有指用而言者,感而遂通天下之故是也。"②程颐的这段话并没有把心之体规定为性,把心之用规定为情。程颐的意思是心兼体用,不能说心是已发。朱熹对程颐的思想进行了自己的阐释和发挥,明确把心之体规定为性,把心之用规定为情。他是把程颐的思想和张载的思想进行了结合,提出心管摄性情。在心性的善恶问题上,程颐和张九成的思想具有一致性,朱熹持不同的观点。从这里也可以看出,张九成不仅继承了程颢的思想,也继承了程颐的思想。在对于洛学思想的继承上,虽然朱熹在后世一直掌握着话语权,但是我们不能忽视洛学并非只是被朱熹继承。

南宋时期思想非常活跃,洛学开始向多元化的方向发展。二程开启的心性一元思想由张九成继承并发展,认为心性一体,心性为善。心性二元分为了胡宏的性体心用和朱熹的心统性情。我们可以看出不同的理论体系,对于心和性的认识不同。心学是坚持心性为一,心性本善;性学是坚持性体心用,性无善恶但有好恶,心无好恶;理学是认为心有善恶、性为善说。心学、性学、理学在对于心和性认识上的分歧,是他们的理论体系根本差异之所在。

第四节　性习说

古往今来,人们对于人性问题的思考从未间断。先秦时期,人们关注的是人性的普遍性问题,讨论的是人性的善恶问题。汉代至中唐时期,关注的不再是人性的普遍性问题,而是人性的特殊性问题,讨论的是人类的

①　[宋]黎靖德编,王星贤点校:《朱子语类》第 1 册,北京:中华书局,1986 年,第 94 页。

②　[宋]程颢、程颐:《二程集》,北京:中华书局,1981 年,第 609 页。

等级与人性的善恶之间的关系问题。宋代时期,人性论虽然仍然以人性善恶为争论焦点,但是他们大多数人都是想从理论上调和孟荀二人的分歧,讨论的是人性有善恶的根源。张九成作为宋代时期非常著名的学者,在人性论的问题上延续的是宋代关于人性善恶问题的讨论。

一、性外无道,道外无性

《中庸》提到:"天命之谓性,率性之谓道,修道之谓教。"对于这句话,二程提出:"'天命之谓性,率性之谓道'者,天降是于下,万物流行,各正性命者,是所谓性也。循其性而不失,是所谓道也。此亦通人物而言。循性者,马则为马之性,又不做牛底性;牛则为牛之性,又不为马底性。此所谓率性也。人在天地之间,与万物同流,天几时分别出是人是物?'修道之谓教',此则专在人事,以失其本性,故修而求复之,则入于学。若元不失,则何修之有?是由仁义行也。则是性已失,故修之。"[①]天降在人身上的自然禀赋是"性",顺着本性行事没有过失就叫作"道",如果失去本性那么按照"道"的原则进行修养叫作"教"。从本性出发的行为都是符合道德的行为,符合道德的行为就是符合"道"的行为。本性是道德的来源,所以从本性出发,那么一切行为都是符合"道"的行为。朱熹提出:"天命之谓性,浑然全体,无所不该也;率性之谓道,大化流行,各有条贯也;修道之谓教,克己复礼,日用工夫也。"[②]朱熹沿用的是程颐的理路。

张九成认为人的自然禀赋叫作"性",这指的是性的本体。顺着本性行事叫作"道",这指的是人寻求"道"。按照"道"的原则修养叫作"教",这指的是"道"的运用。他提出:"'天命之谓性',此指性之本体而言也;'率性之谓道',此指人之求道而言也;'修道之谓教',此指道之运用而言

---

① [宋]程颐、程颢:《二程集》,北京:中华书局,1981年,第29—30页。
② [宋]朱熹撰,朱杰人、严佐之、刘永翔主编:《朱子全书》第23册,上海:上海古籍出版社;合肥:安徽教育出版社,2002年,第3264页。

也。"①在他看来,人想要寻求"道",只要从自己的本性出发即可,自己的本性中天然地具备仁、义、礼、智,只要使本性发挥出来,这四种德性得到运用,那么就是达到"道"。在人与"道"的关系中,"道"就在人的本性之中,不能离开人的本性去寻求"道"。他提出:"人即性也,君子既率性而得道。天下之人有不由乎道者,以迷其性也。君子则以我之性觉彼之性。"②张九成认为性善,所以从本性出发的行为都是符合"道"的要求的行为,只要率性就可以得"道"。

在"道"与"性"的关系上,程颐提出:"称性之善谓之道,道与性一也。以性之善如此,故谓之性善。"③性的善就是"道",在这一层面上"道"和"性"是一个。他还提出:"自性而行,皆善也。圣人因其善也,则为仁义礼智信以名之;以其施之不同也,故为五者以别之。合而言之皆道,别而言之亦皆道也。"④从本性出发的行为都是符合道德的行为,而符合道德的行为就符合"道"的要求,所以从本性出发的行为都是符合"道"的行为。在这一问题上,张九成与程颐持相同的观点。张九成认为"道"和"性"是一体的关系。追求"道"只需向"性"中追求即可,因为"性"中天然地具备各种道德。他提出:

> "率性之谓道",道岂远人哉? 人具有此性,又安可舍己之性而求道哉? 性外无道,道外无性。舍人之性而欲求道,犹适越而北向,趋燕而南奔,虽驾骏马,乘轻车,卒岁穷年,殆见其无所得耳。⑤
>
> 夫"率性之谓道",则舍性而求道,皆非所谓道也。是则君子之求道,岂可须臾舍性而求哉? 戒慎不睹、恐惧不闻可也。使其不睹不闻处,微有私意间之,则非性之本位,而堕于人欲矣。人欲岂道也哉?

① ［宋］张九成:《张九成集》第 4 册,杭州:浙江古籍出版社,2013 年,第 1085 页。
② ［宋］张九成:《张九成集》第 4 册,杭州:浙江古籍出版社,2013 年,第 1097 页。
③ ［宋］程颐、程颢:《二程集》,北京:中华书局,1981 年,第 318 页。
④ ［宋］程颐、程颢:《二程集》,北京:中华书局,1981 年,第 318 页。
⑤ ［宋］张九成:《张九成集》第 4 册,杭州:浙江古籍出版社,2013 年,第 1096 页。

故曰"可离非道也"。盖当其离处即是非道,此率性所以谓之道。[①]

二程曾提出:"道之外无物,物之外无道,是天地之间无适而非道也。即父子而父子在所亲,即君臣而君臣在所敬。以至为夫妇、为长幼、为朋友,无所为而非道,此道所以不可须臾离也。然则毁人伦、去四大者,其分于道也远矣。"[②]二程认为"道不远人""道"存于我们的日常生活之中。张九成在二程的基础上进一步提出"性外无道,道外无性","性"之外没有"道","道"之外没有"性"。舍弃人的本性然后想要追求"道",那么就像想去越国但是却往北走,想去燕国却往南走,这是背道而驰。这样的行为无论经过多长时间都是徒劳无功的。"道"要从本性中追寻,不能离开"性"而求"道"。"道"是不可以片刻离开的,如果可以离开,那就不是"道"了。离开本性,就会产生私欲,这样有私欲就与求道背道而驰,所以不能离开本性去寻求"道",这是所谓的"率性之谓道"。

在"道"与"性"的关系上,王阳明与张九成的认识不太相同。王阳明认为"率性之谓道"与"修道之谓教"是两种不同的途径。在张九成看来人人都可以顺从本性达到道,而在王阳明看来并非人人都可以顺从本性达到道,只有圣人才可以。他认为:

> 子思性、道、教,皆从本原上说。天命于人,则命便谓之性;率性而行,则性便谓之道;修道而学,则道便谓之教。率性是诚者事,所谓"自诚明,谓之性"也。修道是诚之者事,所谓"自明诚,谓之教"也。圣人率性而行,即是道。圣人以下,未能率性,于道未免有过不及,故须修道。修道则贤知者不得而过,愚不肖者不得而不及,都要循着这个道,则道便是个教。此"教"字与"天道至教,风雨霜露无非教也"之"教"同。"修道"字与"修道以仁"同。人能修道,然后能不违于道,以复其性之本体,则亦是圣人率性之道矣。[③]

---

① [宋]张九成:《张九成集》第4册,杭州:浙江古籍出版社,2013年,第1086页。

② [宋]程颐、程颢:《二程集》,北京:中华书局,1981年,第73—74页。

③ [明]王守仁:《王阳明全集》,上海:上海古籍出版社,1992年,第43页。

子思所说的性、道、教都是从本源上来说，都是所谓的天命。在人身上这个天命就表现为"性"；遵循本性行动，那么这个"性"就可以称为"道"；按照"道"的原则修养学习，那么"道"便可以称为教。顺着本性这是诚的事情，这就是所谓的由内心真诚而自然明白道理，就叫作天性，按照道的原则修养学习，这是追求真诚的事情，这就是所谓的由明白存在的意义而做到真诚，这就叫教化。圣人顺从本性出发而行动就是"道"。圣人以下，不能顺从本性达到"道"，这是因为有过多或者不及，所以需要修道。修道说的就是贤明多智的人和愚昧、品行不端的人都要遵循这个"道"，这个"道"就称为教。人能按照"道"的原则修养学习，然后不违背"道"的原则，恢复其本来的性之本体，那么就是圣人顺从本性而达到的"道"。

二、性之本体为善

张九成认为天是性之来源，性之本体为善。孟子最早提出性善论，张九成非常推崇孟子，认同孟子的性善论，他提出："孟子尝立性善之论，上合千古圣人不言之心，下扫诸子邪论之失，固尝以'水无有不下'以校性无有不善矣。如孟子之言性，非一人之私言也，乃天下之公言也。"[1]孟子的性善论与"圣人之心"相合，他的"水无有不下"形容人的本性非常合适。孟子认为所有人具有共同的本性，而这个本性为善。张九成还提出："孟子言性善，深合孔子之论，而超百家诸子之上，是其所见人人皆可以为尧、舜，其补于名教也大矣！告子以性为无善无不善，此不识性之正体者也。"[2]告子从"生之谓性"立论，认为人的自然属性本不具道德意义，性没有善也没有不善，这是没有认识到性之本体。张九成认为心性一体，心和性都为善，所以他赞同孟子的性善论。他强调人人固有本然至善之性，这个性善具有绝对性和普遍性。

在对于善的看法上，张九成认为善就是人性中只有天理，没有个人的

---

① ［宋］张九成：《张九成集》第 3 册，杭州：浙江古籍出版社，2013 年，第 961 页。

② ［宋］张九成：《张九成集》第 4 册，杭州：浙江古籍出版社，2013 年，第 1034—1035 页。

私欲，他提出："夫所谓善者，果何物哉？天理常明，无一毫之私欲，其遇事而见，或谓之仁、义、礼、智，或谓之诚，或谓之浩然之气，名虽不同，其为善则一而已。盖发于恻隐则为仁，发于羞恶则为义，发于辞让则为礼，发于是非则为智，事亲则为孝，事君则为忠，治民则为惠，善虽不同，皆足以致治。"①善就是心中只有天理没有私欲，在遇到事情的时候，天理自然显现，显现的时候被称为仁、义、礼、智、诚、浩然之气。善发于恻隐之时就为仁，发于羞恶的时候就为义，发于辞让的时候就为礼，发于是非的时候就为智，发于对待亲人的时候就为孝，发于对待君主的时候就为忠，发于对待民众的时候就为惠，善已发之时的名称虽然不同，但是都是使社会治理有序。人性本善，这个善已发之时就是社会治理有序。他提出："盖人性本善，故见孝悌忠信、仁义礼智之人，人皆爱之，是人性本善也；见寇攘奸宄、杀越人于货者，无不恶之，是非人性所有，乃禽兽豺狼异类也。"②人的本性为善，所以看见符合孝悌忠信、仁义礼智的人，人人都爱护他。看到寇攘奸宄、杀人越货的人，没有不厌恶的，是因为这不是人的本性，这是禽兽豺狼才有的行径。人之本性为善，并且喜好符合道德的行为。他提出：

> 夫人性皆善，特吾学非其道，而世无师友指示之耳。使吾知格物知至之学，内而一念，外而万事，无不穷其源流，穷其终始，穷之又穷之，至于极尽之地，人欲都尽，一旦廓然，则性善昭昭无可疑矣。此所谓"一日克己复礼，天下归仁"也。使吾事其大夫之贤者，友其士之仁者，闻其善言而心有所省，见其善行而心有所感，一旦廓然，则性善昭然，亦无可疑矣。③

人性本善，但还是需要修养功夫。通过"格物"的功夫，弄清事物存在的道理，对待任何事情都探究其源流，穷尽其开始和结束，最终穷尽到极处，人欲都除尽了，那么就可以看到人性的本质，人性的本质是性善。听

---

① ［宋］张九成：《张九成集》第2册，杭州：浙江古籍出版社，2013年，第583页。

② ［宋］张九成：《张九成集》第2册，杭州：浙江古籍出版社，2013年，第513页。

③ ［宋］张九成：《张九成集》第3册，杭州：浙江古籍出版社，2013年，第894页。

闻善言就心有所觉悟，看见善的行为心就有所感触，那么性善就很明显了。

三、习善为善人，习恶为恶人

在性之善恶的问题上，程颢是从理和气的角度出发进行论证，人所禀受的理是相同的，之所以会出现善恶的差别，是气禀不同导致的，禀受的气之不同决定了人性之善恶。程颢提出：

> "生之谓性"，性即气，气即性，生之谓也。人生气禀，理有善恶，然不是性中元有此两物相对而生也。有自幼而善，有自幼而恶，是气禀有然也。善固性也，然恶亦不可不谓之性也。盖"生之谓性""人生而静"以上不容说，才说性时，便已不是性也。凡人说性，只是说"继之者善"也，孟子言人性善是也。夫所谓"继之者善"也者，犹水流而就下也。皆水也，有流而至海，终无所污，此何烦人力之为也？有流而未远，固已渐浊；有出而甚远，方有所浊。有浊之多者，有浊之少者。清浊虽不同，然不可以浊者不为水也。如此，则人不可以不加澄治之功。故用力敏勇则疾清，用力缓怠则迟清，及其清也，则却只是元初水也。亦不是将清来换却浊，亦不是取出浊来置在一隅也。水之清，则性善之谓也。故不是善与恶在性中为两物相对，各自出来。①

"生之谓性"，性就是气，气就是性，这是从人出生以后的角度看的。人生下来的时候禀受了气，而气有清浊之分，禀受清气那么就会表现为善，禀受浊气就会表现为恶，这是理当如此的，但是并不是性中有善恶两种相对立的事物存在。有人从小就善，有人从小就恶，这是气禀不同导致的结果。善虽然可以说是性，但是恶也不可不称为性。我们开始说性的时候，已经不是性之本体了。"人生而静以上"的性只是一个抽象的存在，

---

① ［宋］程颢、程颐：《二程集》，北京：中华书局，1981年，第10—11页。

当人们说性的时候说的不是这个抽象的本体,而是现实中的性。孟子说的人性善就是说的现实的性。"继之者善"就像是水往下流。有的流入了海洋,最终没有被污染。有的流得还不远,却已渐渐污浊;有的流出很远,才有所污浊;有的污浊多,有的污浊少。清浊虽然不同,但是也不能说污浊的水就不是水的本体。水本来是清的,这就像性本来是善的一样。性之本体中没有善恶两种相对的存在,善恶是气禀不同导致的。孟子的性是说的性之本体,告子的性是说的性之已发,告子的性虽然也是性,但不是性之本体。

程颢认为性之本体"不容说",性之已发的善恶是由于气禀的原因。张九成认为性之本体为善,性之已发是"习"的原因。这里的"习"指的是"气习","气习"与程颢的气禀是相似的意思,他提出:"所谓'习'者,乃'气习'之'习',是其生也,适禀天地之恶德,受阴阳之乖气,其为不义亦性情所不能自已者也。"[①]"气习"是在人之初生之时,禀受了天地的不良的品德,禀受了阴阳的邪恶不祥之气,表现出不符合道义的行为,善恶不由自己决定。他提出:"《记》曰:'人生而静,天之性也'是人生本自有得也。又曰:'感于物而后动,性之欲也'是感物而动,已堕于欲,而非本体也。"[②]《礼记》所说的"人生而静,天之性也"是说人生下来之时从天所禀赋的本性。"感于物而后动,性之欲也。"是受到外界事物的感染性有所波动,这时候已经堕落于人欲中了,就不是性之本体了。张九成认为性之本体为善,性之已发之所以有善恶的不同,是"气习"不同所致。在"气习"的问题上,他提出:

> 告子之论性,错指习为性;孟子之论性,乃性之本体也。观其借水论性,以为决诸东方则东流,决诸西方则西流,谓性随所之而见为善为恶,初无分也。呜呼!善恶习也,安可以习为性哉?孟子以"人无有不善,水无有不下"辟之,所谓天下之至论矣。夫人之性,即仁、

---

① [宋]张九成.《张九成集》第2册,杭州:浙江古籍出版社,2013年,第373页。

② [宋]张九成.《张九成集》第1册,杭州:浙江古籍出版社,2013年,第81页。

义、礼、智、信也。以赤子入井卜之,则人性本体之善可知矣。是孟子之论善,非如告子与恶对立之善也,直指性之正体而言耳。然而叔鱼之生也,其母视之,知其必以贿死;杨食我之生也,叔向之母闻其号也,知必灭其宗;越椒之生也,子文知若敖氏之鬼不食。何也? 曰:此其气习也,非性也。所谓习者,非一时之习,乃气禀之习也。①

告子论述的性,错在以习为性;孟子论述的性,才是性的本体。从其借水来论述性,认为人性好比湍急的水流,从东方打开缺口就向东流,从西方打开缺口就向西流,说明人性最开始没有分别,随所遇而为善为恶。未发之时没有善恶的区别,已发之时才有善恶的区别。已发之时的性已经不是性之本体,这是后天染习所形成的性,不能把这个已发之性当成是性之本体。性之本体为善,已发之性有善有恶。孟子说人的性中本然就具有仁、义、礼、智、信。张九成认为性之本体的性善,不是与恶对立的那个善,是对于性之本体的完满状态的一种描述。叔鱼刚生下来的时候,他的母亲知道他一定会因为受贿而死。杨食我刚生下来的时候,叔向的母亲听闻其哭号,知道他最终必定会使羊舌氏一族灭亡;越椒刚生下来的时候,子文知道若敖氏的鬼将会因灭宗而无人祭祀。这是因为什么? 这是在说"气习",这不是说的性,这里的"习"是气禀的意思。程颢和张九成对于性之本体的来源存在不同的认识,程颢认为性之本体来源于理、气,张九成认为性之本体来源于天。程颢是性二元论,张九成是性一元论。

从性之本源的角度出发,性之善恶受到"气习"的影响;从性之已发的角度出发,性之善恶受到"染习"的影响。"染习"是受后天环境的影响。他提出:

> 或以为性可以为善,可以为不善,以文、武民好善,幽、厉民好暴实之。此论染习,非言性也。或以有性善,有性不善,以尧为君而有象,瞽瞍为父而有舜,纣为兄之子且以为君而有微子启、王子比干,此论气习,非论性也。论染习,论气习,与夫不识性之正体者,皆非善论

① 　[宋]张九成:《张九成集》第 4 册,杭州:浙江古籍出版社,2013 年,第 1028 页。

性者也。善论性者，莫如孟子。夫孟子之所论性善者，乃指性之本体而言，非与恶对立之善也。夫性善何自而见哉？于赤子入井时可以卜矣。今人乍见孺子将入于井，皆有怵惕、恻隐之心。怵惕、恻隐忽然而发，已堕于情矣。性发为情，乃为怵惕、恻隐；以情卜性，可以见其为善矣。夫恻隐、羞恶、恭敬、是非，人皆有之，其用则为仁、义、礼、智，此性之所固有者，外物岂能铄之哉？然而至于不仁、不义、无礼、无智者，非天性也，特出于不思，堕于陷溺，卒使至美之才终为弃物。①

　　用文王和武王的民众好善、幽王和厉王的民众好恶来证明性可以为善，也可以为不善，这是在讨论后天的染习，不是说的性之本体。用尧为君主却有象，有瞽为父却有舜，有纣为君却有微子启和比干，他们都是具有血缘关系的人，按说有血缘关系的人，气禀相同，表现应该也相同。想以此说明有性善的人、有性不善的人，这其实是不合适的，因为这是在讨论气禀，不是讨论的性之本体。讨论染习、讨论气习，这都是不知道性之本体，都不是善于讨论性的人。善于讨论性的人，没有超过孟子的。孟子所说的性善，指的就是性之本体。性善可以从赤子将入井看出，看到赤子将入井都会有怵惕、恻隐之心，怵惕、恻隐之心突然发出，这已经是落入了情。性已发的时候就是情，就是怵惕、恻隐；从性之已发之时的情为善，推测性之未发之时也为善。在他看来情并非是恶的，恻隐、羞恶、恭敬、是非，人人都有，发用的时候则表现为仁、义、礼、智，这是性中本来就具有的，外物不能渗入。然而却有不仁、不义、没有礼、没有智的人，这不是性的本性，这是由于不思考，然后深深陷入错误的泥淖而无法自拔，使人性之善沦为弃物。

　　在"染习"的问题上，"染习"可以"习恶"，也可以"习善"。在他看来，人初生之时的性虽然存在差异，但不是永远不变的，可以通过后天的修养功夫改变。他提出：

----

① ［宋］张九成：《张九成集》第4册，杭州：浙江古籍出版社，2013年，第1034—1035页。

> 王初即位,如人之初生子也。生而习为善,则终身为善人;生而
> 习为恶,则终身为恶人。哲者善也,善者敬也,敬则明,明则哲。天何
> 心哉?习为哲,则命以哲。恶则不敬,不敬则昏。习为昏,则命以昏。
> 命以哲则有历年,命以昏则早坠厥命。是人主之受哲命,非天私于人
> 主也,自贻之而已矣。①

君主刚即位的时候,就像是人刚生下来。人生下来之后,被善所习
染,那么他终生都是善人;人生下来之后,被恶所习染,那么他终生都是恶
人。哲人就是善,善就是敬,敬就明,明就哲。被善所习染就会是有智慧
的人,那么天命就赋予他智慧。被恶所习染就做不到敬,做不到敬就会昏
聩。被恶所习染就会是昏聩的人,那么天命就赋予他昏聩。天命赋予他
智慧,那么天命就会长久地保持下去,天命赋予他昏聩那么天命就不会长
久保持下去。所以说君主禀受贤明,不是上天对人主有私心,是他自己获
得的。他从本体上坚持性善论,但是面对现实的善恶问题,他也提供了一
个合理的解决途径,那就是需要不断地进行修养功夫,去除"染习"对人的
影响。他提出:"凡人念虑之起,不丽于善,必丽于恶。善者,人心所同也,
然必得君师启导之,开民之善路,使知如是为仁,如是为义,如是为礼,如
是为智可也。"②当人的念虑生起的时候,不依附于善,就必然依附于恶。
善是人心所共同拥有的,然而必须得到君主的启发和引导,教导民众走为
善的道路,使他们知道这样做可以为仁,这样可以为义,这样可以为礼,这
样可以为智。要重视后天的修养功夫,只要不断地进行修养功夫,那么人
人都可以为尧舜。

最早孔子就已经谈到了人的后天行为对"性"的影响。孔子说"性相
近也,习相远也",他把人性看成既受于天,又受人的习惯影响的不断发展
的过程,批判了人性善恶完全由先天决定、一成不变的观点。孔子之后,
孟子又提出了性善论。张九成"性习说"吸收了孔子关于习的思想和孟子

---

① [宋]张九成:《张九成集》第 2 册,杭州:浙江古籍出版社,2013 年,第 538 页。
② [宋]张九成:《张九成集》第 2 册,杭州:浙江古籍出版社,2013 年,第 587 页。

性善的思想。张九成从性之本体的角度出发,认为人性本善,坚持性善论。从性之已发的角度出发,认为已发之性中的善恶是因为"气习"和"染习"的原因。

程颢在说到性之善恶的问题之时提出"不是性中元有此两物相对而生"。张九成提出"非与恶对立之善"。胡宏提出:"孟子道性善云者,叹美之辞,不与恶对。"①张九成和胡宏都受学于杨时,是程颢的再传弟子。在性之善恶的问题上,程颢、张九成、胡宏都认为性善之"善"不与恶相对。与"恶"相对的"善"是伦理关系中的"善",是人所进行的一种价值判断,作为价值判断的"善"不能形容本体之性,所以性善之"善"不与恶相对。张九成的性善的"善"是对性之本体的完满状态的一种形容,不是伦理关系中与"恶"对立的"善",只是因为语言表达的限制,最终也只能用"善"来形容性之本体的状态。胡宏的性善之"善"是超善恶的"善",牟宗三先生说:"性之超善恶相对相,而为'超越的绝对体'之至善。绝对体至善之善,非与恶相对之善。与恶相对之善或与善相对之恶乃是表现上有事限之善恶。故为相对的善恶。相对的善恶是形容表现上的事之相状,就之作一价值判断……自此而言,说'至善'是'叹美之辞'亦无不可。是以'叹美之辞'之至善,即是说性体自身的绝对善,不是说事相得相对善,故亦'不与恶对也'。"②胡宏认为性为宇宙的本源,具有普遍性和绝对性,而形容性之本体的"善"是"超越的绝对体"。向世陵指出:"作为'叹美之辞'的善'不与恶对',只是形容赞叹的虚词,它要表明的是超善恶的性体;而作为后天的价值评价标准的善,则是与恶相对之善,与本然之性即哲学本体已经处于上下不同的层次,它要表明的是善恶百行的性相。"③对此,陈来指出:"'性'作为宇宙本体的意义,其普遍性、终极性、重要性、决定性、根本性,远远超出了'善'所能表达的意义,因为与'恶'相对的'善'只是一个适用于人类社会伦理关系的概念。从这个方面说,伦理学的范畴'善'不足

---

① [宋]胡宏:《胡宏集》,北京:中华书局,1987年,第333页。

② 牟宗三:《心体与性体》,上海:上海古籍出版社,1999年,第382页。

③ 向世陵:《理气性心之间——宋明理学的分系与四系》,北京:人民出版社,2008年,第269页。

以用来描述宇宙本体。胡宏也指出，然而事实上，由于语言的限制，我们几乎找不到一个比善更普遍、更能突出宇宙本体伟大深奥的概念（虽圣人无得而名焉）。在这种情况下，如果我们借用'善'来描述那个比善更普遍、更伟大深奥的性质，这是可以理解的，孟子的性善说在这个意义上才能得到正确的理解。"①向世陵认为"性作为'天地之所以立'的根据和哲学本体，从逻辑上就可以判定与善恶不在同一个层次，而应当是超善恶的，即在善恶之'上'，不然，也就做不得本体"②。张九成和胡宏最后都用性善来形容性之本体，是因为无法用语言表达性之本体的状态。他们的性善之"善"不是与"恶"相对的"善"。他们虽然观点相似，但是张九成最终确立的是性善论，胡宏确立的是"性超善恶论"。张九成提出这一观点是为了建构心本论的理论体系，心性合一，心之本体为善，性之本体也为善。胡宏提出这一观点是为了建立性本论的理论体系，他认为"性也者，天地之所以立也"③，"天命之谓性。性，天下之大本也"④。性之本体具有绝对性和普遍性。

朱熹也继承了程颢的这一思想，只不过他走的路径与张九成和胡宏有所不同，他是直接赋予性"善"以先验性，以此解决性未发之时的"善"与已发之时善与恶相对的情况。"本然之性，固浑然至善，不与恶对，此天之赋予我者然也。然行之在人，则有善有恶；做得是者为善，做得不是者为恶。岂可谓善者非本然之性？只是行于人者，有二者之异，然行得善者，便是那本然之性也。若如其言，有本然之善，又有善恶相对之善，则是有二性矣！方其得于天者，此性也；及其行得善者，亦此性也。只是才有个善底，便有个不善底，所以善恶须着对说。不是元有个恶在那里，等得他来与之为对。"⑤他在程颢思想的基础上，又吸收了张载的思想，提出了性

①　陈来：《宋明理学》，北京：生活·读书·新知三联书店，2011 年，第 168 页。

②　向世陵：《善恶之上——胡宏·性学·理学》，北京：中国广播电视出版社，2000 年，第 107 页。

③　[宋]胡宏：《胡宏集》，北京：中华书局，1987 年，第 333 页。

④　[宋]胡宏：《胡宏集》，北京：中华书局，1987 年，第 328 页。

⑤　[宋]黎靖德编，王星贤点校：《朱子语类》第 7 册，北京：中华书局，1986 年，第 2585—2586 页。

之来源于"天地之性"和"气质之性"。从"天地之性"来说"性即理",从"气质之性"来说性有善有恶。在张九成和胡宏的思想中性都具有本源性,在朱熹的思想中,性不具有本源性。这是因为张九成虽然建立的是心本论的理论体系,但是他坚持的是心性一体,心和性都来源于天,都具有本源性,只是心的地位高于性。在胡宏的思想中,性是本体,所以具有本源性。在朱熹的思想中理是万物的本源,性是由理气构成的,所以性不具备本源性。

张九成、胡宏、朱熹都承认性善之"善"不与恶对,但是他们在性与善恶的逻辑关系方面看法不同,李春颖指出:"横浦以及朱熹主张将性善之善与恶划归为不同层面,善来源于性之本体无不善,而恶是气禀影响阻碍性之本体顺利地施发、展现,不具有形而上的来源;湖湘性学则将善恶都归为后天已发的层面,性归为形而上的本体层面。这就否定了性与善在本体层面的关系,致使性善之善不再拥有实质含义,仅仅成为叹美的虚词,加之其对'性'论述不够严谨,就易于导向佛教的无善无恶思想。"[①]我们可以看出南宋时期,许多思想家都是坚持的性善之"善"不与恶相对。张九成、胡宏、朱熹对于程颢的这一思想具有不同的展开,走向了不同的发展道路,建立了不同的理论体系。张九成建立了心本论的理论体系,胡宏建立了性本论的理论体系,朱熹建立了理本论的理论体系。

---

① 李春颖:《张九成思想研究》,北京大学 2012 年博士论文,第 116 页。

第五章　心之工夫

工夫论,是儒家实现内圣外王,尤其是内圣的过程及其具体方法的理论。张九成认为工夫论的目的是认识心中之善,也就是"明善"。心之本体为善,心之已发有善恶之分,这时候就需要修养功夫,使心恢复到心之本然的状态。他的工夫主要有诚、敬、觉、中、格,通过这些修养功夫就可以成圣成贤,实现"圣人之道"。

第一节　诚其心

"诚"作为汉字出现的时间比较晚,班固最早以"诚"释"信","诚"和"信"都有诚实不欺之意,"诚"侧重的是内心情感的真实无伪、自然流露,而"信"侧重的是人际交往的言而有信、遵守承诺。"诚"是儒家思想中非常重要的概念,最早源自人们对自然、神灵的虔"诚"之心,后来思孟学派将人心的真诚无伪与天道之真实无妄相连接,希望通过"诚"实现天道与人道的贯通。宋儒非常推崇《中庸》和《孟子》,而"诚"在《中庸》和《孟子》中是非常重要的概念。《中庸》提到:"诚者不勉而中,不思而得,从容中道,圣人也。诚之者,择善而固执之者也。"①天生真诚的人,不用勉强就能做到,不用思考就能拥有,自然而然地符合上天的原则,这样的人是圣人。努力做到真诚,就要选择美好的目标执着追求。《孟子》也提出:"诚者,天之道也。思诚者,人之道也。"②"诚"是天的道理,追求"诚"是做人的道理。《中庸》和《孟子》中的"诚"开始具有宇宙本体和道德本体双重意义。宋儒沿着思孟学派的思路对"诚"进行阐释,想用"诚"真实的一面对抗佛、道对儒家学说的冲击。

一、一心则诚

"诚"是道德的来源,智慧、仁爱、英勇这三种美德都从其中而来。《中庸》提出"知、仁、勇三者,天下之达德也,所以行之者一也"③。智慧、仁爱、英勇这三者是天下的大德行,实践大道的道理是同样的。二程提出:"知、仁、勇三者,天下之达德,所以行之者一。一则诚也。止是诚实此三者,三者之外,更别无诚。"④二程认为实现伦理秩序需要智慧、仁爱、英勇这三种美德,而这三种美德背后所具备的道理都是一样的,都是因为"诚"。言行和行动保持一致,不断地践行这三种德行,"诚"就蕴含在践行的这个过程中,而不是在这三种美德之外另外有一个"诚"存在。程颐认为"一则诚也",心在"一"的状态之时就是"诚",程颐提出:

> 闲邪则固一矣,然主一则不消言闲邪。有以一为难见,不可下工夫。如何一者,无他,只是整齐严肃,则心便一,一则自是无非僻之奸。此意但涵养久之,则天理自然明。⑤

程颐认为约束邪念便可以固守诚心,然而已经保持诚心便不需要再

---

① [宋]朱熹:《四书章句集注》,北京:中华书局,1983 年,第 31 页。

② [清]焦循:《孟子正义》,北京:中华书局,2018 年,第 509 页。

③ [宋]朱熹:《四书章句集注》,北京:中华书局,1983 年,第 29 页。

④ [宋]程颐、程颢:《二程集》,北京:中华书局,1981 年,第 19 页。

⑤ [宋]程颐、程颢:《二程集》,北京:中华书局,1981 年,第 150 页。

约束邪念。有的人说这个"一"很难看到,不可以在这个上面下功夫。怎么才能达到这个"一"呢?没有其他的办法,只要整齐严肃,那么"心"就是"一","一"就是没有邪恶、奸邪的心。程颐这里的"一"所说的是心在本然之时的一种状态。心保持"一"的状态,只需要涵养,那么天理自然就显现。"诚"就是达到天理的状态,是一种最高的精神境界。张九成与程颐的观点一致,他提出:

> 所以行君臣、父子五者,在知、仁、勇;所以行知、仁、勇者,在诚。一者诚也。诚,即喜怒哀乐未发以前是也。夫是诚也,或生而知之,若尧、舜是;或学而知之,若汤、武是;或困而知之,若太甲是。所以知之者何物哉?诚也。知之耳,吾未能有行焉,是未能运用此诚也。然有安而行之者,亦若尧、舜是;有利而行之者,亦若汤、武是;有勉强而行之者,亦若太甲是。夫行之者,其何物哉?亦诚也。是行达道者,知、仁、勇;行知、仁、勇者,诚。知诚者诚,行诚者诚,夫诚一耳。何为行知、仁、勇者诚,而又知诚者诚,行诚者亦诚哉?此盖有说也。其说安在?曰:行知、仁、勇者诚也,以谓诚如是尽矣,而所以知此诚者其谁乎?即诚也。知之耳,未及行也,所以行此诚者其谁乎?即诚也。此圣人极诚之所在而指之也。行知、仁、勇者诚,知诚者将以为它物耳,又是诚耳;知未及行,行诚者又将以为它物耳,又是诚耳。诚字虽同,而行知、仁、勇之诚,不若知诚之诚为甚明;知诚之诚,又不若行诚之诚为甚大也。[①]

实践君臣、父子、夫妇、兄弟、朋友这五种大道,在于智慧、仁爱、英勇;实践智慧、仁爱、英勇,在于"诚"。"一"就是"诚"。"诚"就是喜怒哀乐未发以前的状态。对于"诚",有的人生来就知道它,像是尧、舜这样的人;有的人通过学习才知道它,像是汤、武这样的人;有的人要遇到困难后才知道它,像是太甲这样的人。他们想要知道的是什么呢?都是"诚"。知道了"诚",却不能实践它,不能运用这个"诚"。然而有的人却自觉、自愿地

---

① [宋]张九成:《张九成集》第 4 册,杭州:浙江古籍出版社,2013 年,第 1111 页。

去实行"诚",就是尧、舜这样的人。有的人为了某种好处才去实行"诚",就是像汤、武这样的人;有的人勉勉强强地去实行"诚",就是像太甲这样的人。实践大道的是智慧、仁爱、英勇;实践智慧、仁爱、英勇的是"诚"。知道"诚"的是"诚",实践"诚"的也是"诚","诚"只是一个。为什么实践智慧、仁爱、英勇的是"诚",然后知道"诚"的是"诚",实践"诚"的也是"诚"呢?圣人极尽"诚"之所在,最终总结出实践智慧、仁爱、英勇的是"诚",知道"诚"把它作为他物的,也是"诚";知道没有来得及实践,实践了"诚"又把它作为其他事物的,又是"诚"。"诚"这一个字虽然相同,但是实践智慧、仁爱、英勇的"诚",不如知道"诚"之所以为"诚"的更明白;知道"诚"之所以为"诚",不如实践"诚"之所以为"诚"的更大。"诚"在张九成的思想体系中,是存在不同层次的,这个层次从低到高是这样的:"知诚"—"行诚"—"知诚之为诚"。"诚"是智慧、仁爱、英勇的来源,而"诚"的来源还是"诚"。"诚"是终极的道理,是万物的本源。张九成提出"本心则一"①,"一者诚也"。他的"一"和"诚"都是形容的心的本然状态,二者在心的这一问题上不存在区别。对于"一",张九成还提出:

> 一者天理,二三者人欲。天理无往而不吉,则以其体即吉也;人欲无往而不凶,则以其体即凶也。所得在天理,举天下不得以乱,故一;所得在人欲,注于东则已奔于西,注于此则已分于彼。非一之外别有吉,非二三之外别有凶,一则吉,二三则凶也。在人谓之吉凶,在天谓之灾祥。夫一即吉,即祥,二三即凶,即灾。②

心在"一"的状态就是天理,心在"二三"的状态就是人欲。这里的"一"指的是心中没有个人的私欲,纯然地都是本然的状态,那么就符合天理。这里的"二三"指的是心中有很多个人的想法,这样就会流于人欲。从天理出发,那么一切的行动都顺利进行,这是因为从本体来说就是吉;从人欲出发那么一切行动都不会得到良好的效果,这是因为从本体来说

---

① [宋]张九成:《张九成集》第 2 册,杭州:浙江古籍出版社,2013 年,第 398 页。
② [宋]张九成:《张九成集》第 2 册,杭州:浙江古籍出版社,2013 年,第 383 页。

就是凶。所得到的在天理,那么整个社会都不会混乱,所以是"一";所得到的在人欲,想要往东走却已经往西走,想要往这里走却已经往那里走。不是"一"之外还有吉存在,也不是二三之外还有凶存在,"一"就会吉,"二三"就会凶。在人身上称为吉凶,在天身上称为灾祥。所以"一"就是吉,就是祥,"二三"就是凶,就是灾。心处于"一"的状态就符合天理,"天理虽微而难见,惟精一者得之。精一者何也? 曰:精则心专,入而不已;一则心专,致而不二"①。天理虽然微妙很难见到,只有精深、专一的可以得到。精深、专一的是什么? 精深那么心就专一,进入了就不会停止;心保持"一"的状态那么心就专一,就不会有二心。"一心则诚",就会吉,那么从这里出发就会无往不利,在社会治理上也是这样。他提出:

> 士大夫倘能永任一心以事君,而无二三其德,则民德不期而自敷矣。一心则诚,二三则伪。诚则唯知君父而已,天下利势曾不足乱其胸次,此二帝三王之臣所以为事君之要路也。②

士大夫如果能一直"一心"地侍奉君主,没有"二三"之心,那么民众自然也就遵守约定而自足。"一心"的话那么就是真诚,"二三其心"的话那么就是虚伪。"诚"是只知道君主而已,天下的利益与权势都不能扰乱自己的心,这是尧、舜、禹、汤、周文王的臣子侍奉君主的重要的道路。这是从社会治理的角度出发论述"一"与"诚"的关系,臣民要"一心"地侍奉君主,那么社会自然可以治理得很好。他提出:

> 乃恭默思道,上通于天,乃授以傅说,非其平生学问深入至诚中,其得有此事乎? 且惟天下之至诚,为能尽其性;能尽其性,则能尽人之性;能尽人之性,则能尽物之性;能尽物之性,则可以赞天地之化育;可以赞天地之化育,则可与天地参矣。学不至于诚,则不足以运动四海,造化万事;惟学至于诚,以此通天,以此求相,当无不如

---

① ［宋］张九成:《张九成集》第1册,杭州:浙江古籍出版社,2013年,第288页。

② ［宋］张九成:《张九成集》第2册,杭州:浙江古籍出版社,2013年,第404页。

意者。①

这段话是张九成对于《尚书·说命上》的阐释,殷之贤王高宗,一直恭敬、沉默地思考治国的办法,所以才能与上天沟通,授予他傅说,这是他已经深入"至诚"的境界,才有这样的事情发生。只有"至诚"之人才能禀受天命,受到上天的眷顾。在这里他引用了《中庸》中的话,只有天下最真诚的人,才能充分发挥自身的本性;能充分发挥自身的本性,才能充分发挥众人的本性;能充分发挥众人的本性,才能充分发挥万物的本性;能充分发挥万物的本性,就可以帮助天地培育生命;能帮助天地养育万物,就可以与天地并列。学不到"诚"的境界,那么就不能自如地处理万事万物;只有不断地学习到了"诚"的境界,才能上通于天。他还提出:"此诚既见,已性亦见,人性亦见,物性亦见,天地之性亦见。"②只要能做到"诚",那么就可以看到自己的本性,人的本性可以看到,那么就可以看到万物的本性,万物的本性可以看到,那么就可以看到天地之性。君主只要做到了"诚",那么社会自然就能治理好。

胡宏认为:"诚者,命之道乎!"③他从天命的角度论述"诚",提出:"诚成天下之性,性立天下之有,情校天下之动,心妙性情之德。"④在他的思想中,"性"为世界的本源,而"诚"是成就这个性之本体的。他提出:"'中者性之道',言未发也;'诚者命之道',言实理也;'仁者心之道',言发动之端也。"⑤"中"是性之未发,"诚"是天命真实的道理,"仁"是心发动的开端。二程认为"诚者,实理也"⑥。虽然胡宏也讲"实理",但显然没有把这当作重点。他对于"诚"没有太多的论述,论述"诚"也只是从成就"性"的角度阐释。

---

① [宋]张九成:《张九成集》第1册,杭州:浙江古籍出版社,2013年,第93页。
② [宋]张九成:《张九成集》第4册,杭州:浙江古籍出版社,2013年,第1120页。
③ [宋]胡宏:《胡宏集》,北京:中华书局,1987年,第1页。
④ [宋]胡宏:《胡宏集》,北京:中华书局,1987年,第21页。
⑤ [宋]黎靖德编,王星贤点校:《朱子语类》第7册,北京:中华书局,1986年,第2583页。
⑥ [宋]程颢、程颐:《二程集》,北京:中华书局,1981年,第1169页。

程颐提出："无妄者至诚也,至诚者天之道也。"①"无妄"就是"至诚""至诚"就是"天之道"。他通过"无妄"来形容"至诚",又通过"至诚"来形容"天之道",从而通过"无妄"把"诚"与"天道"等同起来。而"无妄者,理之正也"②,无妄又是"理之正",他通过"无妄"把"诚"与"理"等同起来,"诚者,实理也"③,这样"诚"与"天之道""理"都等同,也就是程颐所说:"自性言之为诚,自理言之为道,其实一也。"④"诚"是人纯粹、至善的本性,而人的本性源自"天",这里的"天"是天道之"诚",天道之"诚"便是"天理",从天道之"诚"而来的人道之"诚"也是天理,由此通过"诚"沟通天道与人道。徐艺舫提出:"将'诚'与'天理'等同,既为儒家道德准则找到了本体论依据,又将天道的大化流行贯彻于人与万物的各正性命中,并以此提出了实现天人合一的工夫论,建构了真正意义上的完整的形上学本体理论。"⑤程颐通过"无妄"以"理"解"诚",朱熹继承了他的思想,"诚者,真实无妄之谓,天理之本然也"⑥。程颐只是将"诚"解为无妄,而朱熹认为"诚"为"真实无妄",这是朱熹对程颐思想的进一步阐发。他提出:

> 问:"诚者,真实无妄之谓,天之道也。"此言天理至实而无妄,指理而言也。"诚之者,未能真实无妄,而欲其真实无妄之谓,人之道也。"此言在人当有真实无妄之知行,乃能实此理之无妄,指人事而言也。盖在天固有真实之理,在人当有真实之功。圣人不思不勉,而从容中道,无非实理之流行,则圣人与天如一,即天之道也。未至于圣人,必择善,然后能实明是善;必固执,然后实得是善,此人事当然,即人之道也。程子所谓"实理"者,指理而言也;所谓"实见得是,实见得

---

① [宋]程颢、程颐:《二程集》,北京:中华书局,1981年,第822页。
② [宋]程颢、程颐:《二程集》,北京:中华书局,1981年,第823页。
③ [宋]程颢、程颐:《二程集》,北京:中华书局,1981年,第1169页。
④ [宋]程颢、程颐:《二程集》,北京:中华书局,1981年,第1182页。
⑤ 徐艺舫:《"真实无妄"和"真诚不欺"——程颐关于"诚"的本体理论建构》,《周易研究》2020年第1期。
⑥ [宋]朱熹:《四书章句集注》,北京:中华书局,1983年,第31页。

非"者,指见而言也。①

在他看来,"妄"包括妄意、妄念、妄心,就是个人的私欲。"无妄"就是没有个人私欲,纯粹是天理。"诚"是"天理之本然"。"诚之"是去除个人的私欲,使一切行为都符合天理。"诚"在天道为真实无妄,在人道为真诚不欺。想要心保持"诚",使其符合天理的要求,就需要"诚之"的功夫。"诚"是"天之道",是圣人才具备的。"诚之"是"人之道",是普通人的修养功夫。他认为:"诚之者,未能真实无妄,而欲其真实无妄之谓,人事之当然也。"②"诚"就是"善",就是"理",所以不再需要修养功夫。"诚之"的功夫是为了"明善"。"善"的本源是"理","诚之"就是"明理"。孟子的"万物皆备于我"是"诚","反身而诚"是"诚之"。

二程不仅提出"一则诚也",还提出"诚者,实理也"③的思想。他的这两种思想被张九成和朱熹所继承和发展,并进行了不同的阐释,一个从心学的角度出发进行阐释,一个从理学的角度出发进行阐释。张九成从心的角度出发,认为心是本体,提出"一心则诚"的观点,认为心处于"一"的状态之时就是"诚"。朱熹从理的角度出发,认为理为本体,提出"诚"就是"理","诚之"是为了明心中之理。张九成的"诚"和朱熹的"诚"的不同之处在于,张九成的"诚"是"即本体即工夫"的存在,而朱熹的"诚"是本体,"诚之"是工夫。张九成将"诚"与心等同,放在了本体的高度。朱熹将"诚"与理等同,放在了本体的高度。在对于"诚"的看法上,他们也有其共同之处,都认为"诚"是天赋予人的本性,是万事万物的终极本源,通过"诚"可以体察到万事万物运行的规律,可以实现天道与人道的贯通,最终达到理想的精神境界。

---

① [宋]黎靖德编,王星贤点校:《朱子语类》第4册,北京:中华书局,1986年,第1564页。

② [宋]朱熹:《四书章句集注》,北京:中华书局,1983年,第31页。

③ [宋]程颢、程颐:《二程集》,北京:中华书局,1981年,第1169页。

二、至诚无息

张九成认为达到了"诚"的境界,修养功夫也不能停止。因为即使达到了"诚"的境界,不继续"诚其心",那么心就会受到外物的影响,无法保持本然状态。"诚"是终生要做的修养功夫,这样才能"至诚不息",也才能保持长久。《中庸》提出"至诚无息",极端真诚是永不停止的。

程颢认为"至诚"可以造化万物,他提出"至诚可以赞化育者,可以回造化"①,"至诚可以赞天地之化育,则可以与天地参。赞者,参赞之义,'先天而天弗违,后天而奉天时'之谓也,非谓赞助。只有一个诚,何助之有?"②"至诚"就是"成己""成物""合内外之道",与万物为一。人只有达到"至诚"才能与天地并列为三,天、地、人,才是同一个高度,体会到天道、地道、人道,并且三者为一。张九成也提出了相似的观点,世界上的事物都存在"诚","诚"是万事万物背后的推动力,也是其发展变化的根源。他提出:

> 言入于耳,知见于行。知则有尽,行则无穷。以诚者行之机也,故曰至诚无息。忱者,诚也。日月以诚,故行于昼夜;四时以诚,故行于春、夏、秋、冬。则以诚者行之机也。使高宗以诚为主,何患于行乎?高宗以忱诚为主,虽不期于合先王而自合矣,则以先王成德正在诚也。③

语言进入耳朵,知识显现在行动。知识有穷尽的时候,行动却没有穷尽。用真诚行动,那么就是极致的诚没有止息。真诚的情意是"诚"。日月用"诚",所以行于白天和黑夜;四时用"诚",所以行于春、夏、秋、冬。那么用"诚"来促进事物的发展。倘使高宗以"诚"为主,怎么会忧患行动呢?

---

① ［宋］程颢、程颐:《二程集》,北京:中华书局,1981年,第120页。

② ［宋］程颢、程颐:《二程集》,北京:中华书局,1981年,第133页。

③ ［宋］张九成:《张九成集》第2册,杭州:浙江古籍出版社,2013年,第413—414页。

高宗以热情、真诚为主，虽然不期望合于先王，但是与自己的心相合，这是因为先王成就德行就在于"诚"。古代的圣王的成就都是源于"诚"，只要从"诚"出发，那么君主就可以成为圣明之主。他在这里认为万事万物都是因为"诚"而进行，"诚"是万事万物的本源。而"诚"是不能停止的，如果"诚"停止，心就无法抵制外在事物的影响，无法保持本然的状态。他提出：

> 君子无所不用其诚。倘诚止于一处，不能运用于万事间，此非圣王之道也。如羿之射、良之策、班之斧、秋之弈、僚之丸、庖丁解牛、梓庆削鐻、痀偻承蜩，皆诚止于一处，虽即事而神，而不能运用于万事，此所以易地而处则拱手而无所长矣。此所谓曲则诚耳，非天下之至诚矣。惟天下之至诚，则无处不诚矣。在我有一念之非，在天下有一事之失，皆不得谓之天下之至诚，盖至诚无息故也。①

君子就是尽一切努力，来达到"诚"的境界。如果达到了某一处就停止不再行动，不能把"诚"运用于处理各种事务之中，那么这也不是圣王的道理。像后羿的射术、张良的计谋、鲁班的斧头、弈秋的棋术、宜僚弄丸、庖丁解牛、梓庆削鐻、痀偻承蜩，都是某一处达到了"诚"，虽然在这一种事情上很高超，但是不能运用在其他事物的处理上，这就是彼此互换一下所处的位置就都没有擅长的了。这就是说的曲然后"诚"，不是天下极致的"诚"。只有天下"至诚"，才能无处不是"诚"。对于个人来说，我有一个念头不符合"诚"，对于天下来说有一件事情处理得不符合"诚"，都不能称为天下的"至诚"，极端真诚是永不停止的。他在上面论述的时候还提到了"曲"与"诚"，这也是源于《中庸》，在《中庸》中涉及了"曲"与"诚"的关系问题，在这一问题上，程颐提出：

> "诚者自成"，如至诚事亲则成人子，至诚事君则成人臣。"不诚无物，诚者物之终始"，犹俗说彻头彻尾不诚，更有甚物也。"其次致曲"，曲，偏曲之谓，非大道也。"曲能有诚"，就一事中用志不分，亦能

---

① ［宋］张九成：《张九成集》第 1 册，杭州：浙江古籍出版社，2013 年，第 94 页。

有诚。且如技艺上可见,养由基射之类是也。①

真诚是人的自我完善,"至诚"侍奉亲人就成为人子,"至诚"侍奉君主就成为人臣。真诚是事物的发端和归宿,没有真诚就没有了事物。"其次致曲",也是出自《中庸》,是比圣人差一些的贤人,有所偏曲的,不是大道。贤人在细微处下工夫,也能达到真诚的境界,在一个事情上用志不分,也能有"诚"。比如在技艺上可以看到,就像养由基善射这样的。程颐"'致曲'者,就其曲而致之也"②,"'其次致曲'者,学而后知之也,而其成也,与生而知之者不异焉"③。程颐认为"致曲"就是在其差的地方用力,贤人通过学习与圣人可以达到相同的境界。他在这里所说的"致曲之诚"是在某一方面达到了"诚"的境界,但是在其他方面还没有达到。达到"致曲之诚"还要不断地努力,从而达到在所有方面都"至诚"的境界,这就是说"诚"是一个永无止境的过程,所以才说"至诚无息"。在这一点上,张九成提出:

> "其次致曲。曲能有诚,诚则形,形则著,著则明,明则动,动则变,变则化。惟天下至诚为能化。"夫诚一也,有天下之至诚,有致曲之诚。天下之至诚,诚之极者也,是以可与天地参。④

比圣人差一些的贤人,在细微处下工夫,也能达到真诚的境界。达到了真诚就会表现出来,表现出来就会逐渐地显著,显著了就会发扬光大,发扬光大了就会感动他人,感动了他人就会引起转变,引起转变就能化育万物。只有天下最真诚的人能化育万物。"诚"是一样的,有最极致的真诚,有比最真诚差一些的"诚"。天下最极致的真诚的"诚"是"诚"的极致,使人可以与天、地并列为三。《老子》提出:"夫唯不争,故天下莫能与之争。古之所谓曲则全者,岂虚言哉!诚全而归之。"⑤唯有具有不争的态

---

① ［宋］程颢、程颐:《二程集》,北京:中华书局,1981年,第203页。

② ［宋］程颢、程颐:《二程集》,北京:中华书局,1981年,第322页。

③ ［宋］程颢、程颐:《二程集》,北京:中华书局,1981年,第325页。

④ ［宋］张九成:《张九成集》第3册,杭州:浙江古籍出版社,2013年,第969页。

⑤ ［魏］王弼注,楼宇烈校释:《老子道德经注校释》,北京:中华书局,2008年,第56页。

度,天下才会没有人能与之抗衡。古时所谓"委曲便会保全"的话,怎么会是空话呢? 它实实在在能够达到。

"至诚"说的是圣人,"致曲之诚"说的是比圣人差一些的贤人。其实在"诚"的境界上,还有一种人,这种人也是达到了"诚",但是只是在个别的领域中达到了"诚",并不能把"诚"融会贯通运用于其他的领域。这就是"专诚"。对于"专诚",《程氏粹言》记载:"或问:'诚者,专意之谓乎?'子曰:'诚者实理也,专意何足以尽之?'"①在专与"诚"的关系上,二程认为专是"诚"的一种,但是不能代指"诚"之本体。在这一点上,张九成与二程持相同的看法,"以专为诚"并不对,"专"可以为"诚",但是"专"并非"诚","至诚无息"而"以专为诚"是有止息的,专是在某一个领域做到了极致,也就是在某一方面达到了"诚"的境界,但是这个"诚"不能运用在其他的领域,所以这个"诚"是有止息的。"诚"是可以运用于各种领域,并且无止息。他提出:"何谓诚? 曰:难言也。世皆指专为诚,审专是诚,则若樵夫、愚妇者皆可列于圣人之域也。至诚无息,使专为诚,傥一有应对酬酢则非诚矣,是诚有息也。"②"诚"是很难言说的,世上的人很多都认为"专"就是"诚",这是只看到了事物的表象,"专"是"诚"的一种体现,但是不能代表"诚之本体"。在张九成看来,所有人都具有相同的"诚",所以任何人都有达到圣人的可能性,就像樵夫和愚妇都可以进入圣人的领域。"至诚"是没有止息的,如果把"专"当作"诚",那么如果在交际往来之时有一点不符合"诚",那么"至诚"就有止息。他提出:

> 然世之论诚者多错认专为诚。夫至诚无息,息非诚也。傥以专为诚,则是语言寝处、应对酬酢皆离本位矣。……夫诚,难知也,难言也。惟子思一语深见诚之本体,特学者语之不精,择之不详,不能深体圣贤之意,以至如是之弊也。……傥性善既明,则其身中无一毫私智,念念皆诚,处处皆诚,而其身诚矣。……孟子又推明之曰:"诚者,

---

① [宋]程颢、程颐:《二程集》,北京:中华书局,1981年,第1169页。

② [宋]张九成:《张九成集》第2册,杭州:浙江古籍出版社,2013年,第407页。

天之道"，使能诚其身，则所向皆天，安有不动乎？"思诚者，人之道"，此《大学》所谓"致知格物"也，非认专为诚也。至诚则无往不动，以修身则身动而诚，以事亲则亲动而悦，以交友则友动而信，以事上则上动而获，以治民则民动而信。①

世上很多人都错误地认为"专"就是"诚"。"至诚"是没有止息的，有止息就不是"至诚"。如果把"专"认为"诚"，那么交流坐卧、人际交往都失去了本来的位置。"诚"是难以知道、难以言说的。只有子思看到了"诚之本体"。"诚"是从天而来的天赋的禀性，所以从性之本体出发，而性之本体是善的，从性善出发，那么就没有个人的私欲，所有的念虑都符合"诚"，那么他就是做到了"诚"。孟子在子思的基础上又提出了"诚者，天之道"，这是为了使人们明白"诚"是从天而来，只要不断地"诚其身"就能与天贯通。孟子的"思诚者，人之道"，就是《大学》所谓的"致知格物"，不是认为"专"就是"诚"，"致知格物"是一种修养功夫，通过这些修养功夫可以达到"诚"的境界。出于"至诚"那么就没有不能打动人心的，用来修身那么身就被打动而"诚"，用来侍奉亲人那么亲人就会被打动而高兴，用来交朋友那么朋友就会被打动而信任，用来侍奉上级那么上级就会被打动而获得信任，用来治理民众那么民众就会被打动而信任。在这里他是从"诚"的角度出发，把《中庸》《孟子》《大学》融会在一起，而三者都与"诚"相关，都在说明"诚"源于天。虽然"诚"源于天，但是人们还是需要进行不断的修养功夫。"诚"之所在，那么所到之处都无有不"诚"。只有明白了善，才能知道"诚"之所在，理解了"诚"然后用"诚"去对待和处理各种事物那么就会无往不利。"诚"在人的生活中是非常关键的所在，无论处于上位还是下位，只要做到了"诚"，那么一切行为都会合理。君主要以"诚"对待民众，民众也要以"诚"对待君主，这样才能上下相合，社会才能和谐。

在张九成的思想体系中，"诚"存在层次之分，从高到低是："至诚"—"致曲之诚"—"专诚"。所有人都先天地具备"诚"，但是对于"诚"的认识

① ［宋］张九成：《张九成集》第 3 册，杭州：浙江古籍出版社，2013 年，第 894—895 页。

存在差别,圣人可以认识到"诚"之所在,贤人比圣人更差一些,普通人比贤人更差一些。在这个问题上,可以通过修养功夫,达到"诚"的境界。在达到"诚"这一境界的时候,还不能停止,还要继续地进行修养功夫,因为"至诚无息"。

第二节　主敬存心

"诚"和"敬"都是修养功夫,只是不同的两种境界。在"诚"和"敬"的问题上,二程认为"诚"是比"敬"更高一个层次的修养工夫,程颢提出"诚者天之道,敬者人事之本。敬则诚"[1]。"诚"是天之事,"敬"是人之事。不过二者皆为体认天理的途径。二程提出:"诚然后能敬,未及诚时,却须敬而后能诚。"[2]"诚则无不敬。未至于诚,则敬然后诚。"[3]在二程看来,"诚"和"敬"都是修养功夫,只是"诚"的境界只有极少数人能达到,而"敬"所有人都可以做到,通过"敬"的修养功夫很多人都能达到"理"。程颐提出:"主一者谓之敬。一者谓之诚。主则有意在。"[4]"诚"和"敬"都是对"心"来说,"诚"的是"心","敬"的也是"心"。

"敬"的观念产生于天人关系之中,最早起源于人们对天、天命的敬畏。最初"敬"只是一种意识,这个意识产生于人对自然或超自然现象的一种被动的态度和情感。"敬"意识的产生是因为当时人们的生产力水平低下以及生存环境恶劣,人们对许多自然现象无法进行解释,于是把这些自然现象归结为一种超越人类的神秘性的存在,人们对于未知的事物总是抱有一种恐惧、敬畏的心理,这个心理逐渐地演变为一种"敬"的意识。

---

① ［宋］程颢、程颐:《二程集》,北京:中华书局,1981年,第127页。
② ［宋］程颢、程颐:《二程集》,北京:中华书局,1981年,第92页。
③ ［宋］程颢、程颐:《二程集》,北京:中华书局,1981年,第1170页。
④ ［宋］程颢、程颐:《二程集》,北京:中华书局,1981年,第315页。

西周时期，"敬"由一种主观的意识逐渐转变为一种观念，这时候的人开始形成忧患意识，这是"敬"观念产生的基础。从"敬"意识到"敬"观念的转变，体现了从感性自觉到理性自觉的发展。人们从对于自然的感性认识到理性反思，最终形成一种道德自觉。"敬"的对象也从天转到了人，从"神本"转向了"人本"，"敬"从宗教逐渐转向政治、伦理之中。

张九成继承了程颢"敬胜百邪"[①]的思想。正是从这一观点出发，他提出："内信于敬，外法文王，则行无玷而德明矣。盖敬胜百邪，故可以康我心；敬则三省，故可以顾我德；敬则深思，故可以远我谋。"[②]内心做到"敬"，外面效法文王，那么行为就没有污点，德自然就明显。"敬"可以胜过各种邪念，所以可以安我的心；"敬"就是要时常反省，所以可以呵护我的道德；"敬"就是要深思，所以可以增长我的谋略。只要内心做到"敬"，那么随之而来的一切事情都是有利于自身的行为。"敬"是一个恶念都不生起，他提出："敬无定体，平居无事，皆敬也。一念之恶，则非敬矣。"[③]"敬"没有固定的形体，平时的时候没有事情，心就是"敬"的状态。只要心中有一个恶念产生，那么就不是敬。"敬"就是防止心中恶念产生的修养方式，所以如果恶念产生那心就做不到"敬"。他还提出："五事亦多门矣，而其用处止在一'敬'字而已。惟敬则百念皆正，百邪皆远。视、听、言、貌、思皆自敬中出，则与上帝同心矣。"[④]"五事"做到"敬"，这里的"五事"一是态度，二是言论，三是观察，四是听闻，五是思考。只要"五事"都做到"敬"，那么态度就会恭敬，言论就会正当，观察就会明白，听闻就会广远，思考就会通达。做到"敬"，那么各种念头都为正，邪念都会远离。这样视、听、言、貌、思都从"敬"中生出，那么就会与"上帝"同心。这里的"上帝"其实就是天的意思，只要做到了"敬"，就符合天意。在他看来，只要做到"主敬"的功夫，那么就可以恢复到心的本然状态，也就是"主敬存心"，

① ［宋］程颢、程颐：《二程集》，北京：中华书局，1981年，第119页。

② ［宋］张九成：《张九成集》第2册，杭州：浙江古籍出版社，2013年，第516页。

③ ［宋］张九成：《张九成集》第4册，杭州：浙江古籍出版社，2013年，第1260页。

④ ［宋］张九成：《张九成集》第2册，杭州：浙江古籍出版社，2013年，第465页。

然后就是"敬立,则百善从也"①。"主敬"就达到"正人心",然后就是"明善",心中就具备道德,从而就可以做到内圣外王。

张九成继承了二程关于"敬"的思想,他从心的角度出发论述"敬"。程颐提出:"敬则是不私之说也。才不敬,便私欲万端害于仁。"②程颐认为"敬"就是没有私心。他在这里是在强调内心修养,因为天理就在人心之中,张九成也从这一角度出发提出:"盖不敬则私心起,敬则私心不生。私心不生,则天理自见。"③"不敬"私心就会生起,"敬"私心就不生,私心不生就符合天理。他又提出:"为人上者,其道如何?曰:敬而已矣。敬则无私欲,一皆天理之所在。"④君主之道就是要做到"敬"。"敬"就是没有私欲,一切行为都符合天理。二程与张九成都认为要从心中体认"理",只是二程心中之"理"的本源是客观外在的"天理",而张九成心中之"理"源于心之本体。在张九成看来心做到了"敬"就符合天理,做不到"敬"就容易流入人欲。二程认为只需"敬守此心",那么天理自然而见,他提出:"学者须敬守此心,不可急迫,当栽培深厚,涵泳于其间,然后可以自得。但急迫求之,只是私己,终不足以达道。"⑤对此,张九成也持同样的观点。不需要对心体之外的客观事物进行探求和认知,只需要对心进行修养功夫,然后就可以默识心通,然后"反身而诚",恢复到心之本体的状态。

张九成认为"敬则私心不生",私心不生就是"敬","敬"就是心保持"主一"。在这一点上,他吸收了二程"主一"的思想。二程认为"敬"是一种修养功夫,并且提出"敬也,心主于一也"⑥。二程认为"敬"就是心主于"一"的时候的状态,在心不主于"一"的时候,需要用"敬"使其主于"一"。二程认为:"主心者,主敬也。主敬者,主一也。不一则二三矣。苟系心于

---

① [宋]张九成:《张九成集》第2册,杭州:浙江古籍出版社,2013年,第370页。

② [宋]程颢、程颐:《二程集》,北京:中华书局,1981年,第153页。

③ [宋]张九成:《张九成集》第2册,杭州:浙江古籍出版社,2013年,第546页。

④ [宋]张九成:《张九成集》第2册,杭州:浙江古籍出版社,2013年,第346—347页。

⑤ [宋]程颢、程颐:《二程集》,北京:中华书局,1981年,第14页。

⑥ [宋]程颢、程颐:《二程集》,北京:中华书局,1981年,第1255页。

一事,则他事无自入,况于主敬乎?"①"主一"就是"主敬"就是"主心"。程颐提出:"所谓敬者,主一之谓敬。所谓一者,无适之谓一。且欲涵泳主一之义,一则无二三矣。"②"敬"就是心"主一",也就是说内心要有所主,心中没有私心杂念。在程颐看来,"敬"就是要"主一","主一"就是"无适"。他不仅对内在有要求,对外在也有要求。在内就是要做到"主一无适",在外就是要做到整齐、严肃。这样主观和客观都形成一种严肃的环境,从而对自己的心进行内外两重约束,这样才不会产生私心邪念。他提出:

> 惟是动容貌、整思虑,则自然生敬,敬只是主一也。主一,则既不之东,又不之西,如是则只是中。既不之此,又不之彼,如是则只是内。存此,则自然天理明。学者须是将敬以直内,涵养此意,直内是本。③

在对于"主一"的看法上,张九成与朱熹持相同的观点,都认为是"主心"。张九成认为"敬"是"主一",而"主一"就是"主心","敬"就是"主心"。朱熹的"主一"也是"主心",使心中没有私心、邪念的意思,只是"敬"不仅是"主一无适",还要"整齐严肃""常惺惺""收敛此心"。他提出:

> 问:"或问举伊川及谢氏尹氏之说,只是一意说敬。"曰:"主一无适",又说个"整齐严肃";"整齐严肃",亦只是"主一无适"意。且自看整齐严肃时如何这里便敬。常惺惺也便是敬。收敛此心,不容一物,也便是敬。此事最易见。试自体察看,便见。只是要教心下常如此。因说到放心:"如恻隐、羞恶、是非、辞逊是正心,才差去,便是放。若整齐、严肃,便有恻隐、羞恶、是非、辞逊。某看来,四海九州,无远无近,人人心都是放心,也无一个不放。如小儿子才有智识,此心便放了,这里便要讲学存养。"④

---

①　[宋]程颢、程颐:《二程集》,北京:中华书局,1981年,第1192页。

②　[宋]程颢、程颐:《二程集》,北京:中华书局,1981年,第169页。

③　[宋]程颢、程颐:《二程集》,北京:中华书局,1981年,第149页。

④　[宋]黎靖德编,王星贤点校:《朱子语类》第2册,北京:中华书局,1986年,第371—372页。

朱熹的"敬"与程颐的"敬",都是内外合一的功夫。在外在方面:"持敬之说,不必多言。但熟味'整齐严肃','严威俨恪','动容貌,整思虑','正衣冠,尊瞻视'此等数语。"①"主一无适"和"整齐严肃"继承的是程颐的思想。"常惺惺"继承的是谢良佐的思想,他提出"惺惺,乃心不昏昧之谓"②,"常惺惺"就是时刻提醒自己,使自己的心保持谨慎、恭敬的状态。"收敛此心"继承的是尹淳的"其心收敛不容一物",他认为:"心主这一事,不为他事所乱,便是不容一物也。"③"收敛此心"就是使身心、专一、谨畏。朱熹的"主一无适""整齐严肃""常惺惺""收敛此心"都是在"持敬",而"持敬"的目的在于让此心常存,也就是此心常存天理。

在对于"敬"的看法上,张九成与朱熹都认为"敬"是他们达到本体论的一种修养方式,而"主一"就是"敬",就是"主心"。他们也有不同之处,张九成的思想是"主敬存心",因为"心即理,理即心",心与理同,所以"主敬存心"就是"主敬存理",不需要再向外做功夫。朱熹的思想是"主敬致知",虽然"心即理",但不是"理即心",在他的思想体系中"理"是高于"心"的存在。程颐提出:"涵养须用敬,进学则在致知。"④朱熹继承了这一点,他提出:"须居敬以穷理。若不能敬,则讲学又无安顿处。"⑤"居敬"还需要"穷理",这样才能"致知",才是做到"真知"。"敬"与"致知"是"知"与"行"的区别,"知"了还需要"行",他提出:"下'须'字'在'字,便是皆要齐头著力,不可道知得了方始行。"⑥他认为:"二者偏废不得。致知须用涵养,涵养必用致知。"⑦张九成认为"主敬"就是"致知",就是"穷理"。朱熹认为"主敬"只是"知",还需要外在的"穷理","穷理"以后才能"致知",这样才是"行"。张九成与朱熹的不同只由于他们理论体系的不同,所以在

---

① [宋]黎靖德编,王星贤点校:《朱子语类》第1册,北京:中华书局,1986年,第211页。
② [宋]黎靖德编,王星贤点校:《朱子语类》第2册,北京:中华书局,1986年,第373页。
③ [宋]黎靖德编,王星贤点校:《朱子语类》第2册,北京:中华书局,1986年,第373页。
④ [宋]程颢、程颐:《二程集》,北京:中华书局,1981年,第188页。
⑤ [宋]黎靖德编,王星贤点校:《朱子语类》第7册,北京:中华书局,1986年,第2875页。
⑥ [宋]黎靖德编,王星贤点校:《朱子语类》第7册,北京:中华书局,1986年,第2816页。
⑦ [宋]黎靖德编,王星贤点校:《朱子语类》第2册,北京:中华书局,1986年,第403页。

工夫论上有所差别。二人对于二程思想的继承不同,张九成在"敬"上走的是程颢的本体与工夫一体的路径,朱熹走的是程颐的内外合一的路径。

第三节　仁即是觉,觉即是心

中国文化中"觉"作为观念使用,最早出现在《孟子·万章上》:"天之生此民也,使先知觉后知,使先觉觉后觉也。予,天民之先觉者也。予将以斯道觉斯民也。"[1]这句话出自伊尹,这句话的意思是上天生育这些民众,使先明理的人启发后明理的人,使先觉悟的人启发后觉悟的人。宋代程颢提出了"以觉训仁"的思想,"觉"作为一种工夫论,逐渐被人们所关注。张九成的"觉"吸收了程颢"以觉训仁"的思想,并在其思想上进行了进一步的发展。

一、"觉"之儒佛渊源

儒家思想中"觉"是要"觉斯民""觉斯道",最终目的是要达到全体觉醒、社会和谐的一种局面。佛教也讲"觉",在佛教中"觉"观念最早起源于《大乘起信论》,而《大乘起信论》最早在南北朝时期传入中国,它提到:

> 所言觉义者,谓心体离念。离念相者,等虚空界,无所不遍,法界一相,即是如来平等法身。依此法身说名本觉。何以故? 本觉义者,对始觉义说。以始觉者,即同本觉。始觉义者,依本觉故而有不觉,依不觉故说有始觉。又以觉心源故,名究竟觉。不觉心源故,非究竟觉。[2]

---

[1]　［清］焦循:《孟子正义》,北京:中华书局,2018 年,第 654 页。

[2]　［梁］真谛译,高振农校释:《大乘起信论校释》,北京:中华书局,2016 年,第 27—28 页。

《大乘起信论》中"本觉"的思想,对中国佛教的思想发展产生了深远的影响。天台宗的"性具"、华严宗的"性起"、禅宗的"即心即佛"说,都受到《大乘起信论》的本觉思想的影响。佛教经常讲"心性本觉",而随着佛教在中国的广泛传播和影响力加深,就造成一种"觉"与佛教关系甚深的误解。对于这一点,方立天先生认为:"中国佛教学者提出'本觉'、'觉性'、'本觉真心'的观念绝不是偶然的,是深受儒家等中国传统哲学影响的结果。儒家重视伦理道德修养,为此也重视开发人的认知智慧。"①"觉"是中国儒家本有的观念,佛教传入中国以后,经历了一个中国化的过程,在这一中国化的过程中,受到儒家思想的影响,才形成"本觉"思想。从时间顺序上看,儒家的"觉"明显早于中国佛教的"觉"。自佛教传入中国以后,特别是禅宗思想出现之后,"觉"成为佛教思想的核心观点之一,致使很多人误解"觉"属于佛教思想,但其实"觉"最早源于孟子。

儒家的"觉"和佛教的"觉"是不同的,儒家的"觉"最终是要"觉道""觉民",个人的"觉"最终是要为社会服务。儒家的"觉"是对外在客观规律和内在道德的认识。佛教的"觉"只是对内在道德的认识。佛教不承认外在客观规律存在的合理性,"觉"的只是清净的心性本体。儒释所"觉"的最终都是"道",只是二者最终追求的"道"不同。儒家追求的"道"是入世的,佛教所追求的"道"是出世的。儒家的"觉"是"拯救",一种使命感和责任感,带有社会性质。佛教所讲的"觉"是"觉悟","觉悟"的是智慧,寻求的是解脱。"悟"的是众生皆苦,寻求的是解脱。"拯救"和"解脱"是不同的意义,"拯救"是承认世界存在的意义,"解脱"是摒弃世间的一切。儒家"觉"的是遵循世间的法则,佛教"觉"的是摒弃世间的法则。

二、以觉训仁

"仁"一直以来都是儒家最高的道德追求和理想境界。到了宋代,随

---

① 方立天:《中国佛教哲学要义》,北京:宗教文化出版社,2015年,第513页。

着道学的发展,"仁"也逐渐具有了更丰富的内涵。陈来提出:"仁说及求仁之学是早期道学的主题,也是前期道学的核心话语,提供了道学从北宋后期到南宋前期发展的重要动力。"[①]程颢作为道学家之一,十分重视"仁"的地位和价值,他把"仁"提升到了宇宙本体的境界。他提出了"以觉训仁"的主张,这一思想在理学内部产生了深远的影响,开创了对"仁"阐释的新路径。程颢从"生意"和"知觉"的角度训"仁",最早提出了"以觉训仁"的思想。谢良佐在这一思想的基础上,提出了"心有所觉谓之仁",论述了"心""觉""仁"三者的关系。张九成在谢良佐这一思想的基础上,提出了"仁即是觉,觉即是心"的观点,通过"觉"实现了"心"和"仁"的贯通,把"觉"从"仁学"范畴转向了"心学"范畴,最终建构了心本论的理论体系。

程颢提出了"以觉训仁"的主张,使"觉"开始进入理学家的视野,"觉"在这里是作为工夫论存在的,他提出通过"觉"可以体察到"仁"这个本体。在"觉"与"仁"的关系上,程颢认为:

> 万物之生意最可观,此元者善之长也,斯所谓仁也。[②]
>
> 不仁者无所知觉,指知觉为仁则不可。[③]
>
> 医书言手足痿痹为不仁,此言最善名状。仁者,以天地万物为一体,莫非己也。认得为己,何所不至若? 不有诸己,自不与己相干。如手足不仁,气已不贯,皆不属己。故"博施济众",乃圣人之功用。仁至难言,故止曰:"己欲立而立人,己欲达而达人,能近取譬,可谓仁之方也已。"欲令如是观仁,可以得仁之体。[④]

程颢主要从"生意"和"知觉"的角度训"仁",而"生意"和"知觉"都是在说有"觉"的事物。只是"生意"的"觉"的层次,低于"知觉"的"觉"的层次。他通过"觉"的层次的高低,区别达到"仁"的程度,具有"生意"的事物都可以"识仁",但是不能达到"仁"。而有"知觉"的事物可以"知仁",最终

---

① 陈来:《中国近世思想史研究》,北京:生活・读书・新知三联书店,2010 年,第 56 页。

② [宋]程颢、程颐:《二程集》,北京:中华书局,1981 年,第 120 页。

③ [宋]程颢、程颐:《二程集》,北京:中华书局,1981 年,第 1173 页。

④ [宋]程颢、程颐:《二程集》,北京:中华书局,1981 年,第 15 页。

达"仁"。只有具有"知觉"的人,才能具有自觉和自主意识,才能体察"仁"。他还提出:"学者须先识仁。仁者,浑然与物同体。义、礼、知、信皆仁也。识得此理,以诚敬存之而已,不须防检,不须穷索。若心懈则有防,心苟不懈,何防之有?理有未得,故须穷索。存久自明,安待穷索?此道与物无对,大不足以名之,天地之用皆我之用。孟子言'万物皆备于我',须反身而诚,乃为大乐。"①心中具备仁,不需要向外寻找,只需要向心中寻找,"觉"到"心即理",万物一体,"觉"到心中之理,就是明白了万物之理,这就是孟子所说的"万物皆备于我"。程颢认为心中具备"仁",万物也都具备"仁",而"觉"可以感通到这个万物一体之"仁",认识到人与万物一体。"觉"是一种修养方式,通过"觉"可以实现天道与性命的贯通。

谢良佐作为程颢的弟子,他吸收了程颢"以觉训仁"的思想,并在其基础上,提出了新的思想。他从"心"的角度出发,论述了"心""觉""仁"三者的关系,他提出:

> 心有所觉谓之仁。②

> 心者,何也?仁是已。仁者,何也?活者为仁,死者为不仁。今人身体麻痹,不知痛痒,谓之不仁。桃杏之核可种而生者,谓之桃仁、杏仁。言有生之意,推此,仁可见矣。③

谢良佐继承了程颢从"生意"和"觉"论"仁"的思想,但是又有所发明。程颢是从工夫论的角度出发论"仁",谢良佐是从心性论的角度出发论"仁"。谢良佐把"心""觉""仁"三者联系起来,形成心性论的整体。对此,朱熹持批判的态度,他提出:"上蔡之病,患在以觉为仁。"④朱熹认为不能"以觉训仁","知觉"不等于"仁"。在"觉"与"仁"的关系上,他提出:"仁者便有所知觉,不仁者便无所知觉,恁地却说得。若曰'心有知觉之谓仁',

---

① [宋]程颢、程颐:《二程集》,北京:中华书局,1981年,第16—17页。

② [清]黄宗羲、全祖望:《宋元学案》,北京:中华书局,1986年,第1385页。

③ [宋]谢良佐:《上蔡语录》,北京:商务印书馆,2005年,第189页。

④ [宋]黎靖德编,王星贤点校:《朱子语类》第2册,北京:中华书局,1986年,第479页。

却不得。"①"仁固有知觉;唤知觉做仁,却不得。"②仁者有知觉,不仁无知觉,但是说心有知觉就为"仁"不可以。谢良佐和朱熹在"以觉训仁"上的分歧,是由于谢良佐认为"觉"可以体认到"仁之体",朱熹认为"觉"只能体认到"仁之事"。朱熹提出:"上蔡以知觉言仁。只知觉得那应事接物底,如何便唤做仁!须是知觉那理,方是。"③朱熹认为谢良佐的"知觉"能体会到的只是"仁之事",不是"仁之理"。"仁之理"与"仁之事"像是本体和作用的意思,只认识到作用,没有认识到本体,不能说"知觉"就是"仁"。"知觉"只能认识到事物的表象,不能认识到事物的本质。朱熹对于谢良佐的认识存在误解,其实谢良佐认为"知觉"可以认识到"仁之本"。他们对于认识"仁"的修养方式存在分歧,谢良佐认为"心即理",心中存在"仁",只需发明本心,通过"觉"可以认识到心中之理。朱熹认为"性即理","理"是客观的,所以需要格物致知,才能认识到"仁",只发明本心不能认识到"仁",所以他们在"觉"能不能认识"仁"上存在分歧。朱熹认为"知觉"只是知个"痛痒"之类的而已,不能认识到事物之理,他提出:"觉者,是要觉得个道理。须是分毫不差,方能全得此心之德,这便是仁。若但知得个痛痒,则凡人皆觉得,岂尽是仁者耶?医者以顽痹为不仁,以其不觉,故谓之'不仁'。不觉固是不仁,然便谓觉是仁,则不可。"④"觉"是要觉"仁之理",而"知觉"只能"觉"痛痒,不能认识到"仁之理"。没有"知觉"为"不仁",但是有"知觉"不能称为"仁",有无"知觉"虽然是衡量"仁"的标准,但是达到这个标准也不能称为"仁"。

湖湘学派对"仁"多有论述,谢良佐"以觉训仁"的思想对湖湘学派也产生了深远的影响。胡安国提出:"仁,人心也。"⑤胡寅和胡宏也基本延续了这一主张,他们基本沿袭的还是孟子"仁,人心也"的思想,只能说提

① [宋]黎靖德编,王星贤点校:《朱子语类》第2册,北京:中华书局,1986年,第477页。
② [宋]黎靖德编,王星贤点校:《朱子语类》第1册,北京:中华书局,1986年,第118页。
③ [宋]黎靖德编,王星贤点校:《朱子语类》第7册,北京:中华书局,1986年,第2562页。
④ [宋]黎靖德编,王星贤点校:《朱子语类》第7册,北京:中华书局,1986年,第2562页。
⑤ [宋]胡安国:《春秋传》,长沙:岳麓书社,2011年,第12页。

升了"仁"的地位,使"仁"更具主体性,可是并没有提出"以觉言仁"。张栻虽然提及"以觉训仁",但是主要是反对这一思想。张栻提出:"谢上蔡之言,固是要指其发见以省学者,然便断杀知觉为仁,故切以为未免有病。伊川先生所谓觉不可训仁者,正谓仁者必觉,而觉不可以训仁。"①张栻不认同以知觉为仁,程颐的原话为:"仁者必爱,指爱为仁则不可。不仁者无所知觉,指知觉为仁则不可。"②程颐不认同"以觉训仁",张栻继承的是程颐的思想。张栻明确反对谢良佐的观点,认为不可以"以觉为仁"。湖湘学派真正讨论"觉"与"仁"之间关系的是胡宏从弟胡实:

> 心有所觉谓之仁,此谢先生救拔千余年陷溺固滞之病,岂可轻议哉?夫知者,知此者也;觉者,觉此者也。果能明理居敬,无时不觉,则视听言动莫非此理之流行,而大公之理在我矣,尚何愤骄险薄之有!③

胡实对于谢良佐"以觉训仁"的思想极其肯定,他认同"心有所觉谓之仁","知"是"知仁","觉"是"觉仁"。只要能做到"觉",那么心中自然无理不备。胡实认同谢良佐的这一思想,但是他并没有对其进行发展。谢良佐"以觉言仁"的主张,最终被张九成继承并发展。

谢良佐作为湖湘学派的鼻祖,张九成虽然未与他有直接的交流,但是张九成与湖湘学派的胡宏一同受学于杨时,又与湖湘学派的张栻的父亲张浚为好友,可见张九成与湖湘学派的渊源颇深。朱熹提出:"上蔡多说知觉,自上蔡一变而为张子韶。"④"张子韶初间便是上蔡之说,只是后来又展上蔡之说,说得来放肆无收杀了。"⑤朱熹认为谢良佐"以觉训仁"的思想被张九成所继承。张九成虽然并未师承谢良佐,但是都属于洛学思

---

① [宋]张栻:《张栻集》,长沙:岳麓书社,2013年,第769页。

② [宋]程颢、程颐:《二程集》,北京:中华书局,1981年,第1173页。

③ [清]黄宗羲、全祖望:《宋元学案》,北京:中华书局,1986年,第1385页。

④ [宋]朱熹撰,朱杰人、严佐之、刘永翔主编:《朱子全书》第18册,上海:上海古籍出版社;合肥:安徽教育出版社,2002年,第3867页。

⑤ [宋]黎靖德编,王星贤点校:《朱子语类》第3册,北京:中华书局,1986年,第937页。

想体系中的人物,而且当时的学者会互相交流学习,谢良佐在当时的影响又非常深远,所以张九成有极大的可能对谢良佐的思想有所吸收。谢良佐和张九成具有共同的思想渊源,二人的思想趋向又存在相似性,二人都有心学的趋向,所以张九成继承谢良佐"以觉训仁"的思想也就顺理成章。程颢"以觉言仁"的这一思想,经由谢良佐发展,最终由张九成继承并发展。

程颢和谢良佐的"觉"都是在讨论"仁",虽然谢良佐引入了"心"的概念,但也只是从工夫论转向了心性论的范畴,也没有形成完整的理论体系。张九成继承并发展了程颢和谢良佐的思想,把"觉"从"仁学"的话语体系转向了"心学"的话语体系。张九成的"觉"在心本论的建构中发挥十分重要的作用,在其整个理论体系中也占据十分重要的地位。他提出:"夫以人心为仁,则凡目之所以视,耳之所以听,鼻之所以嗅,舌之所以尝,四体之所以知疴痒者,皆出于心,心即仁也。"[①]"心即性,性即天。"[②]程颢提出"医家以不认痛痒谓之不仁"[③],张九成延续了程颢以身体的知觉论"仁"的思想,张九成以身体的"疴痒"论"仁"。程颢的"痛痒"和张九成的"疴痒"都是身体知觉的一种。在张九成看来,"知仁"的前提是"心",人的种种器官正是在"心"的影响下才能正常发挥其功能。如果失去了"心",人的"目""耳""鼻""舌""四体"等种种器官就不能正常运作,所以如果说本源的话,那么"心"为本源,"仁"是"心"的表现。张九成以"心"为本,认为"心"就是"仁"。张九成认为"心即仁也",就此而言,人必然是善的,但是现实生活中的人并非都是符合"仁"的,"心本是仁,放之于声色,放之于货利,放之于惊惧间,则人欲为主,颠倒错乱,如日月本明,为云霾暗雾所蔽,则所向皆昏暗矣"[④]。"人欲"会影响人心,所以不能达到"仁"。人过度地追求声色犬马的生活,过度放纵自己的欲望,就会使"心"中的"仁"被

---

① ［宋］张九成:《张九成集》第4册,杭州:浙江古籍出版社,2013年,第1045页。

② ［宋］张九成:《张九成集》第2册,杭州:浙江古籍出版社,2013年,第508页。

③ ［宋］程颢、程颐:《二程集》,北京:中华书局,1981年,第33页。

④ ［宋］张九成:《张九成集》第4册,杭州:浙江古籍出版社,2013年,第1046页。

遮蔽,就如日月会被乌云所遮蔽一样,但是其本质并不会发生改变。如果人心被物欲蒙蔽又该怎么办？张九成提出需要"觉"：

> 尧、舜、禹、汤、文、武、周、孔之道,具在人心,觉则为圣贤,惑则为愚不肖。①

> 故学者有志于道,不忧人路之不明,但忧人心之未觉。②

> 心有所觉谓之仁,故草木之实谓之仁,以其得土则生也。四体不知疴痒,谓之不仁,故利在一己,害及他人而不恤者,谓之不仁,以其血脉不通也。三代之所以得天下者,同民休戚也；其所以失天下者,民有忧苦而不恤也。岂特天下,国之所以兴且存者,亦以同民休戚也；其所以亡且废者,亦以民有忧苦而不恤也。③

张九成认为"觉则为圣贤",所"觉"的就是本体的"仁"。他认为"民之先觉,觉者一德也"④。"觉"在周孔之道都是内在于"心",如果"心"能够展露出来就是"圣贤",展露不出来就是"愚不肖"。如何使"心"能够展露出来,这就需要"觉"。"觉"就认识到物欲对人心的损害,从而远离这些物欲的侵扰。张九成通过"心即天"和"心即仁",形成了他的本体论和心性论。他又通过"觉",实现了本体论和心性论的贯通。因为"觉"在张九成的思想体系中,是一种"即工夫即本体"的存在,他可以实现本体论和心性论的贯通。他提出：

> 仁即是觉,觉即是心。因心生觉,因觉有仁。脱体是仁,无觉无心。有心生觉,已是区别。⑤

> 仁则觉,觉则神闲气定,岂非安宅乎？不仁则昏,昏则念虑纷乱,不得须臾宁矣。义则理,理则言忠信,行笃敬,岂非正路乎？不义则

---

① [宋]张九成：《张九成集》第1册,杭州:浙江古籍出版社,2013年,第184页。

② [宋]张九成：《张九成集》第4册,杭州:浙江古籍出版社,2013年,第1046页。

③ [宋]张九成：《张九成集》第3册,杭州:浙江古籍出版社,2013年,第879页。

④ [宋]张九成：《张九成集》第2册,杭州:浙江古籍出版社,2013年,第380页。

⑤ [宋]张九成：《张九成集》第4册,杭州:浙江古籍出版社,2013年,第1147页。

乱,乱则邪僻与魑魅为邻矣。仁义岂它物哉?吾心而已矣。[①]

张九成认为心、觉、仁是三位一体的关系,仁就是觉,觉就是心,通过"觉"实现了心与仁的贯通。朱熹对谢良佐的"以觉训仁"是批判的态度,而张九成继承的是谢良佐的这一思想,所以他对于张九成也持批判的态度。朱熹认为:"觉是智,以觉为仁,则是以智为仁。觉也是仁里面物事,只是便把做仁不得。"[②]朱熹认为"觉"为"智之事","觉"是认知意义上的分辨是非的能力,仅是智之一端而已,所以并不能称为"仁"。张九成认为"觉"具有认识本体的能力,朱熹认为"觉"不具备这个能力,他们二人在对"觉"这一修养方式的看法上存在分歧,而对于这一问题的分歧源于他们二人的理论体系的不同。张九成是心本论的理论体系,朱熹是理本论的理论体系,他们所认为的达到本体的途径不同。张九成继承的是程颢的一体观,认为人与万物的"仁"一体,通过"觉"可以体察到这个万物一体之"仁"。朱熹认为"觉"不能做到这一点,他提出:"仁者固能觉,谓觉为仁,不可;仁者固能与万物为一,谓万物为一为仁,亦不可。"[③]朱熹认为"仁者"必须是能"觉",但是"觉"不能称为"仁"。"仁者"能与万物为一,但是万物为一不能称为"仁"。朱熹认为万物禀受是存在差异的,并不是都符合"仁"。张九成认为万物本体都符合"仁",所以通过"觉"可以认识到"仁",可以认识到万物一体。张九成与朱熹在"以觉训仁"上的争论,是因为他们在本体论和工夫论上都存在根本的分歧。张九成认为通过"觉"可以感知到"仁之体",朱熹认为不能。张九成重视的是个人的体悟,偏重感性认知。朱熹注重的是个人的修养,偏重理性认知。他们这是两条完全不同的路径。张九成的"以觉训仁"延续的是孟子以"恻隐之心"为仁的思想,儒家仁说从一开始便和主体的知觉联系在了一起。张九成的"觉"与儒家一直以来的传统是相符的,继承的也是程颢一体言仁的路径。

朱熹对谢良佐和张九成的"以觉训仁"思想极尽批判,是因为"觉"与

① [宋]张九成:《张九成集》第1册,杭州:浙江古籍出版社,2013年,第163页。
② [宋]黎靖德编,王星贤点校:《朱子语类》第2册,北京:中华书局,1986年,第464页。
③ [宋]黎靖德编,王星贤点校:《朱子语类》第1册,北京:中华书局,1986年,第118页。

佛教关系密切。"觉"被讥为"禅",这是因为心学和理学对于世界的本源的看法不同,"心学"认为"心"是万物的本源,理学认为"理"是万物的本源。心学和理学在本源的问题上存在根本的分歧,所以在工夫进路上也存在分歧。心学的工夫进路是"觉",也就是"即工夫即本体"。理学的工夫进路是"格物",也就是"由工夫而达本体"。朱熹不认可"觉"这一工夫,所以讥张九成为"禅"。对于张九成的"觉"的思想,清代孙奇逢的看法,显然更为客观,他提出:"人谓子韶为禅,为其拈'觉'字。夫'觉'字不独祖伊尹,孔子不曰'先觉者是贤'乎?"①孙奇逢认为张九成的"觉"是源于儒家,并不是佛教。张九成对孟子十分尊崇,还著有《孟子传》,所以张九成的"觉"相对于来源于佛教,更可能来源于孟子。

刘玉敏也在《心学源流——张九成与浙东学派》一书中提出,张九成"觉即是心"来源于宗密"知即是心"。张九成"觉之一字,众妙之门"来源于宗密"知之一字,众妙之门"。刘玉敏从这两条推断张九成"觉"的思想来源于禅宗,显然根据并不充分。"即是"是很常见的一种语言的用法,不能因为结构相似,据此说明二者相像。"众妙之门"源于老子,所以如果非要追根溯源的话,也是禅宗引用了中国道家的思想,所以张九成这样的用法并非源于禅宗。张九成只是在话语的结构上与禅宗的那两句话相似,不能据此就认为张九成的"觉"和禅宗有很大关联。儒道思想一直以来深深地影响着中国古代思想文化的发展,道家的很多话语体系也被儒家所广泛地引用,像是"内圣外王"这一广为儒家引用的话语,就是儒家和道家通用的话语体系。所以"众妙之门"也是作为通用的话语体系而出现的,儒释道都可以引用。刘玉敏也提出:

> 从思维方式上看,他和华严宗、禅宗非常相似,但他的目的是为了"正心",唤醒人们麻木的心灵,所以他的这一思想毋宁说是儒家自孔孟的"觉"至洛学对"仁"的解读与禅宗的思维方式的结合,完全将

---

① [清]孙奇逢:《夏峰先生集·读张子韶传》,北京:中华书局,2004 年,第 397 页。

其看成禅,无疑抹杀了它的积极意义。[1]

刘玉敏认为张九成的"觉"与禅宗关联很大,但是不能直接说他是"禅",只能说张九成的"觉"是受到佛教思维方式的影响。对于这一点,归根溯源,张九成也是受到儒家思维方式的影响。当然,鉴于南宋时期佛教的繁盛,而张九成又与宗杲交好,可能会受到禅宗思维方式的影响,但是这个影响只能说是对于张九成的点醒的作用,使他领悟到儒家思想中"觉"的价值,并不能影响张九成"觉"之本质属性。张九成的"觉"是源于儒家,他明确主张自己是一个儒者。"某身为儒者,当信先王之言,不当信淫巫瞽史之说。"[2]他崇信的是先王之道,主张用圣人之道治理天下,而"先觉觉后觉"正是采用的这种方式。他想通过"先觉觉后觉"的方式,最终达到所有人实现"觉"的境界。张九成希望通过所有人实现"觉",从而实现整个社会的和谐、稳定运行。他想通过"以我之性觉彼之性"[3]的方式,最终实现孟子的"先觉觉后觉"、全体为"仁"的境界。

张九成与朱熹对于"以觉训仁"的不同看法,很有可能是因为他们对于二程思想继承的不同。虽然二程以"天理"为最高本源,但二程之间也是存在差异的。冯友兰先生提出:"明道乃以后心学之先驱,而伊川乃以后理学之先驱也。"[4]而张九成继承了程颢的心学思想,朱熹继承了程颐的理学思想。他们二人在"理"和"心"何者为本源的问题上具有明显的分歧。张九成继承并发展了程颢思想中的心学思想,使心学从洛学中分化出来,并使"心"获得了独立的本体地位。朱熹认为洛学的最主要的思想是"理",他把"理"当作万物的本源。张九成和朱熹对于洛学的发展,使洛学在后世走上了两种截然不同的方向,张九成走向了"洛学心学化"的道路,朱熹走向了"洛学理学化"的道路。朱熹不认同张九成的心本论,所以对其极尽批判,不承认张九成在洛学中的地位。朱熹认为洛学正宗就是

---

[1]　刘玉敏:《心学源流——张九成心学与浙东学派》,北京:人民出版社,2013年,第136页。

[2]　[宋]张九成:《张九成集》第1册,杭州:浙江古籍出版社,2013年,第232页。

[3]　[宋]张九成:《张九成集》第4册,杭州:浙江古籍出版社,2013年,第1097页。

[4]　冯友兰:《中国哲学史》,上海:华东师范大学出版社,2000年,第242页。

理学,并以是否把"理"作为最高本源为评判标准,衡量是否属于洛学。在这一点上,他存在一个误区,事实上洛学的思想并非只有理学,程颢的心学思想也是洛学的一部分。张九成继承了程颢的心学思想,朱熹继承了程颐的理学思想,他们都是对洛学进行的传承与发展,都属于洛学。他们的"源"都是洛学,"流"也属于洛学。朱熹认为张九成的心学不属于洛学正宗,而随着朱熹影响力的急剧提升,他的这一思想深深地影响了整个宋明理学对于张九成的看法,张九成思想的发展也就受到了一定程度的影响。黄震就是受到了朱熹思想的影响,他在朱熹的基础上,以濂、洛、关、闽为主轴对宋代理学进行了排序:

> 程门高弟如谢上蔡、杨龟山,末流皆不免略染禅学,惟尹和靖坚守不变。其后龟山幸三传而得朱文公,始裒萃诸家而辨析之,程门之学,因以大明。故愚所读先儒诸书,始于濂溪,终于文公所传之勉斋,以究正学之终始焉。次以龟山、上蔡,以见其流虽异而源则同焉。又次以和靖,以见源虽异而其流有不变者焉。次以横浦、三陆,以见其源流之益别焉。[①]

黄震以程朱为主干,对宋代理学分为了四序,第一序是濂、洛、关、闽;第二序是杨时、谢良佐;第三序是尹焞;第四序是张九成。黄震认为张九成区别于理学正宗,并且张九成和陆九渊的思想具有一致性。虽然张九成具有明确的传承谱系,但是在这里黄震还是把张九成排除在了洛学正宗之内,并不认可其在洛学中的学术地位。张九成的心学是从洛学中演化而来,与洛学有着密不可分的关系,以洛学正宗是理学而非心学这一点来抹杀张九成在洛学中的学术地位,显然失之偏颇。张九成心学传承的是程颢的心学思想,是对程颢心学思想的发展。在洛学的发展上,张九成与朱熹走的是截然不同的两种路径。因为在思想传承上的分歧,朱熹对于张九成的心学思想是持不赞同的态度。随着朱熹在后世的影响力加深,其对于张九成的评价影响了后世很多人对于张九成的看法,也间接地

---

① [清]黄宗羲:《黄宗羲全集》,杭州:浙江古籍出版社,2012年,第2899页。

影响了张九成思想的发展,其在洛学中的地位也就未能被人所承认。虽然在后世的思想发展中,由张九成发展的"洛学心学化"的道路不被理学家们所承认,其在洛学中的地位也逐渐地被忽视,但是他在洛学中的地位是不容抹杀的。从张九成的传承谱系和思想渊源来看,他在洛学中的地位是毋庸置疑的,他与洛学有着很深的渊源关系,其思想的价值应该被重新估算,并给予其正确的定位。

从程颢的"以觉训仁"到张九成的"仁即是觉,觉即是心",是从工夫论到本体论演进的过程。张九成认为仁、心、性一体,所以通过"觉"的功夫可以达到仁的境界。他继承了程颢的一体观,最终形成了一体化的心本论。张九成的"觉"既属于工夫的范畴,又属于本体的范畴,是即工夫即本体。他通过"觉",实现了本体论和心性论的贯通,提升了"心"的地位,从而建立了完整的心本论理论体系。张九成通过"觉"确立了"心"的主体地位,使心学从洛学中分化出来,并使心学取得了独立的本体地位,是洛学心学化道路上的关键人物,对于洛学心学化的发展具有十分重要的作用。通过张九成与朱熹在"觉"的认识上的分歧,也可以看出他们对于二程思想继承的不同,张九成继承的是程颢一体言仁的方式,朱熹继承的是程颐心性二分、理气二分的方式。

三、觉与心学

张九成作为心学的开创者,把"觉"提升到了本体的地位,他的"觉"的思想在心学的发展中起到了十分重要的作用。"觉"一直伴随着心学体系的建立,心学中每一次思想的发生和转折,都是"觉"在发生作用,某种意义上可以说"觉"贯穿了心学的始终。心学非常重视主观的体悟,所以心学思想的提出,都是"觉"在发生作用。张九成是心学的开创者,他非常重视"觉"的作用,其后的陆九渊、杨简、王阳明心学思想的提出,也都伴随着"觉"的作用。

陆九渊心学思想的产生,是"觉"在发生作用。他通过"觉"认识到宇宙和心的关系,将"宇宙"与"吾心"作为相对的概念进行对照,提出宇宙是无限的,心也是无限的,通过宇宙的无限,证明心的无限性。其《年谱》记载:

> 先生自三四岁时,思天地何所穷际不得,至于不食。宣教公呵之,遂姑置,而胸中之疑终在。后十余岁,因读古书至宇宙二字,解者曰:"四方上下曰宇,往古来今曰宙。"忽大省曰:"元来无穷。人与天地万物,皆在无穷之中者也。"乃缓笔书曰:"宇宙内事乃己分内事,己分内事乃宇宙内事。"又曰:"宇宙便是吾心,吾心即是宇宙。东海有圣人出焉,此心同也,此理同也。西海有圣人出焉,此心同也,此理同也。南海北海有圣人出焉,此心同也,此理同也。千百世之上至千百世之下,有圣人出焉,此心此理,亦莫不同也。"①

陆九渊小时候就非常善于思考,具有强烈的好奇心和探索精神。他在十多岁的时候读到关于"宇宙"的解释,就开始有所觉悟,"忽大省"就是一种"觉",一种突然的感悟,感悟到了心与宇宙的等同。这是其心本论确立的开始,其理论体系的建立伴随着"觉"而产生。他提出宇宙与心是等同,心与理等同,"人皆有是心,心皆具是理,心即理也"②。"心即理"是理在心中,心具众理,本心与理相符,发明本心后也符合"理"。通过心与宇宙、心与理的等同,心具有了先验性、无限性、超越性、普遍性。在解决了本源性的问题以后,开始思考现实问题,也就是伦理层面的问题。在伦理问题上,心是道德的来源。他从心学的角度出发,认为"仁义者,人之本心也"③,"仁即此心也,此理也。求则得之,得此理也;先知者,知此理也;先觉者,觉此理也"④。本心为道德的来源,本心为仁。他从本心出发认为只要反求诸己、发明本心,就可以得到这个"理","知"的是这个"理","觉"的也是这个"理",最后"反身而诚",这样"人人皆可为尧舜",这样就可以

---

① ［宋］陆九渊:《陆九渊集》,北京:中华书局,1980 年,第 483 页。

② ［宋］陆九渊:《陆九渊集》,北京:中华书局,1980 年,第 149 页。

③ ［宋］陆九渊:《陆九渊集》,北京:中华书局,1980 年,第 9 页。

④ ［宋］陆九渊:《陆九渊集》,北京:中华书局,1980 年,第 5 页。

"万物皆备于我"。"觉"的"理"是本心之良知，他提出："良知之端，形于爱敬。扩而充之，圣哲之所以为圣哲也。先知者，知此而已；先觉者，觉者此而已。"①本心中存在"良知"，这个"良知"有时候会被外界环境影响而受到遮蔽，但是只要发明本心，"良知"就会显现出来。他提出："本心非外烁，当时岂不和平安泰？更无艰难。继续之不，防闲之不严，昏气恶习，乘懈而炽，丧其本心。觉之则来复，岂得无艰屯？""觉"就是发明本心，就是复其良知。本体即主体，本体与主体合一。在个体心中建立起道德本体，使道德他律变为道德自律。他的心本论的建构，都是伴随着"觉"的作用，"觉"是其理论体系形成的关键。

杨简经常提到"觉"，他一生中几次重大的思想转折，都是"觉"在发生作用。他二十八岁的时候，"初，先生在循理斋，尝入夜，灯未上，忆通奉公训，默自反观，已觉天地万物通为一体，非吾心外事"②。"少年闻先大夫之诲：'宜时复反观。'某后于循理斋燕坐，反观，忽然见我与天地万物、万事万理澄然一片。向者所见万象森罗，谓是一理通贯尔，疑象与理未融一，今澄然一片，更无象与理之分，更无间断。"③他"觉"到的是心为万物的本源，并且与万物为一，一理贯通。心具有本源性、普遍性、超越性。这时候"觉"到的是"心"中存在的整个世界，心与万物为一。在他三十一岁的时候，又有所觉悟：

> 某二十有八而觉，三十有一而又觉，觉此心清明虚朗，断断乎无过失。过失皆起乎意。不动乎意，澄然虚明，过失何从而有？某深信此心之自清明，自无所不通，断断乎无侯乎复清之。于本虚本明、无所不通之中，而起清之意，千失万过，朋然而至矣，甚可畏也！某惧学者此心未明，又惑乎洗心、正心之论。某朝夕居乎清心堂之中，而不以为非，是清心、洗心、正心之说果是也。清心、洗心、正心之说行，

---

① ［宋］陆九渊：《陆九渊集》，北京：中华书局，1980 年，第 238 页。

② ［宋］杨简：《杨简全集》第 9 册，杭州：浙江大学出版社，2015 年，第 2267 页。

③ ［宋］杨简：《杨简全集》第 9 册，杭州：浙江大学出版社，2015 年，第 2190 页。

则为揠苗，非徒无益，而又害之。①

这次"觉"的是本心的清明，人心本正本善，不学而能、不虑而知，所以不会有过失。过失都是因为"起意"，所以不能起意。"人心自明，人心自灵，意起我立，必固碍塞，始丧其明，始失其灵。"②在他看来，人心中本来就具备各种道德，不用学习就自然具备，不需要思考就知道，所以不需要外在的修养功夫。任何修养功夫都是在起"意"，都是对"本心"的伤害。杨简认为"心"是善的，而"意"会对"心"产生不好的影响。"盖人心即道，作好焉，始失其道。作恶焉，始失其道；微作意焉，辄偏辄党，始为非道。所以明人心之本善，所以明起意之为害。"③杨简认为"心"本来是正的，却无端地做这些修养的功夫，反而产生"意"，对"心"有害。他提出："孔子大圣，其启佑学者，当有造化之功，而三千之徒犹尚勤圣人谆谆'绝四'之诲。……曰：'子绝四：毋意，毋必，毋固，毋我。'"④"绝四"是孔子所倡导的原则，就是要杜绝四种弊病，也就是杜绝凭空猜疑、绝对偏执、拘泥固执、唯我独尊。孔子的"绝四"与杨简的"毋意"其实有着异曲同工之处。孔子的"绝四"是要杜绝不善的意，而杨简的"毋意"也是这个意思。杨简主张，人心本来为善，从本心出发的意自然也为善，所以只要"毋意"，就可以达到"善"。张立文把杨简心学的特点集中概括为两点："一是以'虚明无体'之心范围天地万物，二是认为人心本自灵明，倡导'毋意之旨'。"⑤杨简强调外在的修养功夫是一直在"起意"，所以不需要外在的修养功夫。"觉"的是心之本体本然清明，所以要"毋意"。

杨简在三十二岁的时候，有所觉悟，史称"扇讼之悟"，"扇讼之悟"是杨简向陆九渊请教什么是"本心"。我们先来看《陆九渊集》对此事的记载：

---

① ［宋］杨简：《杨简全集》第7册，杭州：浙江大学出版社，2015年，第1866页。

② ［宋］杨简：《杨简全集》第7册，杭州：浙江大学出版社，2015年，第1856页。

③ ［宋］杨简：《杨简全集》第8册，杭州：浙江大学出版社，2015年，第2154—2155页。

④ ［宋］杨简：《杨简全集》第8册，杭州：浙江大学出版社，2015年，第2155页。

⑤ 张立文主编：《中国学术通史》（宋元明卷），北京：人民出版社，2004年，第433页。

　　四明杨敬仲时主富阳簿,摄事临安府中,始承教于先生。及反富阳,三月二十一日,先生过之,问:"如何是本心?"先生曰:"恻隐,仁之端也;羞恶,义之端也;辞让,礼之端也;是非,智之端也。此即是本心。"对曰:"简儿时已晓得,毕竟如何是本心?"凡数问,先生终不易其说,敬仲亦未省。偶有鬻扇者讼至于庭,敬仲断其曲直讫,又问如初。先生曰:"闻适来断扇讼,是者知其为是,非者知其为非,此即敬仲本心。"敬仲忽大觉,始北面纳弟子礼。故敬仲每云:"简发本心之问,先生举是日扇讼是非答,简忽省此心之无始末,忽省此心之无所不通。"先生尝语人曰:"敬仲可谓一日千里。"①

　　杨简三十二岁时受学于陆九渊,认识到了"本心"的价值,开始真正树立起"本心"的本体地位。"本心"是先验的道德潜能,人人先天具有,不学而能,不虑而知。并且可以知是知非,处理各种事务。本心不仅是宇宙万物的存在依据,还是人的道德行为的根本动力,它是兼具"物之则"与"心之理"的存在。对于这件事件,《慈湖遗书》也有所记载:

　　文安公新第归,来富阳,长先生二岁,素相呼以字,为交友。留半月,将别去,则念天地间无疑者,平时愿一见莫可得,遽语:"离乎?"复留之。夜集双明阁上,数提"本心"二字,因从容问曰:"何为本心?"适平旦尝听扇讼,公即扬声答曰:"且彼讼扇者,必有一是,有一非,若见得孰是孰非,即决定谓某甲是,某乙非矣。非本心而何?"先生闻之,忽觉此心澄然清明,亟问曰:"止如斯邪?"公竦然端厉,复扬声曰:"更何有也!"先生不暇他语,即揖而归拱达旦。质明,正北面而拜,终身师事焉。每谓:"某感陆先生,尤是再答一语。更云云,便支离去。"八年秋七月也。已而沿檄宿山谷间,观故书犹疑,终夜坐不能寐。天曈曈欲晓,忽洒然如物脱去,乃益明。②

　　"扇讼之悟"所觉的是"本心"。他经由此事,拜陆九渊为师。后来又

①　[宋]陆九渊:《陆九渊集》,北京:中华书局,1980年,第487—488页。

②　[宋]杨简:《杨简全集》第9册,杭州:浙江大学出版社,2015年,第2267页。

经过十几年,直到其五十四岁左右的时候,读到"心之精神之谓圣"之时,才真正大悟。

> 天有四时,春秋冬夏,风雨霜露,孰非先圣之教？地载神气,神气风霆,风霆流形,庶物露生,孰非先圣之教？道不远人,人之为道而远人。心之精神是谓圣,圣训昭明,某觉此,笃信此。兹分牧东嘉,将以此告东嘉人士,以日用庸常即大道,惟毋动意,立知。如兴云气,自翳其光明。当有觉者。某内外亲故二十年来亦多觉者,亦盛矣。敢告。①

《四朝闻见录》中记载:"慈湖杨公简,参象山学犹未大悟,忽读《孔从子》,至'心之精神之谓圣'一句,豁然顿解。自此酬酢门人、叙述碑记、讲说经义,未尝舍心立以说。"②杨简说:"孔子曰:'心之精神是谓圣。'孟子道性善。心未始不正,何用正其心？又何用诚其意？又何须格物？"③人心本来就自明、自清,不需要外在的任何功夫,"心"本来就是善的,"此心先觉,乃人心自灵自神自明,不学而能,不虑而知,可谓贤矣"④。"人心本善、本正、本清明、本无放逸,本与尧、舜、禹、汤、文、武、周公、孔子同,本与天地同俗"⑤,"人心自神。人心自灵,人心自备众德。不学而能,不虑而知"⑥。在他看来,人心中本来就具备各种道德,不用学习就自然具备,不需要思考就知道,所以不需要外在的修养功夫。"不知仁、义、礼、智、信皆人心所自有,不假修饬。"⑦心中具备各种道德,所以只需要"发明本心"即可。通过"觉"可以认识到心之本体,最终还可以达到圣人的境界。

王阳明的"龙场悟道",就是"觉"在发生作用,在"龙场悟道"中"悟"到

---

① [宋]杨简:《杨简全集》第7册,杭州:浙江大学出版社,2015年,第1894页。
② [宋]叶绍翁:《四时闻见录》,上海:上海古籍出版社,2012年,第41页。
③ [宋]杨简:《杨简全集》第8册,杭州:浙江大学出版社,2015年,第2156页。
④ [宋]杨简:《杨简全集》第7册,杭州:浙江大学出版社,2015年,第1871页。
⑤ [宋]杨简:《杨简全集》第10册,杭州:浙江大学出版社,2015年,第2543页。
⑥ [宋]杨简:《杨简全集》第8册,杭州:浙江大学出版社,2015年,第2081页。
⑦ [宋]杨简:《杨简全集》第8册,杭州:浙江大学出版社,2015年,第2174页。

的是"格物致知之旨",对格物致知的修养方式进行了全新的理解。《年谱》对此有所记载:"因念:'圣人处此,更有何道?'忽中夜大悟格物致知之旨,寤寐中若有人语之者,不觉呼跃,从者皆惊。始知圣人之道,吾性自足,向之求理于事物者误也。乃以默记《五经》之言证之,莫不吻合,因著《五经臆说》。"①朱熹主张格物致知的修养方式,王阳明按照朱熹的这一方式"亭前格竹"却遭遇了阻碍,王阳明认为这一方式存在问题,所以他开始站在心学立场上,对朱熹的问题困境和理论缺陷予以反思和着手解决。王阳明在心学立场上提出了"心即理"的观点,理在人的心中,"格物"就不是向外求,而是向内求。"忽中夜大悟"是一种"觉","觉"的是心中具备理,所以不需要向外寻求。他提出:"心外无物,心外无事,心外无理,心外无义,心外无善。吾心之处事物,纯乎理而无人伪之杂,谓之善,非在事物有定所之可求也。处物为义,是吾心之得其宜也,义非在外可袭而取也。格者,格此也;致者,致此也。必曰事事物物上求个至善,是离而二之也。"②心外没有物,心外没有事,心外没有理,心外没有义,心外没有善。王阳明认为万事万物,理与道德都在人的心中。王阳明在"龙场悟道"中体会到了这一点,其心本论的理论体系开始建立。

王阳明认为心之本体与天理具有绝对同一性,"是非之心,不虑而知,不学而能,所谓良知也。良知之在人心,无间于圣愚,天下古今之所同也。世之君子惟务致其良知,则自能公是非,同好恶,视人犹己,视国犹家,而以天地万物为一体"③。心与天理的统一性体现在"良知"上面。每个人都先天地具备"良知","良知"是知是、知非的能力。通过"良知"可以体认到天地万物的一体性,可以认识到万物之理。在修养功夫上,只需要"致良知",不需要格物致知的功夫去心外求理。朱熹认为心、理二分,要通过格物致知来心外求理。"江右以来,始单提'致良知'三字。"④"致良知"是

---

① ［明］王守仁:《王阳明全集》,上海:上海古籍出版社,1992 年,第 1228 页。

② ［明］王守仁:《王阳明全集》,上海:上海古籍出版社,1992 年,第 156 页。

③ ［明］王守仁:《王阳明全集》,上海:上海古籍出版社,1992 年,第 1301 页。

④ ［明］王守仁:《王阳明全集》,上海:上海古籍出版社,1992 年,第 1574 页。

心之本体的自我展现与确立的客观性活动过程,是本体在昭灵明觉地自我展现的客观性过程中,所自觉确立起来的关于自身的真理性认识,是道德修养实践活动的完成。它是本体、自觉与实行相统一,是三位一体的,并且统一于天地万物一体之仁的宇宙实体自我实现和完成的过程之中。他"觉"的是天地万物一体,"夫人者,天地之心;天地万物,本吾一体者也"①。他说:

> 大人者,以天地万物为一体者也,其视天下犹一家,中国犹一人焉。若夫间形骸而分尔我者,小人矣。大人之能以天地万物为一体也,非意之也,其心之仁本若是,其与天地万物而为一也。岂惟大人,虽小人之心亦莫不然,彼顾自小之耳。是故见孺子之入井,而必有怵惕恻隐之心焉,是其仁之与孺子而为一体也;孺子犹同类者也,见鸟兽之哀鸣觳觫,而必有不忍之心焉,是其仁之与鸟兽而为一体也;鸟兽犹有知觉者也,见草木之摧折而必有悯恤之心焉,是其人之与草木而为一体也;草木犹有生意者也,见瓦石之毁坏而必有顾惜之心焉,是其仁之与瓦石而为一体也;是其一体之仁也。②

"大人"能与天地万物一体,这是因为心中之"仁"的存在,万物都有仁,这个"仁"是相通的,通过心可以感通到万物一体之仁的存在。"心之仁本"是"大人"能与天地万物一体的理论来源。"心之仁本"每个人都有,这个是人的"良知",已发的时候表现为怵惕、恻隐之心。万物与我为一,所以可以相互感通,体会到一体之"仁"。在"觉"与心的关系上,他提出:"心不是一块血肉,凡是知觉处便是心,如耳目之知视听,手足之知痛痒,此知觉便是心也。"③"知觉"为心,而心中充满着"理",充满道德,"仁"都是从心中而发,所以"知觉"就是"仁"。

"觉"在心学中具有非常重要的地位,心学每一次的思想转折,都伴随

---

① [明]王守仁:《王阳明全集》,上海:上海古籍出版社,1992年,第1301页。
② [明]王守仁:《王阳明全集》,上海:上海古籍出版社,1992年,第968页。
③ [明]王守仁:《王阳明全集》,上海:上海古籍出版社,1992年,第121页。

着"觉"的作用。心学认为通过"觉"可以认识到心之本体,认识到心中存在的各种道德,认识到万物一体。张九成的"觉"即工夫即本体的存在,陆九渊、杨简、王阳明的"觉"只是工夫论。"觉"从即工夫即本体到工夫论的转变,是心学思想的一种发展。这是因为心本论已经建构完成,不再需要通过"觉"来实现本体论的建构,所以之后的心学家只是把"觉"作为工夫论。

第四节 即心求中

宋代时期,当时的士人非常重视《中庸》,对于"中"也非常关注。《中庸》言:"喜怒哀乐之未发,谓之中;发而皆中节,谓之和。中也者,天下之大本也;和也者,天下之达道也。致中和,天地位焉,万物育焉。"①张九成专门著有《中庸说》,对《中庸》进行阐释。他对"中"多有论述,他主要从心性的角度出发论"中",认为心和性处于本然状态之时就是"中"。"性之未发"为"中","性之已发"为"和","发而中节"是"时中",然后他提出君主要用"中道"进行社会治理,这样整个世界才会有序地运行。

一、心即中

在"中"的问题上,程颢提出:"'中者,天下之大本。'天地之间,亭亭当当,直上直下之正理,出则不是,唯敬而无失最尽。"②二程认为"中"就是"敬而无失",而"敬而无失"就是未发之中,他提出:"敬而无失,便是'喜怒哀乐未发之谓中'也。敬不可谓之中,但敬而无失,即所以中也。"③"喜怒

---

① [宋]朱熹:《四书章句集注》,北京:中华书局,1983年,第18页。
② [宋]程颢、程颐:《二程集》,北京:中华书局,1981年,第132页。
③ [宋]程颢、程颐:《二程集》,北京:中华书局,1981年,第44页。

哀乐未发"是说性的本然的状态,这个状态的时候就是"中",而做到"敬而无失"就是"中"。程颐提出:

> "喜怒哀乐未发谓之中",只是言一个中体。既是喜怒哀乐未发,那里有个甚么?只可谓之中。如《乾》体便是健,及分在诸处,不可皆名健,然在其中矣。天下事事物物皆有中。"发而皆中节谓之和",非是谓之和便不中也,言和则中在其中矣。中便是含喜怒哀乐在其中矣。[①]

程颐认为"中即性也"[②],"喜怒哀乐未发"说的是性之本然状态。性之未发,没有私欲,就是"中"。"乾"体便是刚健,但是表现在其他地方,不能都称为"健",但是这个"健"又在每个事物之中。天下的万事万物都有"中"。"发而皆中节谓之和",不是称为"和"就是不"中",说"和"是"中"已经在其中,"中"便是喜怒哀乐在其中。"中"之状态是人喜怒哀乐未发时的状态,发而中节就称为"和"。在这一问题上,张九成与二程的看法相似,他提出:

> 中衍天命之义,和衍修道之义。"喜怒哀乐之未发",此指言性也,故谓之中;"发而皆中节",此所谓发也,故谓之和。中指性言,故为大本;和指教言,故为达道。未发以前,戒慎、恐惧,无一毫私欲;已发之后,人伦之序,无一毫差失。此天地万物之宗也,所以言天地位于此,万物育于此。[③]

在他看来,"中"是说从天命而来的本性特征,"和"是经过修养而成的特征。"喜怒哀乐之未发",这是性之本体,性之本体为"中";性之已发如果符合节度,这就称为"和"。"中"指的是人之本性,所以称为最大的本源;"和"指的是修养,所以为公认的准则。性之未发的时候,谨慎、戒惧没有一毫的私欲;性之已发的时候,人伦的顺序,没有一毫的差失。这就是

---

① [宋]程颢、程颐:《二程集》,北京:中华书局,1981年,第180—181页。

② [宋]程颢、程颐:《二程集》,北京:中华书局,1981年,第606页。

③ [宋]张九成:《张九成集》第4册,杭州:浙江古籍出版社,2013年,第1087页。

天地万物的本源，所以说达到了中和，天地便各归其位，万物从此生长发育。

在"中"的问题上，张九成认为人的本心和本性都符合中，他提出："夫人心本中，但一陷于偏陂，则其中蔽。"①在他看来，心本来的状态就是"中"，但是受到外物影响，心的本体被遮蔽，所以才没有表现为"中"。他提出："心无所倚则中，所倚在理则为和，所倚背理则为邪矣。"②心没有倚靠的时候就是"中"，倚靠着"理"的时候就是"和"，所倚靠的违背"理"的时候就是"邪"。王阳明提出："此须自心体认出来，非言语所能喻。中只是天理。"③"中"是天理，而心能体认这个天理，"心即中"。张九成也认为"心即中"：

> 夫所谓天下、四方万里、事物之本，何物也？曰：中而已矣。盖天下，此心也；四方万里，此心也；若事若物，此心也。此心即中也。中之难识也久矣。吾将即人心以求中乎？人心，人欲也，人欲无过而不危，何足以求中？又将即道心以求中乎？道心天理也，天理至微而难见，何事而求中？曰：天理虽微而难见，惟精一者得之。精一者何也？曰：精则心专，入而不已；一则心专，致而不二。如此用心，则戒谨不睹，恐惧不闻，久而不变，天理自明，中其见矣。既得此中，则天下在此也，四方万里在此也，若事若物在此也。信而执之，以应天下、四方万里、事物之变，盖绰绰有余裕矣。④

天下、四方万里、事物之本都是"中"。天下是这个心，四方万里是这个心，万事万物也是这个心。这个心就是"中"。"中"很难认识，可以从心中寻找。人心，已发的时候会受到外界环境影响表现为人欲，人欲不超过就不会危险，那么怎么从中寻求"中"呢？可以从道心中寻找，因为道心代表着天理，所以可以从中寻求"中"。天理微妙难以见到，唯有精心、专一

---

① ［宋］张九成：《张九成集》第2册，杭州：浙江古籍出版社，2013年，第400页。

② ［宋］张九成：《张九成集》第4册，杭州：浙江古籍出版社，2013年，第1255页。

③ ［明］王守仁：《王阳明全集》，上海：上海古籍出版社，1992年，第23页。

④ ［宋］张九成：《张九成集》第1册，杭州：浙江古籍出版社，2013年，第288—289页。

的人能够得到。精心、专一是什么呢？精心那么心就专一，进入这个境界就不会停止；专一那么心就专心，就不会出现"二心"，在人看不到的地方也常警惕、谨慎，在人听不到的地方也常唯恐有失。这样一直保持下去，那么天理就会明显，"中"自然就会显现。得到了这个"中"，那么天下、四方万里、万事万物都在这。王阳明与张九成是相同的观点，他提出："须是平时好色、好利、好名等项一应私心扫除荡涤，无复纤毫留滞，而此心全体廓然，纯是天理，方可谓之喜怒哀乐未发之中。"①心中没有私欲，只有天理，才是"中"。他认为："人性皆善，中和是人人原有的，岂可谓无？但常人之心既有所昏蔽，则其本体虽亦时时发见，终是暂明暂灭，非其全体大用矣。"②他认为"心即理"，人的本心和本性都是善的，"中和"是人人本有的，只要去除遮蔽就可以恢复本心、本性的至善。

张九成从"心即理"与"心即性"出发，认为心之本体和性之本体都为中。张九成是从"心"的角度出发论述"中"，胡宏与张九成是从"性即理"的角度出发论述"中"。胡宏认为："中者，道之体；和者，道之用。"③他从"道"的角度出发，论述"中"与"和"，"中"是"道之体"，"和"是"道之用"。他从体用的角度形容"中"与"和"，这与二程和张九成没有太大的差别。"中"是对"性"的形容，"中者，性之道乎！"④胡宏认为"性"为万物的本体，而"中"为"性之道"。朱熹从"性即理"出发，认为性之本体为"中"，心之本体不为"中"，因为"心统性情"，"情"不为"中"，所以心不为"中"。朱熹认为"喜、怒、哀、乐，情也。其未发，则性也，无所偏倚，故谓之中。发皆中节，情之正也，无所乖戾，故谓之和"⑤。喜怒哀乐属于"情"，"情"不能称为"中"，"发而中节"称为"和"。他提出："喜怒哀乐未发便是性，既发便是情。"⑥

---

①　[明]王守仁：《王阳明全集》，上海：上海古籍出版社，1992年，第23页。

②　[明]王守仁：《王阳明全集》，上海：上海古籍出版社，1992年，第23页。

③　[宋]胡宏：《胡宏集》，北京：中华书局，1987年，第14页。

④　[宋]胡宏：《胡宏集》，北京：中华书局，1987年，第1页。

⑤　[宋]朱熹：《四书章句集注》，北京：中华书局，1983年，第18页。

⑥　[宋]黎靖德编，王星贤点校：《朱子语类》第7册，北京：中华书局，1986年，第2583页。

二、时中即和

程颐认为"性之未发"是"中","性之已发"是"和",没有"未发之中"和"已发之中"的说法。未发之时心性合一就是"中",已发之时心、性、情一致是"和"。未发之时,是心之体,心之体为"中"。已发之时,是心之用,心之用符合节度是"和"。他提出:"或曰:'有未发之中,有既发之中。'曰:非也。既发时,便是和矣。发而中节,固是得中,时中之类。只为将中和来分说,便是和也。"①已发之时的"中"是"时中","时中"为"和"。对于"时中",他提出:

> 季明问:"'君子时中',莫是随时否?"曰:是也。中字最难识,须是默识心通。且试言一厅则中央为中,一家则厅中非中而堂为中,言一国则堂非中而国之中为中,推此类可见矣。且如初寒时,则薄裘为中;如在盛寒而用初寒之裘,则非中也。更如三过其门不入,在禹、稷之世为中,若居陋巷,则不中矣。居陋巷,在颜子之时为中,若三过其门不入,则非中也。②

"时中"就是要合乎时宜并且随时变通。不能固执于一个"中","中"要随着实际情况而变。从一个厅来看,那么厅的中央就是"中",从一个家来看,那么厅中的中央就不是"中",堂才是"中",从一个国家来看,那么堂就不是"中",而国家的中央为"中"。"中"会随着情况的不同而随之改变。就像刚开始冷的时候,那么薄裘为"中";在极寒的时候用初寒的裘衣就不是"中"了。就像禹和颜子都是圣贤,但是他们的境遇不同,颜子之时,如果像大禹一样三过家门而不入就不是"中",在大禹之时,居住在陋巷也不是"中"。只有在颜子之时居陋巷才是"中",在大禹之时三过家门而不入才是"中"。"中"就是要符合所处环境下的评判标准,这个标准会因时

---

① ［宋］程颢、程颐:《二程集》,北京:中华书局,1981年,第 201 页。

② ［宋］程颢、程颐:《二程集》,北京:中华书局,1981年,第 214 页。

而变。

在"中"与"和"的问题上,张九成赞同程颐的观点。"中"和"和"是心的不同时候的状态,不能把"中"与"和"混为一谈,"中"是自天而来,"和"是自"中"而来,是这样的一个体系和过程。他提出:

> 然而喜怒哀乐已发之后,则谓之和。和何自而来哉?自中而已矣。中既为和,则不得谓之中矣。不谓之中,而谓之和,似于潜养之功为弗著也,故谓之时中,以言和自中来也。时中即和也。盖中不可执一也,以时而已矣,如时可以仕则仕为中,时可以止则止为中,可以速、可以久,皆以时而为中。中不可执一也如此。且合天下而论之,则洛为中;自燕而望洛,则燕自有中也,而洛为偏矣;自越而望洛,则越自有中也,而洛亦为偏矣。故处天下时,则当以洛为中,至于处燕、越之地,各中其所谓中可也,岂可以执一哉?此所以谓之时中也。[①]

"中"并不是固执一处保持不变,君子要懂得"时中","时中"的意思是要合乎时宜并且懂得随时变通。"和"自"中"而来,"中"形容的是性之本体的状态,已发之"和"符合"中"的原则的叫作"时中"。"中"不能执着于一处,要随时而变,比如可以入仕的时候就入仕,可以停止的时候就停止,可以快、可以长久。从天下的角度看,河洛为中;从燕国来看,那么燕国也有中心,而河洛为偏;从越国看河洛,那么越国也有中心,河洛为偏。从天下的角度看,那么应当以河洛为中,在燕国和越国之中,又有各自的中心,这不能固执于一处,这就是所谓的"时中"。

三、人心合于中道

孟子曰:"孔子'不得中道而与之,必也狂狷乎!狂者进取,狷者有所不为也'。孔子岂不欲中道哉?不可必得,故思其次也。"[②]这里的"中

---

① [宋]张九成:《张九成集》第4册,杭州:浙江古籍出版社,2013年,第1088页。
② [清]焦循:《孟子正义》,北京:中华书局,2018年,第1026页。

道",是对于人的言行而言,指人的言行举止合乎中庸之道,恰到好处,无过无不及。《中庸》指出:"诚者不勉而中,不思而得,从容中道,圣人也。"①这是将"中道"推尊为圣人的境界,也就是人生所可能达到的至上境界。

在"中道"的问题上,张九成认为"中道"人人都具有,他提出:"汝人人自有中道,今所见偏颇,中道掩没。倘如我训,各求长久,则中道自见,惟理是趋,是设中于心之义也。"②"中道"其实就是按照"义"的原则行事。二程提出:"一物不该,非中也;一事不为,非中也;一息不存,非中也。何哉?为其偏而已矣。故曰:'道也者,不可须臾离也,可离非道也。'修此道者,'戒慎乎其所不睹,恐惧乎其所不闻'而已。"③二程认为"中"就是任何事情都要符合"道"的标准,"道"是要符合道德的要求,也就是要符合"义"的原则。想要做到"中"就要时刻都符合"道"的原则,在没有人看见的地方要谨慎,在没有人听见的地方要有所戒惧。程颐认为"圣人与理为一,故无过,无不及,中而已矣"④。张九成与二程的观点一致,想要寻求"中"就要"惟一意戒慎、恐惧,以养喜怒哀乐未发以前之理,此善求中之道也"⑤。"夫戒慎不睹,恐惧不闻,此养中之法也。"⑥"求中"就是要恢复心中之理。他提出:

> 盖人之心本自明澈,万里森然。惟舍此以合浮议,则此心陷于浮议中,而颠沛错乱,不可复反,傥分其心,而不为浮议所摇,则能从吾迁居之长计,而吾之中道见矣。夫人心本中,但一陷于偏陂,则其中蔽。且迷东西者看斗柄,逃空虚者喜足音。世皆偏陂,傥非贤君为之指南,则中道何由而见?今臣民能听盘庚之言,则心安平中道

① [宋]朱熹:《四书章句集注》,北京:中华书局,1983年,第31页。
② [宋]张九成:《张九成集》第1册,杭州:浙江古籍出版社,2013年,第92页。
③ [宋]程颢、程颐:《二程集》,北京:中华书局,1981年,第75页。
④ [宋]程颢、程颐:《二程集》,北京:中华书局,1981年,第307页。
⑤ [宋]张九成:《张九成集》第4册,杭州:浙江古籍出版社,2013年,第1086页。
⑥ [宋]张九成:《张九成集》第4册,杭州:浙江古籍出版社,2013年,第1089页。

见矣。①

张九成认为心本来就符合"中",但是受到外界事物的影响,不能返回其本心,这时候就不为"中"。只要不为外界事物影响,那么"中道"自然会显现。他提出:"自精一而往则中道见,自恭默而往则上帝见。中即上帝也。精一深于恭默,故上帝在我而为中;恭默未至于精一,故中在彼而为上帝。"②从"精一"出发,这里的"精一"指的是道德修养的精粹、纯一,那么就可以见到"中道",从"恭默"出发,也就是从庄敬而沉静寡言出发,那么就可以见到"上帝"。"中"就是"上帝","精一"的境界高于"恭默"的境界,所以"上帝"在我这里就为"中";"恭默"没有达到"精一",那么"中"就是"上帝"。

"中道"不仅体现在个人的修养上,还体现在社会治理上。君主要恪守"中道",用"中道"处理社会事务。"中道"是一种社会治理的原则和法则,也是一种德性的要求。他提出:

> 又曰:君执此中也,故可爱而不可远;民具此中也,故可畏而不可忽。是君与民皆有此中者也。民非君之中,其何以依倚?故曰"众非元后何戴";君非民之中,其谁与保守?故曰:"后非众罔与守邦。"是中之所在,无适而不宜也。③

这里的"中"其实是"正"的意思,君主用公正的方法处理社会事务,言行不偏不倚,社会自然治理。君主用"中正之道"处理社会事务,那么民众就要爱戴君主,不可以远离君主;民众具备这个"中",君主就要敬畏他们不可以忽视。君和民都有这个"中"。如果民众不处于君主的"中",何处可以倚靠呢?所以说:"民众没有大君,他们又爱戴谁呢?"君主没有民众的"中",又有人跟他一起守邦呢?所以说"大君没有民众,就无人跟他守邦"。这就是"中"之所在,可以适用于任何地方。君民都要遵守"中道"。

---

① [宋]张九成:《张九成集》第2册,杭州:浙江古籍出版社,2013年,第400页。

② [宋]张九成:《张九成集》第2册,杭州:浙江古籍出版社,2013年,第407页。

③ [宋]张九成:《张九成集》第1册,杭州:浙江古籍出版社,2013年,第288—289页。

张九成认为治国要做到"中",做到"中"就需要明确原则,然后按照这个原则处事。他提出:

> 中德出而治民,则为三德,人君于三德其用处在治民而已。义,治也。遇强弗友则刚克为中,遇燮友则柔克为中,遇平康则正直为中,故随所遇而用三德治之。世皆以无过、不及为中,而不知过亦有中,不及亦有中。①

这段话是对《尚书·洪范》"次五曰建用皇极,次六曰义用三德"②这段话是武王在向箕子询问治国的方法,箕子说第五是建立最高法则,第六是治理使用三种品德的人。这里的"三德":一是正直;二是过于刚强;三是过于柔弱。这里的"中德"就是使"三德"都符合"中"的标准,从"中德"出发治理民众,这样就是"三德",君主用"三德"治理民众。遇到强不可亲就是刚克为中,遇到和顺可亲就是柔克为中,遇到中正和平,就是正直为中,所以说随着遇到的事务不同然后用"三德"来治理。世人都以不超过,没有不如为"中",然而却不知道超过也有"中",不如也有"中"。张九成主要是从心性本善的角度出发论述"中",认为心和性处于本然状态之时就是"中"。"性之未发"为"中","性之已发"符合节度就为"和","发而中节"是"时中"。在社会事务上,他提出君主要用"中道"进行社会治理,这样整个世界才会有序地运行。

第五节　格物即格心

"格物"最早出现在《礼记·大学》中,"致知在格物"③。"格心"最早

---

① ［宋］张九成:《张九成集》第 2 册,杭州:浙江古籍出版社,2013 年,第 466 页。
② ［宋］张九成:《张九成集》第 2 册,杭州:浙江古籍出版社,2013 年,第 465 页。
③ ［宋］朱熹:《四书章句集注》,北京:中华书局,1983 年,第 3 页。

出现在《礼记·缁衣》中,"夫民教之以德,齐之以礼,则民有格心。教之以政,齐之以刑,则民有遁心"①。朱熹认为"格物"的"格"为"至"的意思,"格,至也"②。孙希旦认为"格心"的"格"也为"至"的意思,"格,至也,谓至于善也。遁,逃也,谓苟逃刑罚而已"③。显然,孙希旦对于"格"的解释受到朱熹的影响。"格物"推究事物的道理,探究万物的规律。"格心"是把心回归到正的状态。在"格物"与"格心"的关系上,张九成认为"格物"就是"格心"。他认为"心即理",所以想要获得"理",只需内求即可,不需要向外寻找。理学认为"格物"为外向的功夫,心学认为"格物"为内向的功夫。

一、格于上帝

在"格"的问题上,张九成对"格于皇天""格于上帝"都有所论述。这里的"格"是感通的意思,而天和帝是一个意思,都是天的意思,"格于皇天""格于上帝"就是感通于上天。"夫所谓'格于皇天'者,其意以为成汤无一毫人欲,凡立政造事、建法制度,皆天理之自然者,是移皇天之治于人间也。"④这里提到"格于皇天"是说天人合一,天人可以相互感通,所以君主要按照天理的原则处理社会事务,这是在为王道的合理性进行论证,为王道寻找天道的支持。

二程、胡宏、朱熹、陆九渊、王阳明都没有对"格于皇天""格于上帝"进行过论述。张九成对于"格于皇天""格于上帝"的论述有其独特性。他非常重视天、帝,在论述"格"之时,他首先是从天、帝出发,希望得到本体论的支持。他提出:

> 伊尹在太甲时,伊陟、臣扈在太戊时,皆能格于上帝。夫天、帝一

---

① [清]孙希旦:《礼记集解》,北京:中华书局,1989年,第1323页。

② [宋]朱熹:《四书章句集注》,北京:中华书局,1983年,第4页。

③ [清]孙希旦:《礼记集解》,北京:中华书局,1989年,第1323页。

④ [宋]张九成:《张九成集》第2册,杭州:浙江古籍出版社,2013年,第418页。

也，而周公于汤时言"格于皇天"，于太甲、太戊时言"格于上帝"，何也？盖上帝则秉祸福之权，而作善者降之百祥矣；天则日月星辰是也。"格于皇天"，则日月合璧，五星连珠，甘露降，醴泉涌，山出器车，河出马图，凤凰、麒麟皆在郊陬、朝廷，盖可知也；"格于上帝"，则虑而有获，动而有成，子孙千亿，四夷来王矣。其心之体无丝毫之欺，是格于皇天也；其心之用无丝毫之欺，是格于上帝也。又曰：夫乂王家者，治人事也。伊陟告于巫咸，巫咸修人事以应桑谷之变。桑谷既消，则人事修之力也；人事修，则治与上帝之心同矣。上帝秉祸福之权以驭万物，人主秉祸福之权以驭万民，其理一也。人事不治，则有桑谷之妖；人事既治，则格于上帝。是则人主代天，无求合于天也，第修吾人之事而已矣。又曰巫贤之于祖乙，甘盘之于高宗，亦用格于皇天、上帝与夫乂王家之道也。然则，商家所以得天命者，以此数贤辅弼之力也。[①]

伊尹在太甲时，伊陟、臣扈在太戊时，都能感通于"上帝"。天、帝是一个，周公在汤的时候说"格于皇天"，在太甲、太戊时说"格于上帝"，这是因为"上帝"执掌祸福，为善的人就让他各种吉利；天是日月星辰。"格于皇天"，那么就会有各种代表祥瑞的自然现象出现。"格于上帝"，那么思虑就有收获，行动就有成就，子孙千亿，四夷来拜。"格于皇天"，是"心之体"没有丝毫的欺瞒；"格于上帝"，是"心之用"没有丝毫的欺瞒。巫咸帮助商王治理国家，是治理人事。伊陟告于巫咸，巫咸修人事以应不祥之变。灾祸已经消失，是修人事的功劳；人事修，那么社会治理就是与"上帝"同心。"上帝"具有执掌祸福的权利用来驾驭万物，人主具有执掌祸福的权利用来驾驭万民，这是一样的道理。人事不能治理，就会有不祥的妖异产生。人事已经治理得很好，就是"格于上帝"，在他看来君主是代替天治理社会，不需要寻求与天相合，只需要治理好人事即可。人事已经治理好，就是符合天的旨意。巫贤对于祖乙、甘盘对于高宗，都是用的"格于皇天"

---

① ［宋］张九成：《张九成集》第 2 册，杭州：浙江古籍出版社，2013 年，第 573 页。

"格于上帝"与治理国家的道理。商能得天命,就是因为这些道理。

在张九成看来,天人是一体的关系,而天是一切事物的本源,所以人在社会上生存,就需要天的认可。"格于皇天""格于上帝"就是感通天、帝,能够感通天、帝,那么就是获得了天、帝的认可,王道统治就具有了合法性与合理性,具有了终极依据。他希望运用"格"之工夫,沟通天道与人道,最终维护君主统治。

二、格物即穷心之理

"格物"是理学中非常重要的功夫,在"格物"的问题上,程颐提出:"格,至也,言穷至物理也。"①"格"是"至"的意思,"格物"是穷尽事物之理的意思。程颐提出:"今人欲致知,须要格物。物不必谓事物然后谓之物也,自一身之中,至万物之理,但理会得多,相次自然豁然有觉处。"②"物"不仅是客观存在的外物,还包括主观存在之物。在格物是外物还是性中物之时,他提出:"不拘。凡眼前无非是物,物物皆有理。如火之所以热,水之所以寒,至于君臣父子间皆是理。"③伦理方面就是主观事物,心中的思虑也是主观存在的事物。在如何格物的问题上,程颐提出:"但立诚意去格物,其迟速却在人明暗也。明者格物速;暗者,格物迟。"④"格物"的时间,取决于人自身的能力。明察之人"格物"就迅速,不能明察的人"格物"就慢。在这一点上,杨时与程颐有所不同,他提出:"明善在致知,致知在格物。号物之多至于万,则物盖有不可胜穷者。反身而诚,则举天下之物在我矣。"⑤杨时认为外界事物纷繁复杂,不可能穷尽,所以"格物"只需要反身而诚即可。

---

① [宋]程颢、程颐:《二程集》,北京:中华书局,1981年,第277页。

② [宋]程颢、程颐:《二程集》,北京:中华书局,1981年,第181页。

③ [宋]程颢、程颐:《二程集》,北京:中华书局,1981年,第247页。

④ [宋]程颢、程颐:《二程集》,北京:中华书局,1981年,第277页。

⑤ [宋]杨时:《杨时集》,北京:中华书局,1993年,第494页。

张九成是杨时的弟子，在对于"格物"的认识上，他结合了程颐和杨时的观点。他继承了程颐"格物穷理"的思想和杨时反身而诚的观点，提出："夫学者，以格物为先。格物者，穷理之谓也。穷一心之理，以通天下之理；穷一事之理，以通万事之理。"[①]"格物"就是"穷理"，但是这里的"穷理"不是穷究外在事物的道理，而是穷究心中所蕴含的道理。他提出：

> 格物者，穷理之谓也。天下之理，无一之不穷，则几微之生，无不极其所至矣，故曰："物格而后知至，知至而后诚，意诚而后心正，心正而后身修，身修而后家齐，家齐而后国治，国治而后天下平。"傥知格物之学，则可以知圣人之心；知圣人之心，则知圣人之笔、削；知圣人之笔、削，则虽生乎千百载之下，一读《春秋》，乃如历邹、鲁之国，登洙泗之堂，亲见吾夫子之威仪，亲闻吾夫子之謦欬，亲传吾夫子之心法。既得其心，则饮食寝处，洒扫应对，无非吾夫子之运用。[②]

"格物"是修养功夫的第一步，只有通过"格物"明白事物存在的道理，才能达到"物格"，才能"知至""意诚""心正""身修""家齐""国治""天下平"。明白了"格物之学"，那么就是明白了"圣人之心"，也就是知道了圣人对《春秋》的删改、订正的用意；知道了"圣人之心"，那么虽然与圣人所生活的时间相隔甚远，但是读到《春秋》，就像亲身经历了圣人所经历的事情，这就是得到了"圣人之心"，所以从这里出发，那么一切行为都符合圣人的要求。"格物"就是"穷理"，这里的"穷理"是穷尽心中之理的意思，对此，他具体地进行了论述：

> 使天下之理一物不穷，则理有所蔽。理有所蔽，则足以乱吾之智。思惟无物不格，则无理不穷。无理不穷，则内而一念，外而万事，知其始，知其终，知其利害，知其久近，是以念动于中，事形于外，微而未著，兆而未彰，吾已知之矣。知之，则或用或舍，在我而已，故曰"物

---

① ［宋］张九成：《张九成集》第1册，杭州：浙江古籍出版社，2013年，第189页。

② ［宋］张九成：《张九成集》第1册，杭州：浙江古籍出版社，2013年，第155页。

格而后知至"。①

天下有一物之理没有穷尽，那么就是有"理"被遮蔽。"理"被遮蔽就影响我的智慧。只有认识到了事物之理，这样自己行事的时候就知道如何处事。认识到了事物存在的道理，那么处事都是在我。那么我的心和意也都是从"理"出发，也就没有不符合"理"的。张九成认为"格物"所要穷尽的不仅是客观事物所存在的道理，还包括个人念头的根源，只有明白事物的根源，才能明白事物的终极道理。他提出：

> 一念之微，万事之众，万物之多，皆理也。惟深造者，自天下之本，溯流沿叶，进进不已，而造极于格物。是故于一念之微，一事之间，一物之上，无不原其始而究其终，察其微而验其著，通其一而行其万，则又收万以归一，又旋著以观微，又考终而要始，往来不穷，运用不已，此深造之学也。夫如是，则心即理，理即心，内而一念，外而万事，微而万物，皆会归在此，出入在此，非师友所传，非口耳所及，非见闻所到，当几自见，随事自明，岂他人能知哉？②

无论是心中的意念，还是客观的万事万物，都存在"理"。只有学问精深的人才知道这一点。我们要探究并穷尽客观事物和主观事物背后存在的根本之理，这样才是"格物"。"格物"就是不停地学习，并运用学习的道理处理事务，真正地融会贯通，达到心与理一的境界。只有这样才是本心与天理合一，本心中充满天理，天理都在本心中。天理都在心中，那么就是性善。他提出："格物致知之学，内而一念，外而万事，无不穷其终始。穷而又穷，以至于极尽之地，人欲都尽，一旦廓然，则性善昭昭，无可疑矣。"③"格物"的最终结果就是"穷天理，灭人欲"，这样就恢复到心性的本然状态，就是性善。

---

① ［宋］张九成：《张九成集》第 3 册，杭州：浙江古籍出版社，2013 年，第 882—883 页。

② ［宋］张九成：《张九成集》第 3 册，杭州：浙江古籍出版社，2013 年，第 943 页。

③ ［宋］张九成：《张九成集》第 4 册，杭州：浙江古籍出版社，2013 年，第 1120 页。

　　朱熹认为："格，至也。物，犹事也。穷至事物之理，欲其极处无不到也。"①朱熹训"格"为"至"，则格物即至物，意为"穷至事物之理"，即物穷其理。格物穷理，既是求知的根本方法，也是明善的重要途径。朱熹强调格物的目的是最终能认识宇宙的普遍之理。朱熹认为："格物，即心格也。"②他的"格物"不是"格心"，而是"心格"。朱熹认为"格物""致知"是一事，他提出："致知、格物，只是一事，非是今日格物，明日又致知。格物，以理言也；致知，以心言也。"③"格物"是从"理"上说，"致知"是从心上说，"致知"就是"心格"的意思。"致知，是自我而言；格物，是就物而言。"④朱熹认为"格物"就是今日格一物明日格一物，积习甚多就会豁然贯通。朱熹提出："今说格物，且只得一件两件格将去，及久多后，自然贯通信得。"⑤张九成的"穷理"是"反身而诚"，是"万物皆备于我"，不需要量变引起质变，是直接质变的过程。朱熹的"穷理"是一个渐进的过程，是一个不断积累的功夫，是量变引发质变的过程。张九成认为心为万物的本源，心中具备万物之理。朱熹认为"理"是客观的，心中所存的"理"不是终极之"理"。

　　在"格物"的问题上，陆九渊认为"心即理"，"格物"只需要"格心"。"伯敏云：'如何样格物？'先生云：'研究物理。'伯敏云：'天下万物不胜其繁，如何尽研究得？'先生云：'万物皆备于我，只要明理。'"⑥心中存在万事万物之理，所以想要穷究万物之理，只需要向心中寻求即可。

　　在"格物"的问题上，王阳明认为："格者，正也，正其不正以归于正之谓也。正其不正者，去恶之谓也。归于正者，为善之谓也。"⑦"格"是"正"的意思，这里的"正"是"正心"，使心归于"正"。人的本心本善，本来就存

①　[宋]朱熹：《四书章句集注》，北京：中华书局，1983年，第4页。
②　[宋]黎靖德编，王星贤点校：《朱子语类》第1册，北京：中华书局，1986年，第202页。
③　[宋]黎靖德编，王星贤点校：《朱子语类》第1册，北京：中华书局，1986年，第292页。
④　[宋]黎靖德编，王星贤点校：《朱子语类》第1册，北京：中华书局，1986年，第292页。
⑤　[宋]黎靖德编，王星贤点校：《朱子语类》第7册，北京：中华书局，1986年，第2622页。
⑥　[宋]陆九渊：《陆九渊集》，北京：中华书局，1980年，第440页。
⑦　[明]王守仁：《王阳明全集》，上海：上海古籍出版社，1992年，第972页。

在先天的良知，"格"就是恢复本然之善的意思。"格物"就是返回本体之善的过程，他提出："格物，如《孟子》'大人格君心'之'格'，是去其心之不正，以全其本体之正。但意念所在，即要去其不正以全其正，即无时无处不是存天理，即是穷理。"①"格物"就是去人欲存天理的过程，无处不格，无处不善。王阳明提出："格物者，格其心之物也，格其意之物也，格其知之物也。"②"格物"所"格"的是"心""意""知"。阳明对"格物"与"格心"的诠释存在一个转变的过程，龙场悟道之前，他坚持的是朱熹的"格物"说，龙场悟道之后，开始转变为"格心"，就是"格"的不是外物而是心中之理。他从对外在事物的探求开始转向对内在之心的探索。心学都认为"格"的对象是"心"，他们都认为通过"格"的功夫来"正心"，最终回到心的本然的状态。

张九成的"格物"是穷究事物背后所存在的道理，而这个道理存在于我的"心"中，所以只需要"反身而诚"，那么就会"万物皆备于我"。不需要一件件地去"格"外物，只需要"格心"即可，体认到自己的本心，那么也就是达到了修养功夫所要达到的境界，"格"的最终目的也就达到了。张九成认为"一心之理""一事之理"是与"天下之理""万事之理"相通的，所以穷尽本心之理就可以达到穷尽事物之理，最终"万物之理"与心中之理为一，最终达到"明善"，实现"平天下"的理想境界。"格物"就是"当格物以为国家天下用"③。"格物，则能穷尽天下之理。人伦之理，惟格物者能识之。识者，明也。惟能识之，则能用之以为天下、国家。"④"格物"的最终目的是服务社会，真正地学有所用，应用于社会实践之中。张九成、陆九渊、王阳明属于心学，他们都认为"格物即格心"。二程和朱熹属于理学，他们都认为"格物"不仅要"格心"，还要"格"外物。理学和心学对于"格"的分歧在于"格"的对象不同，理学是客观和主观事物都有，心学是主观事

① [明]王守仁：《王阳明全集》，上海：上海古籍出版社，1992年，第6页。

② [明]王守仁：《王阳明全集》，上海：上海古籍出版社，1992年，第76页。

③ [宋]张九成：《张九成集》第1册，杭州：浙江古籍出版社，2013年，第187页。

④ [宋]张九成：《张九成集》第1册，杭州：浙江古籍出版社，2013年，第160页。

物。理学与心学"格物"工夫论上的不同,是心物二元论与心物一体论的区别。张九成和朱熹都主张通过"格物"的功夫,达到"心即理",但是他们对于"格物"的认识不同,张九成主要想通过"格物"达到对于心的认识,朱熹主要是想通过"格物"最终达到对于理的认识。

三、格其非心

程颐认为"非心"不应该存在,他提出:"夫政事之失,用人之非,知者能更之,直者能谏之。然非心存焉,则一事之失,救而正之,后之失者,将不胜救矣。格其非心,使无不正,非大人其孰能之。"[1]在政事上的过失,用人上有错误,那么有智慧的人能够更正,耿直的人能劝谏。虽然可以改正错误的事情,但是如果"非心"一直存在,那么还会有错误的事情发生,这是因为"非心"是一切错误事情的源头,没有控制住源头,那么错误的事情肯定会一直发生。只有"格其非心",使"心正",那么所有的事情才会走上正轨。而"大人"可以"格其非心",这里的"大人"就是孟子所说的"大人"的意思,孟子提出:"有大人者,正己而物正者也。"[2]在"大人"的帮助下就可以"正己",还可以"正物"。

张九成认为心本来是正的,但是会受到外界事物的影响产生"非心","格心"所要"格"的"非"是心中的私心、邪念。他提出:

> 此高宗非心也,虽未见之行事,而傅说已知之矣,此所以于未形之先而箴刺焉。昔扁鹊之见威侯,知病在腠理;医和之见秦伯,知病在膏肓。夫在腠理则可治,在膏肓则已矣。高宗四病已在腠理,此所以勤勤恳恳为高宗科别而言之。人固各有短处,此高宗之短也。先事而言,格人主之非心,亦如治病。使不知非心之本,而每事进戒,则亦劳矣。傅说知高宗之病发见于此四处,故每事而进戒之,且曰:"戒

---

① [宋]程颢、程颐:《二程集》,北京:中华书局,1981年,第390页。

② [清]焦循:《孟子正义》,北京:中华书局,2018年,第904页。

此四病，信说此言，则静见四病之源而了然无障，无所往而不美矣。"①

高宗在梦中得到一个贤相，他的名字叫"说"。群臣之内没有此人，他便让百官依据他所梦之处寻找，在傅岩寻找到说，写下《说命》三篇。这是因为高宗的"非心"已经被傅说知晓了，所以才在他的"非心"没有生起之前降下了《说命》三篇，给予其指导。这就像扁鹊见蔡桓公，知道病在皮肤；医和见到秦伯，就知道晋侯已经病入膏肓无药可治。病在皮肤还可能医治得好，在膏肓就不能医治。高宗的"非心"是在"腠理"，所以只要勤恳就可以。每个人都有自己的缺点，这就是高宗的缺点。从具体的事情上，"格"人主的"非心"，使其"格而正之"，这就像是治病。不知道"非心"的本源，在每件事情上都警戒，这是徒增辛劳。傅说就是知道了高宗"非心"的本源，才从这些出发，告诫他。这就是"大抵非心之起，绝之于微则易为力，禁之于著则难为功，此君子所以慎其独也"②，从"非心"刚要生起就掐灭，在源头上杜绝这一问题，这时候就简单一些，当"非心"已经很明显的时候再去除就很难，这就是君子要"慎独"的原因。"非心"刚产生的时候不会轻易地被发现，所以需要"慎独"，闲居独处无人监督之时，更须谨慎从事，自觉遵守各种道德准则，不断反思自己的行为。

他认为："傥君有愿治之心，吾则探其非心所在，格而正之。心术一正，小人逐矣，政事明矣。"③君主只要有愿意治理好社会的这个心，那么臣下就要寻找君主"非心"之所在，然后"格而正之"，这样就没有"非心"，就能回归心之本体，也就是善的状态。心正那么所有行为都正，小人就会被驱逐，政事就明白。他提出：

夫惟大人内明外映，见君心之非在于何处，吾从而格之。一格之下，非心消散，心之本体见矣。心之本体，居则为仁，由则为义，用则

① ［宋］张九成：《张九成集》第2册，杭州：浙江古籍出版社，2013年，第410页。
② ［宋］张九成：《张九成集》第2册，杭州：浙江古籍出版社，2013年，第544页。
③ ［宋］张九成：《张九成集》第3册，杭州：浙江古籍出版社，2013年，第859页。

为正。君有此心，天下亦有此心。君举本心之仁以示天下，则天下本心随所举而皆仁；君又举本心之义以示天下，则天下本心随所举而皆义；君又举本心之正以示天下，则天下本心随所举而皆正。秉本执要，不俟岁月，不烦教告，一息之间，天下丕变。前日小人皆变为贤人君子，前日乱政皆变为良法美意，何其迅速如此乎？夫大人格君心之非，犹善医者之治病也，在表则汗，在里则下，虚则补之，实则泻之。①

只有"大人"能做到内心明白外面也显现，看到君主的"非心"所在，然后"格之"，这里的"格"是"正"的意思，也就是要"正心"，这样"非心"就消散，心之本体也就显现出来。心之本体，用心于仁爱，行事循义理，运用就为正义。君主有这个心，天下之人也都有这个心。君主把本心的这个"仁"显示给天下之人看，那么天下之人的本心也随着君主的行动都为"仁"；君主把本心的"义"给天下人看，那么天下之人的本心随着君主的行动也都为"义"；君主又把本心的"正"给天下之人看，那么天下之人的本心都随着君主的行动而都为"正"。抓住要害和根本，不需要再麻烦地教育、告诫，那么天下的风气很快会改变。前天为"小人"今天就都能成为贤人君子，前天是乱政今天就都变为良法美意。这是因为"大人格君心之非"的缘故，这就像医者治病，"大人"在医治君主的病。

在"格其非心"的问题上，朱熹与张九成的思想并没有什么不同，他提出："窃以为天之所以命我者，此性之善也。人惟蔽于非心邪念，是以善端之在人心，日以湮微。君子傥能遏止非心邪念于未萌，则善端始自发扬，而天之所以命我者，始无所不顺。"②人之性善，而性善来源于天命。人的本性之善被遮蔽，才会有非心邪念。如果能遏制非心邪念的产生，那么性之善自然会表现出来，那么就是顺应了"天命之性"。在社会事务的处理上，君主也会有"非心"产生，这时就要去除君主的"非心"。他认为："事君

---

① ［宋］张九成：《张九成集》第 3 册，杭州：浙江古籍出版社，2013 年，第 908—909 页。
② ［宋］黎靖德编，王星贤点校：《朱子语类》第 5 册，北京：中华书局，1986 年，第 1766 页。

则能格其非心。不至于以讦为直,格君心之非者,大人之事。"①臣民就是要负责革除君主的非心,不能把奸邪之人称为忠直之人,"格君心之非"是大人所要做的事。他又提出:"孟子曰:'惟大人为能格君心之非。'而穆王命伯冏以绳愆纠谬,格其非心,则不必大人也。前贤如董仲舒之流非一人,皆能使其君愧畏而不敢为非,是亦格其非心也。"②孟子认为"格君心之非"是大人所要做的事,而董仲舒也做到了这一点,所以这件事也不是只有大人能做到。只要怀有忠直之心,看到君主的不当之处就勇敢地对其进行指正,这也是"格君心之非"。

"非心"还包括"利心",在"利心"的问题上,程颐提出:"不独财利之利,凡有利心,便不可。如作一事,须防自家稳便处,皆利心也。圣人以义为利,义安处便为利。"③"利心"是做事情的时候,出于利欲之心。从自身利益出发,不考虑给其他人造成的危害,就是"利心"。圣人是把道义作为利益,道义所在的地方就符合自身的利益。在"利心"的问题上,张九成认为"利心"不应该生起,"利心"是影响社会混乱的因素,他提出:

> 孟子直指其利心而格去之,曰"王何必曰'利'",使其平昔措心积虑、邪欲颠倒处一切破散,乃径示之曰:"亦有仁义而已矣。"其几岂不敏哉?……孰为利?若曰:彼地可取,彼兵可杀,吾之所以固其围而彼不得安者此术也,彼之所以为此谋而吾不可不报者此术也。其意大抵欲覆人之宗社而大我之国家,欲杀人之生齿而壮吾之兵势。……顾惠王利心既深,而辅之者又众,为之说者又多,则一语之下,虽足以格其利心于俄顷之间,而念虑、献替与夫恐喝揰阖之所以贼其心者,恐未易扫除也。孟子于是力排而深救之,曰:"王曰'何以利吾国'",此论一唱,则大夫效之,必曰"何以利吾家",士、庶人效之,必曰

---

① [宋]朱熹撰,朱杰人、严佐之、刘永翔主编:《朱子全书》第22册,上海:上海古籍出版社;合肥:安徽教育出版社,2002年,第1779页。

② [宋]朱熹撰,朱杰人、严佐之、刘永翔主编:《朱子全书》第22册,上海:上海古籍出版社;合肥:安徽教育出版社,2002年,第1779页。

③ [宋]程颢、程颐:《二程集》,北京:中华书局,1981年,第173页。

"何以利吾"身,上下唯利是趋,而不闻仁义。利门一开,祸其可胜言哉？利吾国之说不已,必至于弑万乘之国如夷羿,犹未足以逞其欲也；利吾家之说不已,必至于弑千乘之君如齐崔子,犹未足以逞其欲也；利吾身之说不已,必至于如陈胜奋臂一呼以灭秦宗社,犹未足以逞其欲也。呜呼！千乘之家取足于万乘之国,百乘之家取足于千乘之国,亦不为不多矣,何苦至于弑君而犯天下之大恶名哉？苟为后义而先利,不篡夺则其心无从餍足,此理之自然也。……夫利心既生,虽世子至于弑其君,如楚商人者,如蔡般者,遗亲后君乃至于此。若利心不见,仁心自生,仁心之中,事亲而已矣；义心自生,义心之中,事君而已矣。[①]

孟子所处的社会,战乱频繁,这些都是由"利心"导致。张九成也认为君主不应该从"利"的角度出发思考问题,而应该从"仁"的角度出发思考问题。孟子主张"格其利心",君主不应该只想着个人的利益,这样社会就会混乱。张九成赞同这一观点。在张九成看来,"利"是占领别人的土地壮大我的国家,杀掉别人的人口壮大我的兵力。孟子认为不应当从"利"的角度出发思考和处理事务,如果王只会说怎样才有利于我的国家呢？那么大夫也会说怎样才有利于我的封地呢？那一般士子和老百姓也会说怎样才有利于我自己呢？国家的上下都互相追逐私利,听不到仁义。从利益的角度出发,那么就会带来严重的灾祸。"利吾国"之说不停止,那么必然产生像夷羿这种弑杀万乘之国君主的人,这样还不能实现其欲望。"利吾家"之说不能停止,必然导致像崔杼这样的人出现,这样还不能实现其欲望。"利吾身"之说不能停止,必然导致像陈胜这样的人出现灭掉秦朝,这样还不能实现其欲望。拥有一千辆马车的人想要取代拥有一万辆马车的人,拥有一百辆马车的人想要取代拥有一千辆马车的人,这样都不嫌自己的欲望过分,最终会引发弑君的罪行。这是从利益的角度出发而不是从正义的角度出发处理问题产生的结果,不篡夺那么他的心就不会

---

① ［宋］张九成：《张九成集》第 3 册,杭州：浙江古籍出版社,2013 年,第 673—674 页。

满足，这是理之自然。只要"利心"生起，那么就会有世子杀其君主的事情存在，像是楚穆王商臣这样的人，像蔡灵侯蔡般这样的人，先是遗弃父母亲人，然后不顾及君王使其落后或变坏。"利心"不见，那么"仁心"自然就生起，"仁心"当中，侍奉亲人而已；"义心"自然生起，"义心"之中，侍奉君主而已。

在"利心"的问题上，朱熹提出："凡事不可先有个利心，才说著利，必害于义。圣人做处，只向义边做。然义未尝不利，但不可先说道利，不可先有求利之心。"①"利心"是不可以有的，才说为利益，那么就会损害道义。圣人只会从道义出发，但是也会有利益产生，但是不能说"道利"，不可以有想要获取利益的心。他认为："在学者身上论之，凡日用常行应事接物之际，才有一毫利心，便非王道。"②只要有一毫的"利心"，那么就是不符合王道。何况还要兴兵，他提出："至于'兴甲兵，危士臣，构怨于诸侯'，这是多少伤害！只为利心一蔽，见得土地之美，却忘了这心。"③有的君主只从自身的利益出发，就发动战胜，使将士冒生命的危险，与各诸侯国结怨，这是被"利心"所遮蔽，忘掉了本心。

"非心"和"利心"都会对本心造成伤害，尤其是对君主来说，君主掌握着统治的权力，君主产生"非心"和"利心"会对社会产生非常严重的危害，所以要"格其非心"。"格其非心"就是要使君主的心归于"正"，也就是使心恢复到本然的状态。在"非心"和"利心"的问题上，心学是从心出发，心本善，性也本善，去除"非心"和"利心"，从而恢复到心之本然的状态。理学是从性出发，性本善，去除"非心"和"利心"，从而恢复到性之本然的状态。这是理学和心学在心性上认识的差异，所导致的认识不同。理学和心学虽然有所不同，但是它们都认为要去除"非心"和"利心"，使心归于正。

---

① ［宋］黎靖德编，王星贤点校：《朱子语类》第 4 册，北京：中华书局，1986 年，第 1218 页。

② ［宋］黎靖德编，王星贤点校：《朱子语类》第 2 册，北京：中华书局，1986 年，第 629 页。

③ ［宋］黎靖德编，王星贤点校：《朱子语类》第 4 册，北京：中华书局，1986 年，第 1292 页。

第六章　心与王道

　　"先王之道""圣王之道"就是王道,是一种基于历史经验而形成的理想的统治秩序,是儒家最高的政治理想和治国之道。张九成从本源的角度出发,认为王道的合理性来源于天,而"心即天",所以心是王道合理性的来源,是王道政治的终极依据。心是王道政治合理性的来源,心性的修养功夫可以保证王道政治的稳定。他通过心把王道上升到了本体的高度,为王道统治秩序的合理性进行论证。从某种意义上说,张九成的王道思想标志着传统儒家的政治哲学发展到了一种新的境界。

第一节　维护伦理秩序

　　宋代,佛教因其精微的理论体系,影响逐渐加深。当时的思想家为了应对佛教的挑战,开始建立自己的本体论,构建自己的理论体系。宋代儒佛之间既有排斥冲突又有交流融合,当时的很多士大夫都自觉或不自觉地受到了佛教思想的影响。张九成所处的这一时期,也构成了张九成心学思想体系建构的基本背景。张九成站在儒家正统思想的立场上,对佛教否定伦理秩序这一点进行了批判,在批佛和立儒的过程中,建立了自己的心本论理论体系。

在儒佛的问题上,张九成明确提出过"某身为儒者"①,他的出发点和目的都是出于儒家立场。张九成认为自己是一个"儒者",而"儒者"要学以致用,他提出:

> 学而不至于能用,此腐儒,非大儒也。②

> 大儒之道,所以能用天下、国家者,以其通达变化如此也。岂俗儒、腐儒守章句、拘绳墨而不适于世用之谓乎?③

在张九成看来,真正的"儒者"不仅要传承儒家思想,还要将儒家思想应用于实践。只知墨守章句、拘泥于规矩、浅陋而迂腐的儒生,不算真正的"儒者"。真正的"儒者",要灵活地应用圣贤书,要践行儒家的思想,要懂得因时制宜、应时而变,真正地为百姓、国家服务。真正的"儒者",是像孟子这样的人,"而后世观孟子者亦知儒者之学为有用矣"④。孟子真正地做到了将儒家的原则付诸实践:

> 余尝论孟子之学千变万转,不忧天下之多故也,惟变多则策多,愈变愈新,愈出愈奇,极其所归,安于理义而已矣。夫齐王问交邻国,则有事大事小之说;梁惠王问雪耻,则有省刑薄赋之说。语齐者不以告梁,语梁者不以告齐。今滕文公问事齐、事楚,则又变齐、梁之说,而又有效死之说;问齐人筑薛,则又弃效死之说,而又有一说。其说云何?避狄之说也。其变愈多,其说愈新;其出愈难,其说愈奇。学不至此,腐儒而已矣。⑤

孟子作为后世承认的圣贤,面对不同君主的问题,懂得应时而变,提出相应的主张,这是对儒家思想的灵活运用。齐王问与邻国相交之事,孟

---

① [宋]张九成:《张九成集》第1册,杭州:浙江古籍出版社,2013年,第232页。

② [宋]张九成:《张九成集》第3册,杭州:浙江古籍出版社,2013年,第710页。

③ [宋]张九成:《张九成集》第3册,杭州:浙江古籍出版社,2013年,第708页。

④ [宋]张九成:《张九成集》第3册,杭州:浙江古籍出版社,2013年,第684页。

⑤ [宋]张九成:《张九成集》第3册,杭州:浙江古籍出版社,2013年,第746—747页。

子提出有事情的大小之说。梁惠王问雪耻的问题,有省刑薄赋之说。对齐王说的方法不能用于梁王,对梁王说的方法不能用于齐王,这是因为是针对两国各自的问题和情况而提出的主张,是具有针对性的主张,不具有普遍性。滕文公问事齐、楚的问题,他又提出了新的主张,提出了"效死之说"。在齐国人筹划加固薛城的问题上,他又摒弃了"效死之说"。他举古公受到狄人的威胁之后,迁到岐山的例子,想让滕文公施行仁政。孟子面对不同君主的问题提出不同的主张,这是他在因时制宜,这是真正的儒者应该具备的能力。儒者要具备解决社会问题的能力,并且运用这个能力处理社会事务。

张九成认为作为儒者就要因时制宜、经世致用,这在一定程度上影响了其对佛教思想的态度。佛教思想有可取之处,有利于维护社会稳定,所以他对佛教并不排斥。儒佛之间的矛盾并非不可调和,在有些问题上儒佛是互融互通的。儒佛都是教人向善的学问,在这一点上,二者是存在共识的。这是佛教值得肯定的地方,并且对于儒学的发展有很大的帮助。他在坚持儒者本位的前提下,对佛教持开放、包容的态度。张九成虽然不排斥佛教,但是在儒佛之间发生矛盾之时,他是站在儒家立场上的。

在对佛教的看法上,二程是持批判态度的。二程提出:"释氏推其私智所及而言之,至以天地为妄,何其陋也!"[1]二程主要是从佛教把世间万物当作虚妄这一点进行批判,佛教不尊伦理。程颐提出:"佛逃父出家,便绝人伦,只为自家独处于山林,人乡里岂容有此物? 大率以所贱所轻施于人,此不惟非圣人之心,亦不可为君子之心。释氏自己不为君臣父子夫妇之道,而谓他人不能如是,容人为之而已不为,别做一等人,若以此率人,是绝类也。至如言理性,亦只是为死生,其情本怖死爱生,是利也。"[2]佛教徒不事生产,不尊伦理,这不符合天理原则,是在灭绝人类。程颐提出:"释氏有出家出世之说。家本不可出,却为他不父其父,不母其母,自逃去固可也。至于世,则怎生出得? 既道出世,除是不戴皇天,不履后土始得,

---

① 〔宋〕程颢、程颐:《二程集》,北京:中华书局,1981年,第394页。

② 〔宋〕程颢、程颐:《二程集》,北京:中华书局,1981年,第149页。

然又却渴饮而饥食,戴天而履地。"①佛教徒出家是在逃避生而为人的责任,在世间生活衣食都依赖其他人的生产却主张出世,这非常荒谬。儒家主张入世,佛教主张出世,儒佛在这一问题上存在根本的分歧。张九成在这一问题上,与二程思想相同,他主张维护伦理秩序。伦理秩序是社会稳定的关键,只有伦理秩序稳定,社会秩序才会稳定。他对于佛教思想的借鉴和吸收,都是以儒家思想为前提,并以维护社会伦理秩序为最终目的。他对于佛教的态度是:

> 且夫释氏之为学也,言为无所不周,实则碍于伦理;自谓穷神知化,而不足以开物成务。某请以释氏之学求正于孟子。孟子曰:"学则三代共之,皆所以明人伦也。"释氏岂知人伦乎?独念古人有言曰:"学之为父子焉,学之为君臣焉,学之为长幼焉。"父子之道、长幼之节,某行于家,行于乡,奉以周旋,不敢失坠也久矣。②

儒家重视君臣、父子、夫妇、长幼、朋友之伦常,以之为礼教之本。佛教却否定伦理秩序的存在,这是对君主政治的威胁和挑战。张九成认为遵守伦理秩序是立身之本,在这一点上,他非常推崇孟子,孟子认为学习的内容是相同的,都是为了懂得人伦之道。他在儒佛关于伦理秩序的不同方面,赞同程颢的观点,认为佛教的言论看似无所不至,其实在伦理方面有障碍。佛教自认为能深究事物的精微道理,其实并不能通晓万物之理,也不能办好各种事情。

张九成认为万事万物是客观存在的,而不是虚妄。他承认客观世界的真实性,而佛教不承认客观世界的真实性,这是他与佛教的不同之处。佛教认为"根"是内在于人心中的佛性,就是通过修行的方式以达到归根返本的目的,而"本"是超世间的存在。张九成认为人心中本来就具备仁、义、礼、智这些道德,不需要外在的修行,返回的是心之本体。他提出:

> 且夫释氏之学,以归根反本为至极,岂知恻隐之心为仁之端、羞

---

① [宋]程颢、程颐:《二程集》,北京:中华书局,1981年,第195页。

② [宋]张九成:《张九成集》第1册,杭州:浙江古籍出版社,2013年,第194页。

恶之心为义之端、辞逊之心为礼之端、是非之心为智之端乎？①

　　夫释、老之学，岂知此耶？彼已视世间如梦幻，一彭殇，为齐物，孺子死生，何所介其心哉？是未知天理之运用也！②

　　有四端，如人之有手足也，可以运用，可以行止。若释氏，则无手足，徒有腹心尔，安知运用、行止之理哉？故明道先生斥之曰："言为无所不周，实则碍于伦理；自谓穷神知化，而不足以开物成务。"谓其无手足也。孟子曰："人之有是四端也，犹其有四体也。"其真知言者欤！盖有是四端，则有父子之爱，有君臣之义，有夫妇之别，有兄弟之懿；无是四端，则如死灰，如槁木，无君臣，无父子，无兄弟、夫妇，枯死瘠绝，何足以知宗庙之美、百官之富乎？③

张九成继承了孟子心性本善的思想，心是道德的来源。佛教认为客观世界是虚妄的，不把万物放在心上，这是不知道"天理"。张九成把"四端"比喻为人之手足，认为佛教反对这个伦理秩序，就像人之没有手足，无法应用、运动。没有四端，人就不能谓之人，与死灰和槁木没有区别。人之特殊性就在于人的心具有道德，具有"四端之心"，才能正确地对待客观的事物，才能与万物一体。心具有道德，使人获得了一种精神层面的价值和满足。如果没有"四端之心"，那么就是"枯槁"一样的存在，没有任何存在的意义和价值。

胡宏与张九成的思想没有太大的不同，对佛教的"寂灭"进行了批判，他提出："夫释氏之道，上焉者以寂灭为宗，以明死生为大，行之足以洁其身，不足以开物成务；下焉者转罪业，取福利，言之足以恐喝愚俗，因以为利而已矣。"④佛家思想虽然可以修养自身，但是不能开物成务。佛教倡导的救赎也只是以利益诱惑人而已。他认为："今释氏不知穷理尽性，乃以天地人生为幻化。此心本于天性不可磨灭者，则以为妄想粗迹，绝而不

---

① ［宋］张九成：《张九成集》第 1 册，杭州：浙江古籍出版社，2013 年，第 58—59 页。

② ［宋］张九成：《张九成集》第 1 册，杭州：浙江古籍出版社，2013 年，第 61—62 页。

③ ［宋］张九成：《张九成集》第 1 册，杭州：浙江古籍出版社，2013 年，第 62—63 页。

④ ［宋］胡宏：《胡宏集》，北京：中华书局，1987 年，第 97 页。

为，别谈精妙者谓之道。则未知其所指之心，将何以为心？所见之性，将何以为性？言虽穷高极微，而行不即乎人心。"①佛教只是"知性"，但是没有存心养性，不知道穷理尽性。虽然看起来很精妙，但是只是空无，离不开人心。朱熹也是认为佛教为"空寂"，他提出："吾儒心虽虚而理则实。若释氏则一向归空寂去了。"②朱熹也对佛教的"空寂"进行了批判。

张九成自身对于儒佛的态度非常鲜明，儒佛存在矛盾之处，他站在儒家立场，二者不矛盾之处，对佛教思想进行借鉴吸收。他并不排斥佛教，对佛教持开放的态度，在这一点上，与传统的儒家士人有所不同，可能正是因为这一点，造成后世许多人对其思想产生了误解。对其的评价褒贬不一，进而影响了对其思想的判断。对于张九成的评价，主要有"渡江大儒""阳儒阴释""正未可泯"。从以上三种截然不同的评价，可以看出对张九成的定位是存在争议的。

王十朋曾提出："张公子韶，一代儒宗，学者所共尊仰。"③黄汝亨曾提出："当时推先生为渡江大儒。"④张九成的著作遍及经史，一生著述颇多，王十朋和黄汝亨对张九成在儒学方面的贡献给予了肯定。他们认为张九成属于"儒者"，这是对其思想的认同。

陈亮曾说："近世张给事学佛有见，晚从杨龟山学，自谓能悟其非、驾其说，以鼓天下之学者，靡然从之。家置其书，人习其法，几缠缚胶固，虽世之所谓高明之士，往往溺于其中而不能以自出。其为人心之害，何止于战国之杨墨也。"⑤陈亮认为张九成在佛教方面研究甚深，他的思想又影响深远，危害比杨墨更甚。陈亮对张九成可谓是极尽批评，认为其思想属于邪说异端。朱熹在《张无垢中庸解》中评张九成"张公始学于龟山之门，

---

① [宋]胡宏：《胡宏集》，北京：中华书局，1987年，第121页。

② [宋]黎靖德编，王星贤点校：《朱子语类》第8册，北京：中华书局，1986年，第3015页。

③ [宋]王十朋：《梅溪后集》卷二十七，景印文渊阁四库全书。

④ [宋]张九成：《张九成集》第4册，杭州：浙江古籍出版社，2013年，第1342页。

⑤ [宋]陈亮：《陈亮集》，北京：中华书局，1974年，第2601页。

而逃儒以归于释"①,"凡张氏所论著,皆阳儒而阴释"②,朱熹认为张九成的思想受禅学影响极深。黄震受到朱熹思想的影响,他提出:"其人即贤,则其书盛行,则其害未已,故不得不甚言之,以警世哉！盖上蔡言禅,每明言禅,尚为直情径行,杲老教横浦改头换面,借儒谈禅,而不复自认为禅,是为以伪易真,鲜不惑矣。"③黄震也认为张九成的思想属于禅宗。在评价一个人思想的时候,首先要看他的出发点和目的,张九成的出发点和目的都是用儒家的思想维持社会稳定,为社会服务,所以他们对于张九成的评价有失公允。

相较于以上两种对于张九成截然相反的评价,以下几种评价较为客观。宋代赵与时提出:"张子韶侍郎,学问气节,表表一世,参禅学佛,与其平生自不相掩,张亦未尝以此为讳。"④清代黄宗羲提出:"横浦虽得力于宗门,然清苦诚笃,所守不移,亦未尝讳言其非禅也。若改头换面,便是自欺欺人,并亦失却宗门眼目也。"⑤全祖望提出:"龟山弟子以风节光显者,无如横浦,而驳学亦以横浦为最。晦翁斥其书,比之洪水猛兽之灾,其可畏哉！然横浦之羽翼圣门者,正未可泯也。"⑥他们认为张九成虽然受到了佛教思想的影响,但是这个影响并没有改变其儒家思想的本质。可以说,以上几位对于张九成的评价是比较客观的。

张九成以儒家的思想为本,借鉴佛教的思想方式,以明体达用,最终达到经世致用的目的。张九成虽然不明确"排佛",但是其理论体系始终是以儒家思想为基础,所以不能把他的思想归为佛教。很多人因为他与佛教徒的交游,对他思想的本质产生怀疑,这是对其思想的误解。他是从

---

① ［宋］朱熹撰,朱杰人、严佐之、刘永翔主编:《朱子全书》第 24 册,上海:上海古籍出版社;合肥:安徽教育出版社,2002 年,第 3473 页。

② ［宋］朱熹撰,朱杰人、严佐之、刘永翔主编:《朱子全书》第 24 册,上海:上海古籍出版社;合肥:安徽教育出版社,2002 年,第 3473 页。

③ ［清］黄宗羲、全祖望:《宋元学案》,北京:中华书局,1986 年,第 1317 页。

④ ［宋］赵与时:《宾退录》,上海:上海古籍出版社,1983 年,第 125 页。

⑤ ［清］黄宗羲、全祖望:《宋元学案》,北京:中华书局,1986 年,第 1317 页。

⑥ ［清］黄宗羲、全祖望:《宋元学案》,北京:中华书局,1986 年,第 1302—1303 页。

儒家的本位出发,吸收了佛教思想中的一些观念,然后进行儒家的心本论的建构。他并不是要弘扬佛教的思想,而是为了传承儒家的思想。张九成吸收了佛教思想的精髓,最终建构出超越佛教思想的理论体系。吕思勉在《理学纲要》一书中认为"理学者,佛学之反动,而亦兼采佛学之长,以调和中国之旧哲学与佛学者也"①。在这个意义上张九成属于正宗的理学家,而且他所做的正是这个工作,在传统儒学的基础上发扬理学。在宋代当时的时代背景之下,佛教盛行,很多学者都或多或少地受到了佛教思想的一些影响,但只要没有改变其思想的本质,并不能说是其思想属于佛教。

刘玉敏认为:"张九成对佛教是精神上信仰、理论上吸收,行动上却严格践履儒家的道德伦理。"②张九成在思想和信仰的层面,对于儒佛的态度都是不同的。在思想上,对于儒家思想始终是尊崇的态度,对于佛教思想是借鉴的态度。何俊曾提出:"关洛之学,以及朱熹,一定要引佛老的形而上问题为儒家的问题,进而不惜袭用佛老的话语与之争辩,表面上虽然建构起了一个与佛老有别,并且反对佛老的理论体系,实质上却不仅使儒家的道体被继续湮没,而且更进一步地混淆了儒与佛老的根本区别。同时,关洛以及朱熹之学在客观上也没有能够真正打击佛老,相反是抬举了佛老使其得以更加张扬。"③在信仰上,对于儒家的信仰,是一种人生追求;对于佛教的信仰,是一种精神寄托。张九成对于儒佛的信奉是存在先后顺序的,先信仰的是儒家,然后才是佛教。他对于儒家的信仰一生都未改变,始终以儒家的追求为自己的人生追求。而对于佛教的信仰是在儒家的人生追求无法实现以后,对人生产生消极、逃避的态度,才开始的行为。张九成年轻之时一直心怀壮志,想着用儒家思想经世济民,而中年时期经历仕途波折,一直郁郁不得志,晚年又疾病缠身,壮志未酬而身体已衰的情况下,开始消极避世,才开始信奉佛教。

---

① 吕思勉:《理学纲要》,南昌:江西教育出版社,2018年,第3页。
② 刘玉敏:《心学源流——张九成心学与浙东学派》,北京:人民出版社,2013年,第136页。
③ 何俊:《南宋儒学架构》,上海:上海人民出版社,2004年,第286页。

第二节　敬天保民

张九成认为只有理解了"圣人之道",并运用"圣人之道"处理社会事务,才是王道。王道是理想的统治状态,想要实行王道统治就要敬慎天命、敬德、以敬为心、以民为本。"敬天保民"就是要敬从天命,不断修德。"敬天保民"是上从"天心",下应"民心"。

一、敬慎天命

张九成认为天人是一体的关系,"天命"是君主权力的来源,君主想要一直维持统治,就要做到"敬天命"。只有"敬天命",才能与天同心,才能受到天的护佑。不能做到"敬天命",那么上天就能感通到,就不会再对其进行护佑,君主也就会失去统治地位。他提出:

> 汝等能敬,则与天同心;与天同心,则为天所与而不绝,为天所矜而不弃。天之畀矜,即君之畀矜也。君与之,则置之于士大夫之间;君怜之,则有禄赐衣食之俸。呜呼! 岂特多士? 凡为人臣子者,倘不知以敬存心,则悖天之道,而其祸有不可胜言者。我代天者也,汝心不敬,我亦将致天之罚于尔躬,诛杀绝灭,躬且不得有矣,而况于耕桑之业,岂得有乎?[①]

如果能做到"敬",那么我的心就是与"天心"相同。我的心与"天心"相同,那么上天就会一直给予,不会断绝与我的沟通。被天所怜爱,上天就不会放弃我。上天赐给臣民怜爱,就是君主赐给臣民怜爱。君主给予臣民怜爱,那么民众就可以成为士大夫;君主怜爱,那么就会有俸禄衣食。

---

① ［宋］张九成:《张九成集》第2册,杭州:浙江古籍出版社,2013年,第560页。

在他看来,身为君主具有君主的权利和职责。身为臣子,具有臣子的权利和职责。君主需要"敬慎天命",不然就会失去"天心",最后失去统治地位。臣子需要对君主保持敬重之心,不然就是有违天道。如果臣民不敬,那么君主就可以代天惩罚。君主统治秩序的合理性和合法性来源于"天",君主是对天负责的,是代天处理社会事务,所以要"敬慎天命"。臣子的权力是由君主赋予,代替君主处理社会事务,所以要忠君。"天命"是伦理秩序合理性与合法性的根源,而伦理秩序是社会稳定的关键,所以要"敬慎天命"。

张九成提出:"倘天命有变,必迁都以应之,是敬慎天命犹不常宁,况不敬慎者其能常宁乎?"①如果天命有所变化,那么必须迁都以适应天命,这是恭敬、谨慎地遵从天命还不能长久安宁,不能恭敬、谨慎地遵从天命难道还能长久安宁?天命具有不可抗性,我们只有恭敬、谨慎地遵从天命才能长久安宁。他认为:

> 召公历陈夏、商兴亡止在敬与不敬而已,故不敬则皆"坠厥命",敬德则"惟有历年"。"敬"之一字,其行甚要,其功甚博。何谓敬?妄虑不起,百邪不生,是敬也。顾此敬处,即天命也,"惟有历年",夫何足怪?不敬,则思虑纷乱,私邪横生,其去天命远矣,"早坠厥命",亦何怪乎?人常言"天命在彼",今而后知天命不远,在我而已。何以知其在我哉?行吾敬,则是天命,岂非天命在我乎?召公反复以此一字为言,岂召公平生所得在此一字,而自后稷至文、武传心之法止在此一字乎?呜呼!后世人主以敬而得天命、不敬而失天命者,亦多矣!召公之意,岂特为成王设哉?抑亦垂示凡有天下者皆以敬而已矣。②

这段话出自对于《尚书·召诰》的阐释,是在讲迁都的问题,迁都关涉到了天命的问题,天命显示可以迁都那么就要迁都,天命显示不能迁都就不能迁都。要"敬慎天命",天命决定的事情,要遵从,不然可能会带来灾

---

① [宋]张九成:《张九成集》第2册,杭州:浙江古籍出版社,2013年,第388页。

② [宋]张九成:《张九成集》第1册,杭州:浙江古籍出版社,2013年,第108—109页。

祸。"敬"在国家的兴亡中扮演着非常重要的角色,夏商的兴起和灭亡是与"敬"有关,"敬"就会长久地禀受天命,不敬就会失去天命。"敬"是妄念和思虑都不生起,各种邪念也都不会生出。如果能做到这一点那么就符合天命,就能长久地禀受天命。做不到"敬",那么思虑就会非常纷乱,私心、邪意也就会生出,这样就会远离天命,就会过早地失去福命,这也没有什么可奇怪的。人们常说天命在他处,现在才知道天命不远,就在我而已。怎么知道天命在我呢?我按照"敬"的标准行事,那么就是天命,这样不是在说天命在我吗?从后稷到文王和武王,治理社会的方法就在于"敬"。君主做到"敬"就可以禀受天命,"不敬"就会失去天命。天与人是相通的,我的心就是"天心",我做到"敬慎天命",那么就是符合"天心",就能长久地禀受"天命"。

"敬慎天命"就要"敬德","敬德"的观念起源于西周时期,周公提出"以德配天",用德这一概念,为西周取代殷商提供合理性论证。"德"是用来处理人与神、人与人之关系的主要方式,是一种内在自觉的道德意识和道德行为,是人与天进行沟通的一种准入资格。周公认为君主要做到"敬德保民",对民众施以恩惠,这样就可以感动上天,使天命得以长保,统治能长久延续。《尚书》中多次出现了"敬德"的思想,而且都出现在《周书》中,《尚书·周书·召诰》"王其疾敬德",是说大王要赶快认真施行德政。"王敬作所,不可不敬德。"成王应恭敬、谨慎,以身作则,不可不敬重德行。《尚书·周书·无逸》"皇自敬德",敬慎自己的行为。《尚书·周书·君奭》"其汝克敬德",希望你能敬重贤良之士。这是因为西周时期,周人在吸取前朝亡国的经验教训基础上,为进一步巩固政权,开始形成"敬德"的思想,对此徐复观指出:

> 在忧患意识跃动之下,人的信心的根据,渐由神而转移向自己本身行为的谨慎与努力。这种谨慎与努力,在周初是表现在"敬""敬德""明德"等观念里面。尤其是一个"敬"字,实贯穿于周初人的一切生活之中,这是直承忧患意识的警惕性而来的精神敛抑、集中,及对事的谨慎、认真的心理状态。这是人在时时反省自己的行为,规整自

己的行为的心理状态。周初所强调的敬的观念,与宗教的虔敬,近似而实不同。宗教的虔敬,是人把自己的主体性消解掉,将自己投掷于神的面前而彻底皈归于神的心理状态。周初所强调的敬,是人的精神,由散漫而集中,并消解自己的官能欲望于自己所负的责任之前,凸显出自己主体的积极性与理性作用。①

西周时期,人们具有强烈的忧患意识,在这一意识的影响下,人们产生了"敬德"的观念。"敬德"观念的产生是个人自我意识的提升,开始认识到人的主体地位。"敬德"是一种自我反思,在这种反思下,人们会自觉地约束自己的行为,使自己的行为符合社会规范,不做逾越之事,这样就会形成一种良好的社会氛围,社会秩序也会稳定。"敬德"是维持统治秩序的关键所在:

> 敬则明,不敬则昏;敬则仁,不敬则暴。有礼自取植立,昏暴自取覆亡。天之道昭然如此,惟以敬德不敬德为戒慎。是以钦崇天道也如此,则无所不用其敬,而极其至于戒慎不睹,恐惧不闻,不愧屋漏,不欺暗室,明不歉于天地,幽不负于鬼神,而天命永保矣。②

"敬"就会明智,"不敬"就会昏庸;"敬"就会仁爱,"不敬"就会残暴。有"礼"那么就会被扶植立起,昏庸、残暴就会自取灭亡。这是天道的规律,只在于能不能敬重德行。天道就是这样,所以我们要做到"敬",任何时刻都要保持敬谨,符合天道,这样才能永保天命。只有"敬德"才能禀受天命,并使其长久地保持下去。他提出:

> 夫敬德者则天眷命,不敬者则天改命,其祸福晓然如此。③
> 王以敬德在天下之上,天下皆取法王之敬德而见于行事,是上下勤劳忧恤惟在敬德耳。④

---

① 徐复观:《中国人性论史》(先秦篇),北京:九州出版社,2014年,第21—22页。
② [宋]张九成:《张九成集》第2册,杭州:浙江古籍出版社,2013年,第363页。
③ [宋]张九成:《张九成集》第2册,杭州:浙江古籍出版社,2013年,第534页。
④ [宋]张九成:《张九成集》第2册,杭州:浙江古籍出版社,2013年,第539页。

上而天子,下而御事,皆当修敬德也。天子不敬,不保四海;诸侯不敬,不保社稷;卿大夫不敬,不保宗庙;士庶人不敬,不保四体。顾惟"敬"之一字,岂非天下之公言乎?①

只有"敬德"才能保持天命,受到上天眷顾,"不敬德"上天就会改变天命。君主因为"敬德"才能禀受天命,以御天下,天下的君主如果都能从"敬德"出发,然后按照这个原则处理事情,这样上下都勤劳。所有人都应该"敬德",天子不能做到"敬德",就不能保持四海;诸侯不能做到"敬德",就不能保持社稷;卿大夫不能"敬德",就不能保佑宗庙;士庶人不能做到"敬德",就不能保持身体。张九成非常认同西周以来所形成的"德治"思想。他提出:"天以民为心。四方民以哀呼天,则天亦哀于四方民矣,此自然之理。天之哀也,如之何?眷顾改命四方勉于敬德者,付之以牧斯民之任焉。于时四方勉于敬德者,惟周文、武父子而已。"②在他看来,天以民为心。四方的百姓悲切地呼告上天,那么天也哀怜四方的百姓,这是自然之理。天哀怜百姓,眷顾百姓的命运因此更改天命,并把天命授予敬重德行之人,赋予他统治百姓的任务。在他看来君主的职责就是为了保护民众,使其安居乐业。

张九成认为"天命"是君主统治秩序合理性的来源,所以君主要"敬慎天命"。君主统治世代相传的心法就是要"敬"。这里的"敬"不仅是要"敬天",还要"敬德"。"敬天"就能禀受"天命","敬德"就能永保天命。"敬天"与"敬德"是相辅相成的关系,它们共同组成了一个完整的秩序体系。

二、以敬为心

张九成认为古今的圣王相传的是一个心,"圣王之心"要求"敬"。他提出:"古我先王前后相传以心者,无他事焉,惟民之承敬而已。何以敬

---

① 　[宋]张九成:《张九成集》第2册,杭州:浙江古籍出版社,2013年,第533页。

② 　[宋]张九成:《张九成集》第2册,杭州:浙江古籍出版社,2013年,第534页。

之？盖民至愚而神也，至弱而强也，即天之聪明与明威也，敢不敬乎？惟君以敬民为心，而民亦以保君为心，要之终于一心而已。"①"民心"即"天心"，所以君主要"以民为心"。君主是社会的统治者，君主需要做到"敬"。他提出："制节其性者，敬而已矣。王以敬为所，则民日趋于敬。"②"敬"可以对人性进行限制，这样人性就不会流于恶。君主要"以敬为心"，遵行"敬"的原则，用"敬"治理社会，那么整个社会就会井然有序地运行。他指出：

> 上帝之意敬而已矣。成王今即政，是绍上帝之治也。使成王躬自服行敬德于洛邑，则不辜上帝之付托矣。夫王者乃继天为政，岂可以邪心私欲横于思虑乎？故人君心术一不正，则三辰为之变移。呜呼！此岂细事也哉？吾心常敬，即上帝之心也；以敬莅事，即上帝之治也。③

"上帝"的旨意是"敬"，成王现在即将处理政事，"敬"是上帝认可的治理方法。成王躬行"敬德"于洛邑，这是不辜负"上帝"的托付。君主的统治权力由上天所赋予，虽然其在人间具有绝对统治地位，但是不能因为自己的邪心、私欲影响对于政事的思虑和处理。君主的心术不正，那么天意也会随之而变。只有心保持"敬"，就是"上帝"之心；用"敬"处理政事，就是"上帝"之治。只有做到"以敬为心"，统治秩序才能长久，而贪于"逸"统治秩序就不能长久地维持下去，他提出"敬则神明尊，逸则心志放"④。然后他进一步提出：

> 余观周、召之于成王，所陈在敬，所戒在逸。盖敬则不逸，逸则不敬。以敬为心，则为恭、为畏、为不暇、为克己，尊先王之典彝，而享国至于长久；以逸为心，则为傲慢、为耽乐、好田猎、峻威刑，听小人之邪

---

① [宋]张九成:《张九成集》第2册,杭州:浙江古籍出版社,2013年,第396页。

② [宋]张九成:《张九成集》第2册,杭州:浙江古籍出版社,2013年,第537页。

③ [宋]张九成:《张九成集》第2册,杭州:浙江古籍出版社,2013年,第536页。

④ [宋]张九成:《张九成集》第2册,杭州:浙江古籍出版社,2013年,第561页。

说,而享国不克长久。此理之自然者也。呜呼! 人主之有天下,上焉则受皇天之畀付,下焉则司万民之性命,内焉则祖宗社稷之所依,外焉则蛮夷戎狄之所赖,其任至大,其责至深,此岂细事哉? 如此重器,必以敬为心者,乃能负荷之,其可以逸豫之心持之乎?①

"敬"和"逸"是对立的关系,心中有"敬"就不会有"逸",心中有"逸"就不会有"敬"。以"敬"为心,那么就会恭敬、畏惧、没有闲暇、克制自己,遵守先王的法度,国家会长久。以"逸"为心,那么就是傲慢、沉迷玩乐,爱好打猎、严厉刑罚,听从小人的邪说,国家就不会长久。君主保有天下是上受天的托付,下受万民的性命,内受祖宗社稷的依托,外受蛮夷戎狄的依赖。君主治理国家要"以敬为心",这样才能使国家长久地保持下去。他提出:"盖勤俭则得民心,逸豫则失民心。民心不可保也,勤俭则聚,逸豫则去,安有常心哉? 故乂民之道,正在不好逸豫耳。尽心不好逸豫之道,在敬而已矣。"②大概勤俭就能得到民心,闲适安乐就会失去民心。民心不可以长久地保持,勤俭就会聚拢,闲适安乐就会离去,哪里有常心呢? 所以治理民众的道理,就在于不好闲适安乐。穷尽自己的心,使其不好闲适安乐,只是在敬。

张九成认为心之本体与"天心"相合,心未发之时"人心"即"天心"。心已发之时"人心"就未必是"天心"。想要"人心"一直符合"天心",就需要"敬"。只有用"敬"一直约束自己的心,也就是"以敬为心",才能使"人心"一直符合"天心"。君主只有"以敬为心",才能一直维持统治秩序。因为"天心"与民心是一体的关系,只有"以敬为心",才能得民心,得民心才能得"天心",得"天心",才能一直禀受"天命"。只有一直禀受"天命",君主的统治秩序才能稳定。

① [宋]张九成:《张九成集》第 1 册,杭州:浙江古籍出版社,2013 年,第 112 页。
② [宋]张九成:《张九成集》第 2 册,杭州:浙江古籍出版社,2013 年,第 509—510 页。

三、以民为本

《尚书·五子之歌》提出"民惟邦本,本固邦宁"的思想主张。周人认识到民众的力量,民众的力量可以影响政权的更迭存亡。民是政治关系中的主体,在政治生活中具有基础作用。民是国家的重要的组成部分,民心的向背决定着国家的兴亡。君主想要"祈天永命"就需要顾及民众的需求。民众的力量、民心的向背是国家兴衰成败的重要力量。孟子提出"民为贵,社稷次之,君为轻"①,是民本思想的重大的发展。孟子的"民贵君轻"论,并不是真的在强调民贵于君,而是想通过这一手段达到维护统治的目的。二程认为:"君道以人心悦服为本。"②君主想要实行王道就要以"人心"为本。张九成提出:"天下非一人之天下,乃天下之天下也。"③这里是在说天下虽然由君主所掌控,但是并不为君主所有,而是天下人的天下。君主不是所有者,只是掌管者。

君主的职责是"安民",张九成提出"安民者,人主之职"④。他认为:"天生民而立之君以司牧之,是君者,神之主也,民之望也。天之爱民甚矣!"⑤君主的设立是因为天爱民而设立,君主要想长久地维持统治,就需要做到"以民为本"。张九成认为君权的根本在民,立君的目的在于保民,君主要以民为本。君、臣、民形成了一个完整的统治秩序,在这个统治秩序中,君主有君主的职责,臣子有臣子的职责,民众有民众的职责。每个人都要在各自的位置上各司其职,各安其分。这样就形成了一个良好的统治秩序,而这个统治秩序的目的是保民。

君主要"以民为本","以民为本"就是要引导民众,指引他们走正确的

---

① [清]焦循:《孟子正义》,北京:中华书局,2018年,第973页。

② [宋]程颢、程颐:《二程集》,北京:中华书局,1981年,第1243页。

③ [宋]张九成:《张九成集》第1册,杭州:浙江古籍出版社,2013年,第258页。

④ [宋]张九成:《张九成集》第2册,杭州:浙江古籍出版社,2013年,第612页。

⑤ [宋]张九成:《张九成集》第2册,杭州:浙江古籍出版社,2013年,第355页。

道路。他提出："民受天地之中以生,所谓命也。能者养之以受福,不能者败之以取祸。然天地能生之,所以成之者在人主而已矣。'天命之谓性,率性之谓道',使一世率性以行而能各安其道理者,非人主有以造化之,民其能自至于此哉? 古之圣王,以身教化之,以学校长育之,以风俗渐染之,使皆不失天地之中,而顺其常性,以归于善。"①天地生养民众,可是君主负责教导民众。虽然民众本性中具有各种道德,但是不能都发挥出来,需要依靠君主的教导。古代的圣王,都是通过自身的行为来教化民众,用学校培育,用风俗改变习性,使民众不失其本然之性,顺着其本然之性行事,那么就都是善。

张九成认为君主掌管天下,但是他一个人的力量毕竟是有限的,就需要有人配合他的工作,这时候就有了臣子,他提出:"有天下者,其要在于立政。立政之要,在于慎择左右而已。"②君臣都是管理者,君主是上天和民众的选择,臣子是君主的选择。虽然作为管理者,拥有更多的权力,但是也要承担更多的责任。管理者的水平和能力,影响的是整个国家的运行,所以君主需要谨慎地选择管理者。二程认为:"臣之于君,竭其忠诚,致其才力。"③首先,臣子最首要的条件是要忠君,只有在这一条件之下,才能开展其他后续的事宜。他提出:"后嗣君臣所以无终始者,则以无忠信之心也。不欺者忠,不疑者信。君欺臣,臣亦欺君;君疑臣,臣亦疑君。"④臣子不能欺瞒君主,这就是忠,君主也不能疑心臣子,这就是信。臣事君以忠,君待臣以信。君臣的关系也是相互的,君主欺骗臣子,那么臣子也就会欺骗君主。君主疑心臣子,那么臣子也就会疑心君主。他认为:"人臣无己,以人主为己;人臣无心,以人主为心。以人主为己,则身在外而不以在外自弃;以人主为心,故心在王室而不以王室为远。凡所念虑,凡所议论,凡所兴建,凡所号令,凡所趣会,皆若在人主之左右而对人

① [宋]张九成:《张九成集》第2册,杭州:浙江古籍出版社,2013年,第364页。

② [宋]张九成:《张九成集》第2册,杭州:浙江古籍出版社,2013年,第598页。

③ [宋]程颢、程颐:《二程集》,北京:中华书局,1981年,第1242页。

④ [宋]张九成:《张九成集》第2册,杭州:浙江古籍出版社,2013年,第372页。

主之清光也,其敢少怠乎?"①身为臣子就应该抛却自我,把君主当作自己一样爱护;臣子不能有自己的私心,要把君主的心当作自己的心。把君主当作自己一样爱护,那么即使在很远的地方也不会因为自己所处远离君主而自我放弃;把君主的心当作自己的心,那么虽然心在王室也不把这当作很远。那么我所有的念虑、所有的议论、所有的兴建、所有的号令、所有的兴致,都在君主的身旁。

其次,臣子的职责是保民。要明确臣的职责,这样让其按照他的职责所在去处理社会事务。他提出:"臣者,行君之令而致之于民者也。"②"助君以安民者,三事以至大夫之职。使四海之内有一夫不获其所,岂特人主之病哉?"③臣子的职责就是帮助君主处理社会事务。他还提出:"夫君之所以为君,臣之所以为臣,非苟相为玩富贵、取威仪为戏事而已,其职专在康兆民。使不以民为心者,岂所谓明良相会哉?"④君臣不能只知享受,而不承担责任。君臣的责任就是使千万民众富裕起来,不把民众的利益当作自己的心,那么君臣就没有存在的意义。他认为:"君臣上下皆以无逸为德,故君臣上下率由无逸之中。"⑤君臣都要把不贪图安乐当作一种美德,这样才能做到上下和谐。他还提出:"君以克艰待臣下,臣以克艰事君父,各在警戒修省之地,其诚心相感,实德交孚。"⑥君主的权力是天所赋予的,而天意代表着民意,所以君主想要获得天的支持就需要获得民众的支持。君主要自觉维护民众的利益,这样君主的统治才能长久地稳定存在。臣子的权力是君主授予的,所以臣子要对君主负责,而君主要对民众负责,所以臣子也要维护民众的利益。民众是被管理者,所以要自觉地听从君主的号令,服从其统治。

君、臣、民是社会的主要构成部分,三者决定了社会治理是否和谐,所

---

① [宋]张九成:《张九成集》第2册,杭州:浙江古籍出版社,2013年,第635页。

② [宋]张九成:《张九成集》第3册,杭州:浙江古籍出版社,2013年,第932页。

③ [宋]张九成:《张九成集》第2册,杭州:浙江古籍出版社,2013年,第612页。

④ [宋]张九成:《张九成集》第2册,杭州:浙江古籍出版社,2013年,第409页。

⑤ [宋]张九成:《张九成集》第2册,杭州:浙江古籍出版社,2013年,第568页。

⑥ [宋]张九成:《张九成集》第1册,杭州:浙江古籍出版社,2013年,第278—279页。

以要明确三者各自的职责。君、臣的职责都是保民，而民众要听从君臣的领导，维护他们的统治。他认为："民者，出丝麻粟帛以事其上而安其教者也。"①民众是生产衣食等生活物品的人，民众生产的这些物品要供给君主，并在君主的教导下行事。在他看来，民众是被统治者，负责生产生活物品。虽然民众是被统治者，却拥有推翻统治者的能力。这是从历史中总结出来的经验，他希望君主可以深刻地认识这一点。君主的统治需要"以民为本"，尊重民众，这样才能长久地保持下去。他提出：

> 欲知天之所在，即民可见也。故天之聪明，即民之聪明也；天之明畏，即民之明威也。如是民之闻见，天之聪明也；民之喜怒，天之明威也。岂可欺哉？同寅协恭和衷，则知典礼之合于天；政事懋哉懋哉，则知赏罚之合于天。其应如此，岂可欺哉？夫合天下之闻见以为聪明，合天下之喜怒以为明威，则天之为天亦可见矣。倘有一毫私意横乎其心者，皆非天也。②

天和民是一体的关系，想要知道天的所在，看民众就可以知道。所以天的视听就是民众的视听，天的赏罚就是民众的赏罚。这样民众的所闻所见都是天的视听，民众的欢喜和愤怒都是天明显的赏罚。君民之间要同敬、同恭，和善相处，人与人之间的常法和等级秩序是符合天意的；君臣处理政务要努力，就知道赏罚是符合天意的。天根据民众的意愿进行赏善罚恶，这样天的决定就都是正确的，也是天为天的原因，倘若天有一丝一毫的私意，那么就不是天。上天规定了社会的运行规则，而这个规则是根据民众的意愿制定的，君臣是这个规则的执行者，执行者要遵守这个规则，并恪尽职守。天和民的关系是非常密切的，天非常爱护民众，就像父母爱护刚出生的婴儿。他提出：

> 天之爱民，如父母之爱赤子，岂容残害如纣者在民上恣为苛政暴

---

① ［宋］张九成：《张九成集》第3册，杭州：浙江古籍出版社，2013年，第932页。
② ［宋］张九成：《张九成集》第1册，杭州：浙江古籍出版社，2013年，第298页。

刑以杀斯民哉？所以作君师以救民也。①

> 欲得天者当得民，欲得民者当布仁政。使天下之民悦乐而无憔悴不满之心者，此天与之也，其可忽哉？②

> 得罪于人者，必得罪于天；而民爱之者，天亦必爱之也。③

天是不会容许像纣王这样对民众肆意妄为并用苛政暴刑杀害民众的人存在，所以有天子的出现以拯救民众。君主想要得到天的认可就需要得到民众的认可，而想要得到民众的认可就需要施行仁政。只有使天下的民众都欣喜、欢乐，没有憔悴和不满，那么上天才会赋予他这个权力。得罪民众的人，必然就得罪了天；民众喜欢的人，那么天必然喜欢。国家的兴亡取决于民心的向背，君主应正确对待与民众的关系。君主不可以罔顾民众的意愿，君主违背民意就会受到上天的警告。

张九成的"以民为本"，延续的是孟子的民本思想。他是从维护封建秩序的角度出发，认为只有"以民为本"，才能维护社会稳定。只有君主重视民众的价值，做到爱护民众，这样上下相合，社会才能和谐。在他的思想中，民众的自觉性很低，需要君主的引导。从这里也可以看出，他的"以民为本"并不是"民主论"。他只是从天人一体的角度出发，通过论证天心和民心的相互沟通，论证民众在社会统治中的地位和价值，希望君主重视"民心"。

第三节　道即心

"道"的本意是道路，后来引申为做事的途径、方法、本源、本体、规律、原理、境界、终极真理和原则等。在中国哲学史上，"道"是中国哲学中的

---

① ［宋］张九成：《张九成集》第2册，杭州：浙江古籍出版社，2013年，第434页。
② ［宋］张九成：《张九成集》第2册，杭州：浙江古籍出版社，2013年，第366页。
③ ［宋］张九成：《张九成集》第1册，杭州：浙江古籍出版社，2013年，第92页。

核心观念之一。"道"这一范畴最早起源于道家,后来被各个学派所接受,对中国的哲学发展和社会政治文化发展都产生了深远的影响。虽然不同的学派对于"道"的理解不同,但是"道"始终是一种形而上的存在,是宇宙本源、普遍规律的代名词。张九成认为"道即心",这里的"道"既指形而上的天道,也指形而下的王道。他从心的角度出发,通过"道即心"论证了天道与王道一体,实现了天道与人道的贯通。

一、天道辅有德

在张九成看来,天道是客观存在的,天道是整个世界的运行规律和法则。天道是客观、公正的,这个客观性是指天道具有自身的法则和规律,公正性是指天道对待每一个人都是一样的标准。天道没有个人的意志,所代表的是天下之人的共同的意愿。天道是聚合天下的听闻,以此为欢喜和愤怒,聚合天下的欢喜和愤怒,用来作为赏罚的标准。他提出:"天道无私,合天下之闻见以为喜怒,合天下之喜怒以为刑赏,不以贵贱高下其心故也。"①天道体现的是"天下之意",天道以"天下之意"为宗旨,进行赏善罚恶。

天道以道德为标准进行赏善罚恶,个人行善就会带来福报,个人行恶会带来灾祸。他认为:"善即福也,淫即祸也,此天道之自然者。"②张九成所认为的天道与老子的"天道无亲,常与善人"有异曲同工之妙。天道与人道是一体的关系,二者可以相互贯通,而这个贯通的基础就是道德。天道会以道德为标准处理社会事务,这是天道的表现。而人道也是遵循道德性的原则,只有符合道德标准的人才能上合天道,下合人道,做到天道与人道的贯通。天道和人道都是想维持这个世界的秩序性,天道制定整个世界的运行法则,人道履行这个法则,这样整个世界就会和谐、有序地平稳运行。

---

① ［宋］张九成:《张九成集》第1册,杭州:浙江古籍出版社,2013年,第299页。
② ［宋］张九成:《张九成集》第2册,杭州:浙江古籍出版社,2013年,第365页。

天道保佑具有德行的人,惩罚无德的人。张九成提出:"天道难保,有德者辅之,无德者去之。"①天道难以保持,有德的人就辅佐他,无德的人就离开他。根据君主的德行来看天道的归属,天道与德息息相关。他提出"人主即天帝,使人主在天则为上帝,使上帝在人间则为先王。……然而有德则尊,无德则贱。尊则同于上帝,贱则等于匹夫"②。这里的天、"天帝"、"上帝"都是最高主宰的意思,具有相同的意义。他在这里进一步地提出天保佑有德之人,从这一思想出发,所有的人都需要修德,这样都各安其位,社会自然可以治理得很好。他还从君民关系的角度出发,提出:"夫一德之所在,天之所在,民心之所在也。有此一德,天必祐之,民必归之,犹影之随形,响之逐声也。"③"夫德者,民之心也。人君有德,则民心悦;无德,则民心离。"④在君主制的国家,君民关系是社会稳定的关键所在,而运用德治理国家,那么国家就会平稳运行。天道是一种公正的存在,没有私心,只会根据事实处事。天道是这个世界运行的规律和法则,他把天道和道德联系在了一起,符合道德法则的行为就是符合天道的行为,不符合道德法则的行为就是悖乱天道的行为。道德是王道政治中十分重要的一环,道德可以维护王道政治的稳定,可以影响整个王朝的发展走向。他从本源上论证道德的重要性,其实是对王道政治的稳定性进行论证。

天道辅助有德行的人,也就是圣王,这样天道下贯到人的身上,就是王道。张九成的"道"既指天道,也指王道。张九成与所有儒家的知识分子一样,一生都在追求"圣王之道",也就是王道。在张九成看来,王道是对于理想社会的终极追求,在王道政治之下,民众的生活可以得到基本的保障,社会也会达到和谐、稳定,他提出:

> 所谓道者,何道也? 即前所谓植桑种田,育鸡豚,畜狗彘,谨庠

---

① [宋]张九成:《张九成集》第2册,杭州:浙江古籍出版社,2013年,第571页。
② [宋]张九成:《张九成集》第2册,杭州:浙江古籍出版社,2013年,第378页。
③ [宋]张九成:《张九成集》第2册,杭州:浙江古籍出版社,2013年,第380页。
④ [宋]张九成:《张九成集》第2册,杭州:浙江古籍出版社,2013年,第345页。

序，申孝悌，使老者衣帛食肉、不负戴于道路，黎民不饥不寒、不漂流于沟壑者是也。[①]

其所谓道者，非他道也，乃尧舜之道也。尧舜之道若何？曰所谓植桑种田，育鸡豚，畜狗彘，谨庠序，修孝弟，使老者衣帛食肉、不负戴于道路，黎民不饥不寒、不转徙于沟壑者是也。其有不合此道者，虽禄之以天下，弗顾也；系马千驷，弗视也。[②]

张九成从体用的角度出发论"道"，"道"是体，王道是用。"道"是一种理想的社会境界，王道就是在"道"的指引下具体的主张。王道不单单是一个概念，而是与之相应的一系列的社会治理措施、主张、行动。王道就是孟子所说的物质生活和精神生活都得到满足，民众丰衣足食、老有所依、幼有所养的社会局面。王道要实现整个社会的和谐、稳定，要做到实现全体成员的社会理想、政治理想、文化理想、道德理想。他还经常提到先王之道、尧舜之道、圣人之道等，这些都符合王道。先王、尧舜、圣人都是具有崇高理想和道德的人，他们的"道"肯定符合人们对于终极理想社会的追求。先王之道、尧舜之道、圣人之道这些都是道在社会上具体的体现，它们都是"道"之用。王道政治是一种道德政治，就是用道德教化规范君主行为、治理国家社稷、管理庶民百姓。这是一种通过道德自觉维护社会稳定的政治措施。

张九成继承并发展了孟子的王道思想，然后形成了他的治国理念。孟子的王道思想是以"仁政"为核心，张九成的思想也是以"仁政"为核心。张九成认为王道就是要做到"仁政"，"仁政"就是要注重民生。他的王道政治是强调君主要用道德仁义治理天下，实行王道，最终实现社会和谐。王道是他一直以来追求的社会理想。王道是一种理想的社会模式，也是最高的政治追求。在张九成看来，"孟子之学，学王道也。王道者何？以民为主也"[③]。他进一步提出：

---

① ［宋］张九成：《张九成集》第3册，杭州：浙江古籍出版社，2013年，第793页。
② ［宋］张九成：《张九成集》第3册，杭州：浙江古籍出版社，2013年，第993页。
③ ［宋］张九成：《张九成集》第3册，杭州：浙江古籍出版社，2013年，第701页。

何谓王道？五亩之宅，树之以桑，则五十者可以衣帛而无忧矣；鸡豚狗彘，无失其时，则七十者可以食肉而无忧矣；百亩之田，勿夺其时，则八口之家可以无饥而无忧矣；谨庠序之教，申之以孝悌之义，颁白者无负戴之忧矣。夫使老者有衣有肉，有代劳者，而黎民不饥不寒，所谓王道，岂在虚空高远处乎？即此所谓王道也。余尝求王道而不得，窃取三百篇而读之，见夫周家之民，其熙恬宴乐如此，乃知王道之实亦在民安其生而已矣。①

这段话是对《孟子·梁惠王章句上》的阐释，在这里孟子说的是"仁政"。张九成认为王道不是一个虚空的概念，而是要有切实的举措，最终能够做到惠及民众。王道的运用就是施行"仁政"，"仁政"就是要使民众可以丰衣足食。"仁政"想要实现的最终的理想社会图景就是在五亩的宅田上种上桑树，五十岁以上的老人都能穿上丝织品的衣服。鸡、狗、猪等家禽、家畜都好好养起来，七十岁以上的老人就都可以吃肉。每户都种百亩田地，不要去妨碍他们的生产，八口人的家庭都可以吃饱。认真地兴办学校，用孝顺父母、尊敬兄长的道理反复教导学生，头发斑白的人也就不会在路上负重行走。老年人有丝绵的衣服穿、有肉吃，一般老百姓吃得饱、穿得暖，这就是王道。张九成认为王道就是要安顿好民众的生活，保障他们的生活水平。

在王道与伦理秩序的关系上，他提出："盖君臣、父子、夫妇、兄弟，王道也。"②他非常重视伦理秩序的价值和作用，伦理秩序对于维护社会稳定具有非常重要的作用。他还提出："夫其所谓王者，非王者之位，王者之道也。王者之道，君君臣臣，父父子子，兄兄弟弟，夫夫妇妇。植桑种田，育鸡豚，畜狗彘，谨庠序，申孝悌，使老者衣帛食肉、不负戴于道路，黎民不饥不寒、不漂流于沟壑，此王道也。"③王道不是说君主所处的地位，而是君主要有王者的德行。在他看来，王道首先就是要遵循伦理秩序，只有在

---

① ［宋］张九成：《张九成集》第3册，杭州：浙江古籍出版社，2013年，第701—702页。

② ［宋］张九成：《张九成集》第1册，杭州：浙江古籍出版社，2013年，第153页。

③ ［宋］张九成：《张九成集》第3册，杭州：浙江古籍出版社，2013年，第758页。

伦理秩序的基础上,进行社会活动,那么社会才能平稳地发展。伦理秩序是社会发展的前提和基础,从这里也可以看出,在他的思想观念中,非常维护封建统治。他是在维护封建统治秩序的基础上,保障民众的利益。

天道是王道政治合理性的来源,"礼"与"德"来源于天道,想要维护王道统治秩序就需要维护"礼"与"德"。他提出:

> 天道非他,礼与德而已。欲识天道,当自礼与德观之。惟由礼则履而为善行,惟有德则得而为圣贤,此正天道也。而世有禄位之家,不知此理,故由礼者少,而荡德者多,其悖乱天道也甚矣!顺天者存,逆天者亡,既悖天道,其亡也必矣。[①]

从礼与德观天道,因为从"礼"出发不断地践行可以逐渐成为善行,从"德"出发可以成为圣贤,善行和圣贤都是符合天道的行为。虽然世世代代享有禄位的人家,不知道天道这个法则,那么也会逐渐地消亡,因为这些人不遵循"礼",不遵循"礼",就会放荡德行,这样就有违天道,最终会走向消亡。王道统治秩序需要"礼"与"德"的维护。

"礼"是一种外在约束力,"德"是一种内在约束力,这样从内到外对人进行约束,很大程度上可以维护社会的有序性。"礼治"是确立社会秩序的原则,而"德治"是按照这一原则运行。"礼治"是通过外在的秩序规范,对人们的行为进行约束。"德治"是通过内心的道德自觉,对人们的行为进行约束。"礼治"和"德治"都可以维护统治秩序。他从天道与人道一体性的角度出发,君主的职责就是维护社会的稳定,而君主可以通过重"礼"与"德"的方式,维护社会秩序的稳定,满足天道的要求,维持统治秩序,最终实现上下相合的一种理想的社会局面。

二、道即日用

在"道"的问题上,程颐提出:"道未始有天人之别,但在天则为天道,

---

① [宋]张九成:《张九成集》第 2 册,杭州:浙江古籍出版社,2013 年,第 639—640 页。

在地则为地道,在人则为人道。"①"道"只是一个,在天就为"天道",在地就为"地道",在人就为"人道"。他还提出:"只是理,理便是天道也。"②"道"就是"理"。程颢提出"道即性也"③,"道"就是"性"。程颐也提出:"称性之善谓之道,道与性一也。以性之善如此,故谓之性善。"④二程认为性善之时,"道"与"性"是一个。在"道"的问题上,朱熹认为"道"就是事物背后的"当然之理"。朱熹提出:"所谓道者,只是日用当然之理。事亲必要孝,事君必要忠,以至事兄而弟,与朋友交而信,皆是道也。"⑤"道"是"当然之理",这个"理"体现在日用之中。他提出:"道即性,性即道,固只是一物。"⑥"道"与"性"为一。

在对于"道"的看法上,张九成与程朱的看法有所不同。他没有从"理"的角度出发阐释"道"。在张九成的思想体系中,"道"并不是虚无的本体,而是体现在人们的日常生活中。张九成非常强调由形而上的本体世界向经验的现实世界展开,他关心的不是对超越于人的认识能力之上的形而上的"道"的论证,注重的是日用伦常的践履,他提出:

> 道非虚无也,日用而已矣。以虚无为道,足以亡国;以日用为道,则尧、舜、三代之动业也。⑦
>
> 道非虚无也,实用处通变者是。⑧
>
> 道无形体,所用者是。苟失其用,用亦无体。⑨

道家认为道体是虚无的,张九成在这里提出"道"不是虚无的,这其实是对于道家的一种反对。"道"体现并内在于人的日常生活之中,体现在

---

① [宋]程颐、程颢:《二程集》,北京:中华书局,1981年,第282页。

② [宋]程颐、程颢:《二程集》,北京:中华书局,1981年,第290页。

③ [宋]程颢、程颐:《二程集》,北京:中华书局,1981年,第1页。

④ [宋]程颢、程颐:《二程集》,北京:中华书局,1981年,第318页。

⑤ [宋]黎靖德编,王星贤点校:《朱子语类》第3册,北京:中华书局,1986年,第863页。

⑥ [宋]黎靖德编,王星贤点校:《朱子语类》第1册,北京:中华书局,1986年,第82页。

⑦ [宋]张九成:《张九成集》第4册,杭州:浙江古籍出版社,2013年,第1262页。

⑧ [宋]张九成:《张九成集》第4册,杭州:浙江古籍出版社,2013年,第1201页。

⑨ [宋]张九成:《张九成集》第4册,杭州:浙江古籍出版社,2013年,第1147页。

日常的道德践履中。"道在日用"是把"道"具体化,认为"道"只有做到"用"才能真正地实现其价值和意义。"道在日用"在一定程度上是在说"道器关系","道"与"物"的关系其实就是道器关系,二程提出:"道之外无物,物之外无道,是天地之间无适而非道也。即父子而父子在所亲,即君臣而君臣在所严,以至为夫妇、为长幼、为朋友,无所为而非道,此道所以不可须臾离也。"①"道"与"物"不相离,"道"之外无"物","物"之外无"道"。伦理纲常都存在"道",这就是说明"道"与人们的日常生活不相离。二程提出:"形而上为道,形而下为器,须着如此说。器亦道,道亦器,但得道在,不系今与后,己与人。"②朱熹提出:"器亦道,道亦器,有分别而不相离也。"③朱熹与二程的思想一致,都认为道器不离。他提出:"'形而上者'指理而言,'形而下者'指事物而言。事事物物,皆有其理;事物可见,而其理难知。即事即物,便要见得此理。"④"形而上"是"理","形而下"是"器",每个形而下的事物都有形而上的"理",要"即物求理"。

张九成提出:"'形而上者谓之道,形而下者谓之器',若形器中非道,亦不能为形器,又安可辄分之? 形而上者无可名象,故以道言;形而下者散在万物,万物皆道,故不混言耳。"⑤如果形器不符合"道"的标准,那么不能称为形器,形器虽然是形而下者,但是也要符合"道"的要求的才能称为形器。在二程看来,形器就是具体的事物,没有符不符合"道"的这一要求限制,而在张九成看来形器必须符合"道"的要求,否则不能称为形器。形而上者是不能具体地称呼和描述的物象,所以称为"道"。形而下者符合道的标准,所以即使是形而下者发散在万物身上,那么万物也都符合"道"。他在这里是想说明在道器关系中,"道"和"器"都要符合"道"的规定。他在一定程度上,取消了"道"和"器"的分界,因为"道"存在于每一个

① [宋]程颢、程颐:《二程集》,北京:中华书局,1981年,第74页。

② [宋]程颢、程颐:《二程集》,北京:中华书局,1981年,第4页。

③ [宋]黎靖德编,王星贤点校:《朱子语类》第5册,北京:中华书局,1986年,第1935页。

④ [宋]黎靖德编,王星贤点校:《朱子语类》第5册,北京:中华书局,1986年,第1935页。

⑤ [宋]张九成:《张九成集》第4册,杭州:浙江古籍出版社,2013年,第1227页。

"器"中,而每一个"器"又都符合"道"的标准。"道"和"器"不能分离,它们是一体的关系。

三、人心道心

在"道"与心的关系问题上,张九成提出:"道即心也。诚求得其本心,以此出而为志,则常安而不摇;以此发而为言,则善应而有法。"①在张九成看来,"道"就是心。"道"内在于人的心中,追求"道"是内在自觉的行动,不需要向外追求。"道"存在于万物之中,而人是万物的一种,所以"道"在人的身上,而人的主宰是心,所以"道"就是心。从本心出发,那么所有的行为都是符合"道"的行为。他通过"道即心"将本心和天道结合起来,并由此下贯到政事之处理,最终实现天道、人道、政道的贯通。陆九渊提出:"道未有外乎其心者。自可欲之善至于大而化之圣,圣而不可知之神,皆吾心也。"②他也认为"道即心",一切事物都是从心而来,心为万物的本源。

二程提出:"人心,人欲;道心,天理。"③心有人心和道心之分,人心是有私欲的心,道心是纯然天理的心。在张九成看来,从本源的角度上"心即道",但是从现实的角度上心未必符合"道"。在现实社会中,人的心中不是只有道存在,还有"欲"的存在。他提出:"惜乎!道不胜欲,不能终孟子之意,而使当日警发之机不得少施。"④他在这里谈到道和欲的问题,其实涉及了两个话题,一是人心与道心的关系,二是天理与人欲的关系问题。这两个话题,其实讨论的意思差不多,都是讨论如何不被私欲影响,保持心的本然状态的问题。宋代对于人心与道心问题的讨论源于《尚书》中的"人心惟危,道心惟微;惟精惟一,允执厥中"。人心是危险难安的,道

---

① [宋]张九成:《张九成集》第 2 册,杭州:浙江古籍出版社,2013 年,第 482 页。

② [宋]陆九渊:《陆九渊集》,北京:中华书局,1980 年,第 228 页。

③ [宋]程颢、程颐:《二程集》,北京:中华书局,1981 年,第 364 页。

④ [宋]张九成:《张九成集》第 3 册,杭州:浙江古籍出版社,2013 年,第 675 页。

心却微妙难明。惟有精心体察,专心守住,才能坚持一条不偏不倚的正确路线。程颢说:"'人心惟危',人欲也。'道心惟微',天理也。'惟精惟一',所以至之。'允执厥中',所以行之。"①程颐说:"人心私欲,故危殆。道心天理,故精微。灭私欲则天理明矣。"②他还提出:"'人心惟危,道心惟微。'心,道之所在;微,道之体也。心与道,浑然一也。对放其良心者言之,则谓之道心;放其良心则危矣。'惟精惟一',所以行道也。"③二程在这里指出人心是人欲,容易流荡;道心是天理,微妙难见,故言人心危殆、道心精微。二程在这里是否定人心中所蕴含的天理的成分,人心中都是人欲,道心中都是天理。张九成认为:"人心,人欲也,人欲无过而不危,何足以求中? 又将即道心以求中乎? 道心,天理也,天理至微而难见,何事而求中?"④人心就是人欲,道心就是天理。从这里看,道和欲的关系问题,确实被张九成转化为了人心与道心、天理与人欲的关系问题。

在人心与道心的问题上,朱熹认为人心和道心只是一个"心",心不能二分。他提出:"谓如'人心惟危,道心惟微',都是心,不成只道心是心,人心不是心!"⑤对此,他又具体地进行了论述:

> 人心不全是不好,若人心是全不好底,不应只下个"危"字。盖为人心易得走从恶处去,所以下个"危"字。若全不好,则是都倒了,何止于危? 危,是危殆。"道心惟微",是微妙,亦是微昧。若说道心天理,人心人欲,却是有两个心! 人只有一个心,但知觉得道理底是道心,知觉得声色臭味底是人心,不争得多。"人心,人欲也",此语有病。虽上智不能无此,岂可谓全不是?⑥

"人心"不等于"人欲","人心"知觉于恶才是"人欲",不知觉于恶那么

---

① [宋]程颢、程颐:《二程集》,北京:中华书局,1981年,第126页。

② [宋]程颢、程颐:《二程集》,北京:中华书局,1981年,第312页。

③ [宋]程颢、程颐:《二程集》,北京:中华书局,1981年,第276页。

④ [宋]张九成:《张九成集》第1册,杭州:浙江古籍出版社,2013年,第288页。

⑤ [宋]黎靖德编,王星贤点校:《朱子语类》第1册,北京:中华书局,1986年,第64页。

⑥ [宋]黎靖德编,王星贤点校:《朱子语类》第5册,北京:中华书局,1986年,第2010页。

就不是"人欲"。只是"人心"容易流向"人欲",所以说比较危险。心只有一个,心知觉于"理"就是"道心",心知觉于声色臭味就是"人心",不能说"人心"是"人欲","道心"是"天理"。"人心"和"道心"不是固定不变的,是可以相互转化的,他认为:"自人心而收之,则是道心;自道心而放之,便是人心。"①"人心"不流于"人欲",那么就是"道心"。"道心"流于"人欲",那么就是"人心"。"人心"与"道心"的区别在于心的趋向,心从"人欲"中收回,回归本心就是回归"天理",就是"道心"。心不从"人欲"中收回,没有回归本心,那么"道心"也会成为"人心"。

在这一问题上,陆九渊也认为心只有一个,他提出:"'人心惟危,道心惟微'解者多指人心为人欲,道心为天理,此说非是。心一也,人安有二心?自人而言,则曰惟危;自道而言,则曰惟微。"②"人心"和"道心"只是一个心,只是"人心"是从心之已发而言,"道心"是从心之本体而言。

王阳明与陆九渊持相同的看法,他提出:"心一也,未杂于人谓之道心,杂以人谓之人心。人心之得其正者即道心;道心之失其正者即人心:初非有二心也。"③"人心"得"理之正"就是"道心","道心"失"理之正"就是"人心"。"人心"与"道心"只是一个心,"心正"就为"道心","心不正"就为"人心"。心之本体为"正",心之本体就为"道",他提出:"盖《四书》、《五经》不过说这心体,这心体即所谓道。心体明即是道明,更无二:此是为学头脑处。"④从心之本体出发,那么就是"道心",一切行为也都符合"道"。他又提出:"心即道,道即天,知心则知道、知天。"⑤又曰:"诸君要实见此道,须从自己心上体认,不假外求始得。"⑥心就是"道","道"就是天,心与道、心与天是一体的关系。从心出发就可以"知道""知天"。

在人心和道心的问题上,张九成认为心不受外界事物影响,没有私欲

---

① [宋]黎靖德编,王星贤点校:《朱子语类》第5册,北京:中华书局,1986年,第2012页。
② [宋]程颢、程颐:《二程集》,北京:中华书局,1981年,第395—396页。
③ [明]王守仁:《王阳明全集》,上海:上海古籍出版社,1992年,第7页。
④ [明]王守仁:《王阳明全集》,上海:上海古籍出版社,1992年,第14—15页。
⑤ [明]王守仁:《王阳明全集》,上海:上海古籍出版社,1992年,第21页。
⑥ [明]王守仁:《王阳明全集》,上海:上海古籍出版社,1992年,第21页。

的时候就是道心，受到外界事物的影响，产生私欲的时候就是人心。心未发之时处于本然状态为善。心已发之时，受到外物影响就不善。人心未发之时人心就是道心，人心已发之时人心充满人欲，所以人心已非道心。在天理与人欲的关系中，他主张的是去除人欲，恢复天理的本然状态。在道与欲的关系中，张九成主张的也是要去除人欲的影响，恢复道的本然的状态。

"道"是一种被人所认可的终极范畴，张九成想借道来论证心的本源地位。他通过"道即心"这一问题，讨论了人心与道心、天理与人欲的关系问题。他论证了心处于本然状态之时，也就是未发之时，不受外界影响，不产生私欲，人心与道心是合一的，这时候"道即心"。心处于已发之时，受到外界影响，本心被遮蔽，产生私欲，人心和道心分离，这时候"道"就不是"心"，"心"也不是"道"。张九成认为"道"是对于理想的追求，他所追求的最终理想就是实现王道政治。想要实现王道政治，只需要从心出发即可，他通过"道即心"为王道政治的合理性进行了论证。

第四节　"六经"皆王道

儒家非常重视"六经"，他们认为"六经"代表着"圣人之意"，体现了"圣人之心"。程颐提出："人见'六经'，便以谓圣人亦作文，不知圣人亦摅发胸中所蕴，自成文耳。"[1]程颐认为人们看到"六经"，就以为圣人也是写文章的，但是不知道这只是圣人在抒发心中的想法，然后就形成了文章。"六经"是"圣人之心"的具体体现。张九成提出："盖'六经'之言，皆圣贤之心也。"[2]张九成与程颐的观点一样，他也认为"六经"体现的是"圣人之心"。

---

[1]　［宋］程颢、程颐：《二程集》，北京：中华书局，1981年，第239页。

[2]　［宋］张九成：《张九成集》第4册，杭州：浙江古籍出版社，2013年，第1059页。

在张九成看来,通过对"六经"的认识,可以认识到"圣人之心",认识到"圣人之心",也就认识了"圣人之道"。通过认识"六经",可以认识"圣人之道",将"圣人之道"运用在具体的实践中,最终就可以实现王道。"六经"即"圣人之道",而"圣人之道"就是王道,所以"六经"就是王道。在对于"六经"的认识上,他提出:"言者,道之赘。'六经',其赘道哉? 囿于经则赘矣。"①言语对于"道"来说是多余的,如果拘泥于"六经"的文字,那么"六经"对于"道"来说也是多余的。"六经"与"圣人之道"是"文以载道"的关系,"圣人之道"虽然寓于"六经"之中,但是"六经"并不是"圣人之道",我们要透过"'六经'之文"认识其背后的"圣人之道"。

"六经"中体现了"圣人之心",而"圣人之心"与我的心是相通的,通过我的心可以认识到"圣人之心",最终可以认识到"圣人之道"。程颐曾提出:"'六经'之言,在涵畜中默识心通。"②张九成提出:"然学问之道无他,求其放心而已矣,非止于务博洽、工文章也。内自琢磨,外更切磋,以求此心。心通,则'六经'皆我心中物也。学问之道,无过于此。"③对于知识和道理的追寻,没有其他的方法,就在于"求其放心",把放出去的心收回来,回归到心的本然状态,不是学识广博、善于文章就可以停止学习。学问之道是在内反思自己的心,在外约束自己的心。只要心通,那么"六经"就在我的心中,心通是认识到了自己的本心,认识到了本心中本然就具备的道德。只要向本心中修养,那么就可以达到"圣人之道"。通过"觉"可以认识"圣人之道":

> 尧、舜、禹、汤、文、武、周、孔之道,具在人心,觉则为圣贤,惑则为愚不肖。圣人惧其惑也,乃著之"六经",使以义理求;乃铭之九鼎,使以法象求。簠簋俎豆、火龙黼黻以发之,钟鼓管磬、琴瑟竽笙以警之,清庙、明堂、灵台、辟雍以形之,使人目受耳应,心竦意萌,恍然雾披,

① [宋]张九成:《张九成集》第4册,杭州:浙江古籍出版社,2013年,第1187页。
② [宋]程颢、程颐:《二程集》,北京:中华书局,1981年,第143页。
③ [宋]张九成:《张九成集》第1册,杭州:浙江古籍出版社,2013年,第196页。

豁然冰泮。乃知千圣虽往,此心原不去;万变虽经,此心自有余。①

尧、舜、禹、汤、文、武、周、孔这些都是圣人,而"圣人之道"都体现在人心上。心中本来就存在"圣人之道",心中只要觉悟到了这一点,那么就是圣贤,心中迷惑那么就是愚不肖。圣人忧虑人们被迷惑,所以才著"六经",让人们从义理的角度出发以求其本心。于是铭刻在九鼎之上,通过天地万物的种种现象来探索它。我们通过簠簋俎豆、火龙黼黻等礼器纹饰来展现它;通过钟鼓管磬、琴瑟竽笙等乐器来表达对它的敬重;通过在清庙、明堂、灵台、辟雍等建筑中宣教使它显露在人前。从而使人既能通过外在的耳目感官感受它,也能在内心有所触动,萌生想法。就如同雾气忽然散开,冰块突然融化一般。虽然圣贤已经离去,但是这个心始终不变。万变虽然经过,这个心却有余。每个人的心中本来就为善,"六经"的作用在于帮助我们认识到自己的本心,也就是可以帮助我们"发明本心"。虽然本心可以与圣人之心相通,但这是一个应然的状态,有时候无法得以显现,所以要借助"六经"的帮助,以使本心发明出来,变成实然的状态。他还提出:"吾自格物先得圣贤之心,则'六经'皆吾心中物耳。如是以论'六经',则可否、与夺、抑扬、高下迥出常情之外,超然照见千古圣贤之心。"②"格物"也是认识"圣人之心"的一种途径,通过"格物"可以认识到"六经"就在我的心中。通过"觉"和"格物"的功夫,可以认识"六经"中蕴含的"圣人之道"。

在张九成看来,学习"六经"是为了认识"圣贤之心",用圣贤为标准教导自己的行为,从而使自己的行为符合"圣人之道"。他提出:"夫明经术,所以穷圣贤之心,以证吾心也。"③"夫稽古,亦所以穷圣贤之心,以证吾心也。"④"盖学经所以正吾心,观史所以决吾行,安可昧为不急之务?"⑤张九

---

① 〔宋〕张九成:《张九成集》第1册,杭州:浙江古籍出版社,2013年,第184页。
② 〔宋〕张九成:《张九成集》第4册,杭州:浙江古籍出版社,2013年,第1059—1060页。
③ 〔宋〕张九成:《张九成集》第4册,杭州:浙江古籍出版社,2013年,第1051页。
④ 〔宋〕张九成:《张九成集》第4册,杭州:浙江古籍出版社,2013年,第1051页。
⑤ 〔宋〕张九成:《张九成集》第4册,杭州:浙江古籍出版社,2013年,第1262页。

成认为我们现在对于经史的研究,都是为了想从中获取圣贤的智慧,以"圣人之心"为标准矫正自己的心。他还提出:"盖凡圣王法度皆自其心中造化,一得圣王之心,则其法度必自合于圣王,其法当如是也。"①"圣贤之心"与我之"心"在本质上没有区别,只是圣贤之"心"已然纯善,时时刻刻可以为善去恶;而我之"心",善恶夹杂,需要时刻小心谨慎,圣贤的著作文章仅仅是让我们为善去恶的方便之门。"圣王法度"也无非是出自"心",认识到这个"心",那么就是认识到了"圣人之道",也就可以实现王道。

张九成认为虽然我们可以从心出发,自己体认圣贤之心,理解"圣人之道",但是毕竟没有从"六经"中获得容易一些,所以读"六经"依然有必要。在对于"六经"如何学习上,他的想法与程颐有一脉相承之处。程颐说:"学者当以《论语》《孟子》为本。《论语》《孟子》既治,则'六经'可不治而明矣。读书者,当观圣人所以作经之意,与圣人所以用心,与圣人所以至圣人,而吾之所以未至者,所以未得者,句句而求之,昼诵而味之,中夜而思之,平其心,易其气,阙其疑,则圣人之意见矣。"②程颐提出学者当从《论语》和《孟子》出发进行学习,这样学习"六经"就更容易一些。在程颐看来,孔子和孟子都是大圣人,通过《论语》和《孟子》理解了圣人的意旨,那么再研读"六经",对"圣人之心"理解得更容易和明白一些。读"六经"的出发点和目的是明白"圣人之心",我们在读"六经"的时候要读的是其中所蕴含的圣人之所以作经的本意,与圣人之所以这么用心做经的地方,与圣人能成为圣人的原因,还有我们没有达到的原因。读"六经"就是探究事物背后所蕴含的道理,体察"圣人之心",认识"圣人之道"。张九成提出"'六经'之书,浩博而难穷,故读《易》者如无《春秋》,读《书》者如无《诗》。学者莫若精《语》《孟》。《语》《孟》中得趣,则'六经'皆可触类而知矣。"③张九成也认为读"六经"要从《论语》和《孟子》开始。"六经"是一个相互贯通的系统,这个系统的核心就是"圣人之心"。"六经"体现的都是

---

① [宋]张九成:《张九成集》第4册,杭州:浙江古籍出版社,2013年,第1071页。

② [宋]程颢、程颐:《二程集》,北京:中华书局,1981年,第322页。

③ [宋]张九成:《张九成集》第4册,杭州:浙江古籍出版社,2013年,第1278页。

"圣人之心",如果认识了"圣人之心",那么就可以触类旁通,自然就能理解其他经书中体现的"圣人之心"。"六经"中所蕴含的"圣人之心"是相同的,所体现的"圣人之道"也是相同的。张九成认为明白了"圣人之道",还要真正地运用"圣人之道",他提出:

> 学者之引"六经",当先得"六经"之道,明于心,美于身,充于家,布于一国,行于天下。凡吾所以唯诺可否,进退抑扬,遇事接物,立政鼓众,皆"六经"也,故得"六经"之道矣。意欲有为,皆成"六经",如论闲暇明政刑,则是《鸱鸮》之诗也。求之于古,证吾所见耳。非如后世别章摘句,分文析字,终日于传注之间、谈说之际,使一置书策,则胸中茫茫,略无所见;施之行事,无一合于古人之意者。明"六经"之道,果若是乎?《鸱鸮》之诗言"迨天之未阴雨,彻彼桑土,绸缪牖户。今此下民,或敢侮予",正与国家闲暇明其政刑之意合,是"六经"合孟子之意,非孟子区区求合"六经"也。夫如是,则能用"六经",而非为"六经"之所用矣。俗儒不解,动引《诗》《书》,施之行事,乃大谬不然,此"六经"之罪人也。孔子解是诗,乃不似后世训诂笺注,而论作此诗者为知道,异哉其论诗也!不论章句之意、训诂之义,乃论作此诗之知道,且解之曰"能治其国家,谁敢侮之",何其高明、劲直如此也!孔、孟之明"六经"如是,学者隐之于心,果与之同乎?①

学者引用"六经",应当先明白"六经"之中蕴含的道理,从而在内能使内心澄澈明晰,在外能受人赞誉,使一家富足,流行于一国,通行于天下。那么我所有的应答、进退、遇事接物、为政之道都是"六经",所以说得到了"'六经'之道"。如果想要有所作为,都会成为"六经",如果讨论国家局势稳定,明白政令和刑罚,那么就是《鸱鸮》之诗。向古人寻求,证明我所看到的。不是后世的那种只知道引用圣人的话,做分文析字、传注的工作,但是真正谈论的时候胸中却没有一点自己的思想。真正施行的时候,没有一点符合圣人的意思。《鸱鸮》所说的"趁着天晴还没阴雨,剥些桑树根

---

① [宋]张九成:《张九成集》第3册,杭州:浙江古籍出版社,2013年,第777页。

上皮,把门窗修理好。那住在下面的人,有谁还敢欺侮我?"正是与国家局势稳定的时候公开政令和刑罚的意思相合,是"六经"符合孟子的意思,不是孟子要与"六经"相合。只有这样才能用"六经",而不是被"六经"所用,要明白在我与"六经"的关系中,我是主体,"六经"只是为"我"服务。他从"我"出发,从自己的心出发,理解"六经"。认识到"我"才是本,"六经"是末,不能本末倒置。浅陋而迂腐的儒士,动辄就引用《诗经》《尚书》,并用它们处理事情,但是并不能体会到圣人真正的用意,所以不能真正地运用"六经",这是"六经"的罪人。孔子解这个诗的时候,就不像后世这种做训诂笺注,而是论述作这个诗的人知道怎么治理国家,圣人论诗,不是做章句训诂,而是论述诗所存在的治理之道,所以孔子解《鸱鸮》的时候说:"能够治理好自己的国家,谁还敢欺侮他呢?"孔子和孟子都是从诗所蕴含的道理出发,理解诗,而不是做章句训诂。他从这里是想说明读"六经"当读其所蕴含的道理,并用这个道理处理各种社会事务,真正地把"六经"运用在处理社会事务之中。

张九成认为通过"心"可以理解"圣人之道",并将"圣人之道"正确地运用。他提出:"学者读《孟子》,先当观其用,然后可以识孟子之心矣。"[1]张九成认为真正的"儒者"是传"圣人之心",而不是传"圣贤之言"。后世的儒者只要领悟到了"圣人之心",并按照这个"心"的原则行事,即使所为有与圣贤之言相悖之处,也依然符合"圣人之道"。"圣人之心"体现在"圣心之用"上,"圣心之用"是"圣人之心"的表现,"圣心之用"就是"圣人之道",而"圣人之道"的贯彻和落实是王道。张九成认为"六经"体现的是"圣人之道",体现了很多先王的政治智慧,"六经"就是王道之书。刘玉敏提出:"张九成几乎遍注群经,就目前所存的解《尚书》《孟子》《春秋》来看,他以'王道'为主线,贯穿经解的全过程,拳拳恳恳,大讲特讲王道的必要性,体现了他经世致用的思想。"[2]刘玉敏认为"王道"是张九成思想的主线。张九成认为"六经"中充满着"圣人之道",也就是王道。他希望通过

---

① [宋]张九成:《张九成集》第 3 册,杭州:浙江古籍出版社,2013 年,第 708 页。

② 刘玉敏:《心学源流——张九成心学与浙东学派》,北京:人民出版社,2013 年,第 188 页。

对"六经"的认识，认识到"圣人之道"，认识到实现王道的具体途径。

在对于"六经"与王道的看法上，朱熹也认为"圣人道在'六经'"①，"圣人之道"蕴于"六经"之中。在"六经"与王道的关系上，他提出："夫所谓王道者，天子之所行，'六经'之所载，孟子之所说者是也。"②君主要实行王道，"六经"记载的就是"圣王之道"。他认为："故尝譬之'六经'如千斛之舟，而孟子如运舟之人；天子犹长民之吏，而王道犹吏师之法。"③在"六经"、圣人、君主、王道的关系上，"六经"是承载"圣人之道"的器物，君主是实行"圣人之道"的人，王道是"圣人之道"具体的实践。"六经"承载了"圣人之道"，并且"六经"是王道实行的根据。

陆九渊和王阳明作为心学的思想家，在"六经"的问题上，与张九成具有异曲同工之处。陆九渊提出"'六经'注我，我注'六经'"，陆九渊在张九成思想的基础上，进一步发展，更具主体性，突出了"我"的主导地位。张九成在个人与"六经"的关系上，个人不要被"六经"所用，而陆九渊更进一步，他用各种经典著作中的论断来解释和证明自己的观点，为自己的理论服务。"'六经'注我"和"我注'六经'"是文本诠释中两种对立的诠释取向和诠释方法，"'六经'注我"是一种文本为我所用的读者中心主义诠释取向和诠释方法，"我注'六经'"是一种遵从文本原意的作者中心主义诠释取向和诠释方法。陆九渊的思想更倾向于"'六经'注我"，他是从"我"出发，而"我"是我的心，从我的心出发理解"六经"，"六经"又对我的心进行启发。陆九渊在心与"六经"的关系上，涉及的只是思想的理解，并没有涉及具体的应用，这一点与张九成有所不同。张九成认为学"六经"的目的最终是实现"圣人之道"，也就是王道的政治理想。陆九渊的"六经"只是一种思想诠释的方式，没有涉及对"圣人之道"的运用。

---

① ［宋］朱熹撰，朱杰人、严佐之、刘永翔主编：《朱子全书》，第 22 册，上海：上海古籍出版社；合肥：安徽教育出版社，2002 年，第 1953 页。

② ［宋］朱熹撰，朱杰人、严佐之、刘永翔主编：《朱子全书》，第 24 册，上海：上海古籍出版社；合肥：安徽教育出版社，2002 年，第 3542 页。

③ ［宋］朱熹撰，朱杰人、严佐之、刘永翔主编：《朱子全书》，第 24 册，上海：上海古籍出版社；合肥：安徽教育出版社，2002 年，第 3543 页。

王阳明也曾提出:"'六经'者非他,吾心之常道也。"这是把"六经"内化于自己的心。"六经"作为经典,是一种权威性的存在,他把权威内化在自己的心中,那么就是说明心的权威性。心中自然地就具备"六经"所蕴含的"圣人之道",自然具备各种德性,所以不需要向外寻找。"六经"所蕴含的道理,就是我心中存在的道理。王阳明相较于张九成和陆九渊,更简单、直接一些,明确地提出了"六经"就是我心中存在的法则。王阳明也与陆九渊一样,只是论述了"六经"与我之心的关系,没有涉及"六经"与"圣人之道"的运用问题。

张九成、陆九渊、王阳明对于"六经"基本持相同的观点,他们都是从心学的角度出发阐释"六经",认为心中本来就存在"圣人之道","六经"与我的心是相同的。张九成"以心解经"的观点,开启了心学以心解经的先河,对后世心学的发展产生了深远的影响。正如何俊所说:"在大师已逝的情况下,虽然各自的弟子们仍努力维护师说,但在当时,谁也难有像大师们那样的左右力,留给后辈学者们的思想空间,很大程度上将取决于人们自己的阅读。"[1]陆九渊不主张著述,从本心出发即可,这就导致后世之人想要学习心学,没有可依循的具体的路径。张九成著作很多,并用"以心解经"的方式给后世留下了可依循的路径。世界上的人并不是每一个人都有陆九渊的哲学能力,很多人都是在前人提供的道路上行走。朱熹就通过著述的方式,从理学的角度阐释经学,给后人走上理学的道路提供可供依循的路径。张九成"以心解经"与朱熹"以理解经"都是通过"六经"为自己的理论体系论证,并通过这种方式传播自己的思想,这与"六经"传递了"圣人之道"一样。"以心解经"的方式,也是对于"圣人之道"的阐释。

张九成使心学拥有了对于经学的解释权,给后世心学的发展提供了很大的发展空间。张九成是从心本论的角度出发,对经学进行阐释。"六经"是一种权威,张九成用"以心解经"的方式,使心学获得了权威性。他通过"以心解经"的方式,使心学获得了独立性和权威性。张九成、陆九

---

① 何俊:《南宋儒学建构》,上海:上海人民出版社,2004年,第294页。

渊、王阳明都是在"以心解经",从"以心解经"也可以看出,张九成的思想在后世的传承与发展,虽然没有直接的证据证明陆九渊和王阳明受到张九成思想的影响,但是我们可以看到他们与张九成具有同样的思维方式,从这里也可以看出心学思维和发展脉络的共性。我们还可以看出,心学要获得权威性就必须寻找支持,而这一支持就是从更具权威性的地方获得,而"天"与"六经"就是心学获取权威性的途径。心学总是从天获得本体论的支持,通过"六经"获得权威的支持,这是心学发展的一种脉络。

宋代对于经学的阐释不再依循汉代的章句训诂方式,而是转向了义理的诠释。理学和心学都主张从义理的角度解经,这是宋代儒家学者对于汉唐经学的反思,这是一种新的学术思潮,这是当时的一种时代特色。宋代的学者不再主张逐字逐句地对圣人言语进行注解,他们注重的是对于"圣人之心"的理解。理学和心学在宋代的背景下,是具有统一性的,他们都认为"六经"即"圣人之道",都认同义理解经的方式。从"义理"的角度解经的方式一直延续到明代,这其实是一种人的主体精神的提升,人的地位的提升,只有人的思想解放,地位提升,才敢于提出自己新的想法和观点,这也是一种学术下移,对于经学的解释不再为一些大家族所垄断,每个人都可以拥有对于经的解释权,这极大地解放了人们的思想。

第五节　王霸之辨

"王者"是用仁义手段治理社会的人,"霸者"是用暴力手段和权谋算计治理社会的人。孟子说:"以力假仁者霸,霸必有大国。以德行仁者王,王不待大,汤以七十里,文王以百里。以力服人者,非心服也,力不赡也。以德服人者,中心悦而诚服也。"①孟子提出"王者"是"以德服人","霸者"

---

① 〔清〕焦循:《孟子正义》,北京:中华书局,2018 年,第 221 页。

是"以力服人",他以是否符合"德"衡量"王者"和"霸者"。在社会治理上，"王者"用"德"治理社会，"霸者"用武力治理社会。

宋代时期，人们不再从"德力"的角度思考王者与霸者的区别，而是从公私的角度思考王者与霸者的区别。二程认为"王者"和"霸者"的区别在于出发点是"公"还是"私"，"王者"是出于"公"，"霸者"是出于"私"。二程提出："父子君臣，天下之定理，无所逃于天地之间。安得天分不有私心，则行一不义，杀一不辜，有所不为。有分毫私，便不是王者事。"①"王者"就是不能有私心，有一点私心就不能称为"王者"。二程提出："王者奉若天道，动无非天者，故称天王，命则天命也，讨则天讨也。尽天道者，王道也。后世以智力持天下者，霸道也。"②"王者"是从天道出发，所有的行为都是出于天意，所以称为"天王"，所以他所禀赋的命运是"天命"，想要讨伐的人就是"天讨"，能做到遵循天道就是"王道"。用智力持有天下的是"霸道"。在二程看来，"公"与"私"其实是"天理"与"人欲"的差别，程颢提出："得天理之正，极人伦之至者，尧、舜之道也；用其私心，依仁义之偏者，霸者之事也。"③"王者"得天理之正，"霸者"出于人欲之私。朱熹也从天理的角度出发，他提出："有天德，则便是天理，便做得王道；无天德，则做王道不成。"④"天德"就是符合道德，符合道德就是符合天理，符合天理就是符合王道。由此，有"天德"那么就符合天理，就是王道；没有"天德"，就不符合天理，就不是王道。他还提出："大抵霸者尚权谲，要功利。"⑤"霸者"崇尚权势计谋，注重功利，是从自己的私心出发。有私心就不是"王者"，"王者"的行为都是出于"公心"，都符合天理。"霸者"有私心，行为都是出于人欲，所以不符合天理。

在"王霸"的问题上，张九成与程朱是相同的观点。他也是从公私的

① ［宋］程颢、程颐：《二程集》，北京：中华书局，1981年，第77页。

② ［宋］程颢、程颐：《二程集》，北京：中华书局，1981年，第1243页。

③ ［宋］程颢、程颐：《二程集》，北京：中华书局，1981年，第450页。

④ ［宋］黎靖德编，王星贤点校：《朱子语类》第3册，北京：中华书局，1986年，第976页。

⑤ ［宋］黎靖德编，王星贤点校：《朱子语类》第3册，北京：中华书局，1986年，第1113页。

角度出发进行论述,他提出:"有圣王之学,有霸者之学。圣王之学,其本为天下、国家,故其说以民为主;霸者之学,其本在于便一己而已矣,故其说以利为主。以利为主,其弊之极,岂复知有民哉?"①"王者"的目的是天下、国家,是出于"公心"。"霸者"的目的是自己,是出于"私心"。"王者"与"霸者"的区别是"利人"与"利己"的区别。在"利"的问题上,张九成反对"自私自利"的行为,不反对利民、利天下的行为。行为符合天下之人的利益,那么这个"利"就可取。行为只是符合个人的利益,那么这个"利"就不可取。君主从"利己"的角度出发,那么最终就会忽视民众的利益,这是不可取的行为。君主从"利民"的角度出发,这就是可取的行为。"利"之可为与不可为在于"利"的目的以及所利的对象,目的出于"公",对象为"民"就可取;目的出于"私",对象为"己"就不可取。他进一步提出:

> 盖桓、文之得以假仁义,而其弊处以利为主也。以利为主,至孟子而大炽,至始皇则极矣。不塞其源,不绝其本,非圣王之心也。既扼齐王为利之心,而开其为民之路,乃以圣王之学一洗其陋焉。此孟子之本意也,其曰"无以,则王乎"是也。孰为"王乎"?保民则王矣。……予尝求王道而不知其端,今读《孟子》,乃知所谓王道者,必保民使如前数者,乃所谓王道也。②

齐桓公、晋文公的弊处就在于"以利为主",到了孟子时期,这一现象更加严重,到了秦始皇的时候就到了极点。孟子开始说明"以利为主"的危害,并倡导君主要施行"仁政"。孟子这是从本源上出发,杜绝"以利为主"造成的危害。遏止了齐王的"为利之心",开启为民众谋利的道路,这就是"圣王之道"。"圣王之道"就是"王道","王道"就是要做到"保民"。张九成认为"王者"和"霸者"的区别在于他行为的目的是天下之人的利益还是自身的利益,"王者"是为了天下之人的利益,"霸者"是为了个人利益。他赞同"王者",反对"霸者"。

---

① [宋]张九成:《张九成集》第3册,杭州:浙江古籍出版社,2013年,第695页。
② [宋]张九成:《张九成集》第3册,杭州:浙江古籍出版社,2013年,第696页。

二程、朱熹、张九成都是从公与私的角度出发思考"王霸之辨"这一问题,在当时可以说是一种时代共识。张九成与他们的不同之处在于他还从心的角度出发,思考"王霸之辨"。"公"与"私"都是出于心,所以"王者"和"霸者"区别在于心。"王者"是出于"至诚之心",并用"至诚之心"对待民众。"霸者"是出于"利心",用才智与计谋对待民众。"王者"的心是处于正的状态,心正那么所有的行为都是符合道德的行为,实行的政策也都是对民众有利的政策。"霸者"的心是处于不正的状态,那么他所有的行为自然就不符合道德,他实行的政策也就不是对民众有利的政策。他提出:

> 盖霸者以智术为主,王者以至诚为主。至诚,乃心所固有者;智术,乃罔念所成者。以至诚行仁政,是其心出于救民耳,非有所冀也;以智术假仁政,是特假途以要利尔,岂以民为心哉?如齐桓实欲袭蔡而假包茅之名,实欲服诸侯而假葵丘之名;晋文实欲伐楚而假避舍之名,实欲一战而霸而假大搜、伐原之名。虽一时风声威令,足以耸动邻国,然而天下皆知其心出于智术,特以智术之不如,故听其号令耳。傥智术出其上,则将以仆奴待之;不然相亢则为敌,相参则为参,其肯服之乎?若夫王者之心则不如是。心见仇饷之不仁,故有征葛之举;心见莒国之不道,故有徂莒之征。非出于智术也,至诚救民而已矣。故汤之征葛也,东面而征西夷怨,南面而征北狄怨,曰:"奚为后我?"而文王、武王之伐纣也,散鹿台之财,发钜桥之粟,大赉于四海,而万姓悦服,此岂以利为心哉?故如霸者之所为,竭其智术,侵人土地,取人城邑,可以为大国而已矣,然而怨结于心,特待时而发耳。如王者之所为,本不为广土地、充府库计也,故汤以七十里而天下归之,文王以百里而天下归之。汤之有天下,文王之三分,皆至诚所感,民心归之,如子之归父母,水之朝东海,岂强以智术驱之哉?特其心之所愿欲耳。①

---

① [宋]张九成:《张九成集》第 3 册,杭州:浙江古籍出版社,2013 年,第 771 页。

　　"王者"是以"至诚"为主,"霸者"是以"智术"为主。"至诚"是心之本体的状态,"智术"是由罔念而形成。用"至诚"施行"仁政",这是心出于救民,不是希望有所回报;用才智与计谋假意施行"仁政",是假借施行"仁政"以图利益,这不是以民为心。齐桓公怨恨少姬改嫁而向南袭击蔡国,管仲寻找借口攻打楚国,责备它没有向周王室进贡菁茅;实际想要称霸诸侯却假借葵丘会盟的名义。晋文公实际上想要讨伐楚国,却假意对楚国退避三舍;实际上想要一战称霸天下,却假借护卫周天子讨伐原国之名,展现自己的忠心、诚信。齐桓公和晋文公的行为都是为了自身的利益,而不是出于本心,所以他对他们都持批判的态度。他们是想通过道德的行为以达到实现自身利益的目的,而这些符合道德的行为不是出于本心,而是出于伪装。这种行为,虽然可以一时获得利益,但是天下之人都知道其心是出于才智与计谋。"葛伯仇饷"是一个历史典故,这个故事主要是讲葛国平常不进行祭祀,商汤派人来问为什么不进行祭祀。葛伯说:我们没有祭祀用品。于是,商汤派人给他们送来了牛、羊等祭祀品。葛伯把这些牛、羊都吃掉了,仍然不进行祭祀。商汤派人来问,你们为什么还不祭祀呢? 葛伯说:我们没有祭祀的五谷。于是商汤就派人来给他们种地,派老幼给种地的人送饭。葛伯就派人抢了这些送饭的人,还杀了一个小孩子。于是,商汤恼怒了,派兵消灭了葛国。莒国君主不顾国力,不在乎百姓安危,经常发起战争,民不堪命,所以才有讨伐莒国的行为。这些都不是出于才智和计谋,这是出于"至诚之心",这是在拯救民众。所以商汤征伐葛国,向东方进军,西方国家的百姓不高兴;向南方进军,北方国家的百姓不高兴,说为什么我排在后面。文王、武王讨伐商周,"鹿台"是商纣王贮藏金银珍宝的地方,"钜桥"是堆积粮食的仓库,散尽"鹿台"中聚集的财富,分发"钜桥"中的粮食,重赏四海之民,那么万民都心悦诚服,这是"以民为心"不是"以利为心",这是真正的"王者"。"霸者"是竭尽其才智和计谋,侵犯别人的土地,获取别人的城邑,只是为了使自己国家的土地扩大,成为大国,然而却与人结怨,而这个怨气逐渐地积累,总有一天会爆发。"王者"的所作所为,都不是为了扩大土地、充实府库,所以商汤以方圆七十里的地方统一天下，文王以方圆百里的土地让诸侯臣服。商汤富有天下，文王三分天下，都是"至诚"所致，民心归属他们，像儿子归于父母，水向东海汇流，这不是因为智术，这是因为心之所愿。"王者"和"霸者"的区别在于"诚"与"不诚"，他提出：

> 盖霸者以智术为主，王者以至诚为主。至诚，乃心所固有者；智术，乃罔念所成者。以至诚行仁政，是其心出于救民耳，非有所冀也。……乃知霸者之民，兵势之壮，犹足以使之；一旦国家削弱，则皆相率而去之，有何心于恋慕哉？夫王者之民，则急难相保，穷迫相扶，盖平时所以固结其心者，皆至诚也，故民皆至诚以报之。①

真诚是心中所本来就具有的；才智与计谋是妄念所造成的。用真诚施行仁政，那么他的心是出于救助民众，没有其他的希冀。"霸者"统治下的民众，兵力很强壮，足够驱使；可是一旦国家力量削弱，那么民众就会相互带引着离去，没有留恋、爱慕的。"王者"统治下的民众，遇到紧急的情况会患难与共，互相保护，遇到穷困、紧迫的时候也会相互扶持，这是平时就团结一心，这都是真诚的力量，所以说民众都回报以真诚。张九成认为"王者"可以使民众都心悦诚服，从内心接受这个君主并愿意维护其统治。"霸者"并不能让民众真心地臣服于这个君主，所以在发生危难之时，没有人会想维护其统治，大家都各自维护自身的利益。"王者"的民众能够团结一心，维护其统治；"霸者"的民众是一盘散沙，不会维护其统治。这是因为"王者"的民众，对于其统治的社会具有归属感，自觉地维护其统治。"霸者"的统治，没有给予民众足够的归属感，所以并不能使民众自觉地维护其统治。他提出：

> 乃知霸者之民，兵势之壮，犹足以使之；一旦国家削弱，则皆相率而去之，有何心于恋慕哉？夫王者之民，则急难相保，穷迫相扶，盖平时所以固结其心者，皆至诚也，故民皆至诚以报之。所以太王避狄去

---

① ［宋］张九成：《张九成集》第3册，杭州：浙江古籍出版社，2013年，第771页。

邠,而从之者如归市,如七十子之服孔子,以明王道之大。^①

"霸者"的民众,虽然人数众多,可以驱使;可是一旦国家削弱,那么就都会竞相离去,不会有任何的依恋。"王者"的民众,遇到危急、困难的时候会相互保护,遇到穷困、窘迫的时候会相互扶持,这是因为平时就能团结一心。这是因为君主以"至诚"对待民众,民众也以"至诚之心"回报君主。姬亶因戎狄威逼,率领族人由豳迁到岐山下的周原,追随他的人很多,像是"七十子"服从孔子,从这里可以看出"王道"之大。这都是因为他们以"至诚之心"待人,人们自然可以感受到,所以自愿地追随他们。

在他看来,古今的"至诚"都是相同的,古今之"至诚"只是一个,这个"至诚"可以"心传"。君主世代相传的是这个"至诚之心",他提出:"凡心俗虑,有高下之不同,而至诚所在,通古今于一息。高宗、傅说同此一心,两人之心同此一诚。高宗推诚所注,则发见于傅说之心;傅说致君之义,又交于高宗之心。"^②平凡的心与世俗的考虑,有高下的不同,但是"至诚"之所在,古今是共同的。高宗与傅说是相同的心,两个人的心是同一个"诚"。高宗推广"诚",那么就显现在傅说的心上;傅说致君的意思,又与高宗之心相交。程颐提出:"此是得贤之一事,岂必尽然?盖高宗至诚,思得贤相,寤寐不忘,故朕兆先见于梦。"^③在张九成看来,"至诚"存在于所有人的心中,这个"至诚"在君主身上,就可以把社会治理得井然有序,在个人身上,人就能达到理想的精神境界。社会是需要"至诚"存在的。

张九成认为君主要时刻谨记自己的职责,做到爱护民众。君主的责任重大,需要不断地修身,要时刻保持自己的"本心"。始终以"至诚之心"对待臣民,这样臣民也会待之以"至诚之心",这样上下和谐,社会才能稳定。张九成通过心,将人类的道德存在和伦理精神以及社会等级秩序上升到了宇宙本体的高度。他从本体论的高度对封建秩序进行了理论说明,把本体论与政治、人伦之秩序结合了起来。

<hr>

① [宋]张九成:《张九成集》第3册,杭州:浙江古籍出版社,2013年,第772页。
② [宋]张九成:《张九成集》第2册,杭州:浙江古籍出版社,2013年,第405页。
③ [宋]程颢、程颐:《二程集》,北京:中华书局,1981年,第227页。

附录一　横浦学派

张九成创立了横浦学派,是横浦学派的灵魂人物,横浦学派的发展演变与张九成思想的发展息息相关。横浦学派是张九成及其后学组成的学派,张九成的弟子主要有:韩元吉、汪应辰、刘荀、史浩、凌景夏、樊光远、沈清臣、方畴、于恕、于宪、徐椿年、倪称、郎煜、郭钦止。后学主要有:赵彦肃、倪思、史弥坚、史守之、史定之、张良臣、汪伯时、汪逵、尤袤、吕祖谦、章颖、张杰、赵焯、郑侨。

第一节　横浦弟子

韩元吉(1118—1187),字无咎,号南涧,开封雍邱(今河南省开封市)人,一作许昌(今属河南省)人。韩元吉师从尹焞、张九成,与理学颇有渊源。《宋史翼》卷一四《韩元吉传》:"元吉少受业于尹和靖之门,常举朱子以自代。"[1]据《书和靖先生手书石刻后》:"追思拜先生于道山时,遂四十一寒暑矣,抚卷慨然。淳熙六年(1179)六月庚戌,门人颍川韩元吉记。"[2]

---

① ［清］陆心源:《宋史翼》,杭州:浙江古籍出版社,2016年,第295页。

② ［宋］韩元吉:《南涧甲乙稿附拾遗》,北京:中华书局,1985年,第324页。

自淳熙六年(1179)上溯四十一年,即为绍兴九年(1139)。据《和靖先生年谱》记载绍兴九年(1139)尹焞提举江州太平观待制,这里的"道山"应指的就是江州太平观。因为绍兴九年(1139)张九成也提举江州太平观待制,韩淲曾说"张九成,字子韶,官至侍郎,为世儒所屈指,在道山时,先公得游其门"[①]。张九成曾三次提举江州太平观,分别发生在绍兴七年(1137)、绍兴八年(1138)到绍兴十年(1140)、绍兴二十六年(1156)。因为韩元吉先是受学于尹焞,所以不可能是绍兴七年(1137),而绍兴二十六年(1156)张九成已致仕,且不久就离世,所以也不可能,所以据以上可以推测,韩元吉受学于张九成也发生在绍兴九年(1139)左右。

韩元吉在文学方面的成就远远高于理学方面的成就,他曾得到四库馆臣的高度评价:"统观全集,诗体文格均有欧苏之遗,不在南宋诸人下。"[②]韩元吉与辛弃疾、陆游都交情颇深,他与辛弃疾时常往来酬唱,更与陆游交情颇深。韩元吉一生著述十分丰富,著作有《南涧甲乙稿》二十二卷。

韩元吉于宋高宗绍兴十二年(1142)为处州丽水县属官,从此步入仕途。绍兴三十一年(1161)任司农寺主簿,在任上他积极上书,建议抗金。任吏部侍郎的时候,主张清理判决罪犯,完善举官之法。知婺州时,非常重视教育,积极创建贡院。淳熙三年(1176),任吏部尚书,达到了仕途的顶峰。韩元吉历仕高宗、孝宗两朝,为官长达三十七年。韩元吉在政治上,对内主张改革弊政,重教育,薄赋敛,劝农桑,节省费用。对外力主抗金,但并不主张盲目对战。他为官期间,恪尽职守,非常关注百姓疾苦。他在地方为官以及在朝中任职之时,都敢于直言,为民请命。由于当时奸臣当道,韩元吉在朝廷中受到排挤,但一直没有放弃"兼济天下"的追求。纵观韩元吉一生,他始终怀着一种以治国平天下为己任的信念,积极践行儒家思想。

韩元吉经常与理学家探讨问题,与吕祖谦、陈亮、朱熹都有交往。吕

---

① ［宋］韩淲、陈鹄撰:《涧泉日记　西塘集耆旧续闻》,上海:上海古籍出版社,1993年,第17页。

② ［清］纪昀等:《四库全书总目》,北京:中华书局,1965年,第1383页。

祖谦是南宋非常著名的理学家,而韩元吉非常欣赏吕祖谦,先后将长女复和三女螺嫁给吕祖谦。韩淲在《涧泉日记》中云:"吕祖谦,申国公丞相公著之孙,中书舍人本中之侄孙。先公以两女妻之。有学问,有文章,气度冲和,议论平正,仅为秘书郎而死。"①又据《宋史翼》记载韩元吉:"尝寓德清之慈相寺。东莱吕祖谦,其婿也,相与讲读于寺西竹林精舍。"②韩元吉是吕祖谦的岳父,与吕祖谦来往颇多,而吕祖谦在政治上和为学上的主张又和韩元吉基本相同,所以两人可谓是志同道合。

韩元吉与陈亮也相熟,陈亮曾言结识元吉太晚之憾,"亮获从一世士君子游,独不识尚书,岂非大阙"③,他曾称赞韩元吉"合渡江诸贤所闻而又浩然自得于其间者,于今惟尚书一人"④,陈亮对韩元吉的评价甚高。

韩元吉与朱熹相交颇深,时常与其探讨学问。乾道五年(1169),在《答朱元晦书》中对于儒释的看法,韩元吉认为"圣人妙处在合,故一以贯之;释氏之弊在分尔,余不足论也"⑤,朱熹认为"诲谕儒释之异在乎分合之间,既闻命矣。顷见苏子由、张子韶书皆以佛学有得于形而上者而不可以治世,尝窃笑之。是岂知天命之性而叙、秩、命、讨已粲然无所不具于其中乎?彼其所以分者,是亦未尝真有得于斯耳"⑥。韩元吉认为儒家形而上与形而下是相互贯通、一以贯之的;佛教形而上和形而下是相互分离的。朱熹认为佛教的形而上也可以贯通形而下,不能实现这种贯通是境界没有达到一定的程度。在这一问题的看法上,韩元吉与张九成的思想具有一致性。

淳熙三年(1176),除朱熹为秘书郎,朱熹因为受流言困扰,辞不赴诏,韩元吉两次致书,希望其入召,为朝廷效力。朱熹则认为:"近世以来,风

① [宋]韩淲、陈鹄撰:《涧泉日记 西塘集耆旧续闻》,上海:上海古籍出版社,1993年,第21页。
② [清]陆心源:《宋史翼》,杭州:浙江古籍出版社,2016年,第294页。
③ [宋]陈亮:《陈亮集》,北京:中华书局,1974年,第251页。
④ [宋]陈亮:《陈亮集》,北京:中华书局,1974年,第252页。
⑤ [宋]韩元吉:《南涧甲乙稿附拾遗》,北京:中华书局,1985,第251页。
⑥ [宋]朱熹撰,朱杰人、严佐之、刘永翔主编:《朱子全书》21册,上海:上海古籍出版社;合肥:安徽教育出版社,2002年,第1623页。

颓俗靡，士大夫倚托欺谩，以取爵位者不可胜数，独未有此一流耳。而熹适不幸，诸公必欲疆之，使充其数，熹虽不肖，实不忍以身蒙此辱，使天下后世持清议者得以唾骂而嗤鄙之也。"①韩元吉则用长辈的身份，责备朱熹食古不化，他回书说："至谓无用于世，非复士大夫流，不知元晦平日所学何事，愿深考圣贤用心处，不应如此忿激，恐取怒于人也。与世推移，盖自有道，要不失己，但人与道不熟，便觉处之费力耳，如何如何。"②韩元吉认为身为儒者就要对社会有用，而朱熹却因为流言困扰，不想入世，这违背儒家入世精神。韩元吉认为身为士大夫，应当把平日所学运用于实践，要为朝廷效力，为百姓谋福。韩元吉曾受学于张九成，而他的这一思想与张九成的思想一致。张九成曾提出："学而不至于能用，此腐儒，非大儒也。"③"大儒之道，所以能用天下、国家者，以其通达变化如此也。岂俗儒、腐儒守章句、拘绳墨而不适于世用之谓乎？"④韩元吉在政治方面的思想，与张九成一脉相承。在学术上，他的主张也与张九成相同，在为学方面都主张明理躬行，经世致用，反对空谈命理。

凌景夏（约 1097—1175），字季文，临安府余杭（今浙江省杭州市）人。凌景夏的生卒年并不确定，但周必大曾于乙未十二月，即 1175 年农历十二月，作《凌阁学景夏挽诗》二首，这里的凌阁学应该就是凌景夏，又据汪应辰所说"年垂八十，古昔所稀"⑤。凌景夏去世之时应该接近八十岁，所以可以据此推测，他应生于 1097 年左右，死于 1175 年。凌景夏师承张九成，绍兴二年(1132)与张九成同年及第，张九成中状元，凌景夏中榜眼。凌景夏的文辞更胜张九成，而张九成更偏经世，且性格刚毅、忠直，更符合高宗的心意，所以最终张九成被点为状元。张九成曾评价凌景夏"季文醇

① ［宋］朱熹撰，朱杰人、严佐之、刘永翔主编：《朱子全书》21 册，上海：上海古籍出版社；合肥：安徽教育出版社，2002 年，第 1129 页。

② ［宋］韩元吉：《南涧甲乙稿附拾遗》，北京：中华书局，1985 年，第 252 页。

③ ［宋］张九成：《张九成集》第 3 册，杭州：浙江古籍出版社，2013 年，第 710 页。

④ ［宋］张九成：《张九成集》第 3 册，杭州：浙江古籍出版社，2013 年，第 708 页。

⑤ ［宋］汪应辰：《文定集》，北京：中华书局，1985 年，第 223 页。

厚谨畏，遇事有不可犯者"①。汪应辰曾评价凌景夏：

> 惟公气质粹美，学问纯正；充养既厚，持守益定。视其容貌，如不胜衣，孰知其勇，见义必为；听其议论，如不出口，孰知其直，言无所苟。谓公为清，清而有容；谓公为和，和而不同。人有一善，或以自矜，公终其身，兢兢靡宁。早以文鸣，出类拔萃。历守五郡，所至称治。进冠侍从，惓惓献纳。退领真祠，遂老苕霅。平生百为，无一可愧。②

从张九成和汪应辰对凌景夏的评价可以看出，凌景夏为人醇厚，人品清正。绍兴八年(1138)，凌景夏与胡珵、朱松、张扩、常明、范如圭等上书，反对议和。与秦桧意见相悖，被其构陷，贬知辰州(今湖南省沅陵县)，后又闲居了十余年。绍兴二十二年(1152)复职任中书舍人，历守筠州(今江西省高安市)、抚州(今江西省抚州市)、襄阳(今湖北省襄阳市)、宣州(今安徽省宣城市)、鼎州(今湖南省常德市)，官至吏部尚书。

樊光远(1102—1164)，字茂实，汴梁(今河南省开封市)人，徙居临安府钱塘县(今浙江省杭州市)。师承张九成，绍兴五年(1135)，省试第一，与汪应辰同届。张九成曾评价他"茂实沉静"③。著作有《尚书解》三卷、《礼记讲义》二卷、《梅窗杂著》十卷，今已佚。他在政治上，主张抗金：

> 今日士大夫之论，莫不以金人诡诈为可忧。臣独曰：诡诈不足忧，而信其诡诈，实深可惧也。臣愿陛下勿以得地为喜，而常以为忧；勿罪忠谠，以养敢言之气；勿喜迎合，以开滥进之门；勿尽民力，宜爱惜之，以固根本；勿沮士气，宜鼓动之，以备缓急。④

当时的丞相秦桧主张休兵，樊光远的主张与其不和，所以被罢为阆州教授。后来又被召为秘书丞，除监察御史，寻补外知严州。樊光远对张九

---

① [清]黄宗羲、全祖望：《宋元学案》，北京：中华书局，1986年，第1324页。

② [宋]汪应辰：《文定集》，北京：中华书局，1985年，第223页。

③ [清]黄宗羲、全祖望：《宋元学案》，北京：中华书局，1986年，第1324页。

④ [清]黄宗羲、全祖望：《宋元学案》，北京：中华书局，1986年，第1324页。

成颇为尊崇,始终不渝地践履师说。张九成在为学方面主张"有用之学":

> 余以谓士大夫之学,当为有用之学。①
>
> 学而不至于用,奚以学为哉?②
>
> 学而不至于能用,此腐儒非大儒也。③
>
> 学不贵于言语,要须力于践履。④

张九成认为学习的最终目的是对整个社会有用,他对王安石持批评态度,樊光远继承了张九成的这一思想。与他同届的汪应辰曾评价他说:

> 初,临川王荆公著《三经义字说》,以同天下之学,举世诵习如六经然。范阳张先生以为学者贵于自得而躬行,可以为天下国家用也,今守其穿凿附会之说,而修身治人,析为两途,则何贵于学矣?先生以此数见黜于当时之有司,贫至饘粥不给。茂实独师事之,甚谨。既冠,徒步就太学,试以书义对,是时文体亦稍变矣,而茂实独直指王氏之失,力排之,切中其要。考官奇之,置高等,是后士人乃益得自致于学。⑤

张九成提倡"自得之学",重视道德践履,这直接影响了汪应辰。张九成因为批评王安石,以至于生活艰难,而樊光远在张九成落魄之时,依然对张九成十分尊敬,可见他对张九成的推崇,也可见他的人品端方。而且在太学考试的时候,直言王安石的过失之处,可见其始终如一。

汪应辰(1118年—1176年),初名洋,字圣锡,信州玉山(今江西省玉山县)人,谥文定。少受知于喻樗,后学于胡安国、张九成、吕本中。绍兴五年(1135)进士及第,年方十八,被点为状元。听闻张九成讲学,随即前往求学。张九成看见汪应辰前来,欣喜之情溢于言表:"少年登上第,乃急

---

① 〔宋〕张九成:《张九成集》第 3 册,杭州:浙江古籍出版社,2013 年,第 692 页。

② 〔宋〕张九成:《张九成集》第 3 册,杭州:浙江古籍出版社,2013 年,第 699 页。

③ 〔宋〕张九成:《张九成集》第 3 册,杭州:浙江古籍出版社,2013 年,第 710 页。

④ 〔宋〕张九成:《张九成集》第 1 册,杭州:浙江古籍出版社,2013 年,第 223 页。

⑤ 〔宋〕汪应辰:《文定集》,北京:中华书局,1985 年,第 243 页。

忙来就学耶!"①他对于汪应辰是十分赞赏的,"圣锡敏悟,操履有守"②。
汪应辰登第以后,因为反对议和,遭到秦桧不满,出通判建州(今福建省福
州市)、静江府、广州等。秦桧死后,召为吏部郎官,迁右司,因母老,出知
婺州(今浙江省金华市)。张九成因反对秦桧,被贬谪至邵州,与朋友的交
往都断绝了,只有汪应辰时常通信问候。张九成丧父,谏官交相指责他,
只有汪应辰前来吊唁,由之可见汪应辰的人品。朱熹评价他:"惟公学贯
九流而不自以为足,材高一世而不自以为名,道尊德备而不自以为得,位
高声重而不自以为荣。"③吕祖谦评价他:"学则正统,文则正宗。乐易平
旷,前辈之风。崇深简重,前辈之容。"④全祖望评价他:"其骨鲠极似横
浦,多识前言往行以畜德似紫微,而未尝佞佛,粹然为醇儒。"⑤著作有《文
定集》二十四卷、《石林燕语辨》十卷。

汪应辰先后任秘书省正字、福建安抚使兼福州知府、四川制置使兼成
都知府、吏部尚书、端明殿学士等职。于隆兴二年(1164)底,赴任四川制
置使兼知成都府。乾道三年(1167)夏秋,蜀中大旱,他妥善赈灾济民,使
百姓安然度过灾荒,他还积极措置川蜀边防事宜,并极力向朝廷荐举蜀中
人才。在蜀期间,汪应辰恪尽职守,关注民生,爱护百姓,革除弊端,减轻
百姓赋役。汪应辰在学问之道上,与张九成的观点相似,他提出:

> 大抵学问之道,止是揆于心而安,稽于古而合,措于事而宜。所
> 以体究涵养,躬行日用,要以尽此道而已。⑥

> 自古名贤巨儒,读书皆在于心,故发挥为事业,皆本诸是心也。⑦

张九成认为心为万物的本源,一切都是从心出发。在对于学问之道

---

① [清]黄宗羲、全祖望:《宋元学案》,北京:中华书局,1986年,第1453页。

② [清]黄宗羲、全祖望:《宋元学案》,北京:中华书局,1986年,第1324页。

③ [宋]朱熹撰,朱杰人、严佐之、刘永翔主编:《朱子全书》第24册,上海:上海古籍出版社;合肥:安
徽教育出版社,2002年,第4069页。

④ [宋]吕祖谦:《吕祖谦全集》第1册,杭州:浙江古籍出版社,2008年,第131页。

⑤ [清]黄宗羲、全祖望:《宋元学案》,北京:中华书局,1986年,第1455页。

⑥ [宋]汪应辰:《文定集》,北京:中华书局,1985年,第164页。

⑦ [宋]汪应辰:《文定集》,北京:中华书局,1985年,第99页。

的看法上,汪应辰继承张九成的思想,认为要从心出发,认识书中的思想。

沈清臣,生卒年不详,字正卿,临安府盐官(今浙江省海宁市)人,居湖州乌程(今浙江省湖州市)。师承张九成,为张九成女婿。初从张九成学,时人或以禅学讥之,然其颇为自得。"先生少学于横浦,既自岭南归,迁居苕上,甚以师道自重。独其与门生问答,一语不契,辄使再参,颇近禅门,盖亦横浦佞佛之传。"①著有《晦岩集》,今已佚。高宗绍兴二十七年(1157)进士,为国子学录。坐上书言王希吕事,编管封州。孝宗即位,放还,隐居城南,建晦岩书院。淳熙中,以荐除敕令所删定官。高宗卒,上疏言丧事,迁国子监丞。十六年,除秘书丞兼嘉王府翊善,以直谅称。旋罢,主管台州崇道观。宁宗即位,起为江东提举,寻改秘阁修撰,为赵汝愚所倚重。后罢归,终于家。在政治上,反对和议,触怒秦桧,被贬到湖南沅州。

方畴,生卒年不详,字耕道,信州弋阳(今属江西省上饶市)人,学者称为困斋先生。受业于吕本中,又从学于胡安国、胡宏和张九成等。方畴很有才气,行止有守,好学不倦,汪应辰"幸闻耕道之风,庶取则不远,且足令吾同学者有所兴起"②。黄宗羲曾说"先生才气抗迈,闺门雍睦之行甚笃,出处又不苟,谪居好学不倦"③。张栻说其"天资耿介,临事不苟"④。著作有《耕道文集》二十卷、《稽山语录》,今已佚。

高宗建炎二年进士(1128),曾任建康通判,后卒于官。绍兴六年(1136)任敕令所删定官,上书称女真诡计多端、江南盗寇猖獗、宇内藩镇跋扈、军旅将士畏怯是四种最值得忧虑的情况,并提出所谓"十宜行",即所谓讲征伐、理财用、择人才、明赏罚、重台谏、抑阉寺、议诏令、恤凶荒、训乡兵和宽民力。绍兴八年(1138),金国派遣张通古、萧哲二人作为"江南诏谕使",在王伦的陪同下,来到南宋都城临安进行和谈。金使态度极其

---

① ［清］黄宗羲、全祖望:《宋元学案》,北京:中华书局,1986 年,第 1326 页。

② ［清］黄宗羲、全祖望:《宋元学案》,北京:中华书局,1986 年,第 1248 页。

③ ［清］黄宗羲、全祖望:《宋元学案》,北京:中华书局,1986 年,第 1248 页。

④ ［宋］张栻:《张栻集》,长沙:岳麓书社,2013 年,第 628 页。

傲慢,目中无人,且对南宋百般侮辱。高宗和秦桧却一味苟且偷安,卑躬屈膝与金使议和。此举激起了朝野上下的激烈反对,其中胡铨反对最为激烈,他上书高宗,对金国议和的阴谋进行揭露,而且要求高宗斩下秦桧、王伦、孙近的首级。奏疏上报之后,秦桧认为胡铨狂妄、凶悖,鼓众劫持,诏令除名,贬送昭州(今广西壮族自治区平乐县)管制,并降诏传告朝廷内外。方畴也反对议和,直接贬斥秦桧,被贬通判武冈军。在通判武冈军任上,人皆不敢与胡铨交往,方畴却与之通书且议婚,将女儿嫁与胡铨之子。

于恕,生卒年不详,字忠甫,密州诸城人(今山东省诸城市),无垢先生之甥也,不远千里往南安从张九成学。其父定远绍兴中为台州判官,因寓黄岩。中特科,终昌国县主簿。以与九成答问之语编为《心传录》。

于宪,生卒年不详,密州诸城人,徙居台州太平。于恕之弟,师承其舅张九成,与其兄恕各以舅甥答问之语,合编为《心传录》。

徐椿年,生卒年不详,字寿卿,信州永丰(今江西省上饶市)人。师承张九成,绍兴十二年(1142)进士,官宜黄县主簿,以病授承奉郎,致仕。著作有《论语解》《尚书本义》《双溪集》等,今已佚。

倪称(1116—1172),字文举,号绮川,湖州归安(今浙江省湖州市)人。师承张九成,高宗绍兴八年(1138)进士,为常州教授。绍兴二十六年(1156),召为学官,旋罢。官至太常寺主簿。乾道元年(1165)归居吴兴东林山。著作有《绮川集》十五卷,今已佚。

刘荀,生卒年不详,字子卿,清江人,永静军东光(今河北省沧州市)人。师承胡寅、张九成,录二人绪言名《思问记》。孝宗淳熙中知余干县(江西省上饶市),以周必大荐改判德安,知盱眙军。著作有《明本释》三卷。

郎煜,生卒年不详,字晦之,临安府钱塘(今浙江省杭州市)人。师承张九成,又是于恕的弟子,辑张九成语录编为《日新录》。淳熙十四年(1187),特奏得官,未及上任就去世。有人曾说他与侍郎郎简为同谱,他说"我家白屋,岂可妄攀华胄"。可见其品性高洁。

史浩(1106—1194),字直翁,号真隐,明州鄞县(今浙江省宁波市)人,谥"文惠"。师承张九成,黄宗羲曾说:"中兴宰辅如忠定者,盖亦完人也已!"①著作有《尚书讲义》二十二卷、《鄮峰真隐漫录》五十卷。宋高宗绍兴十四年(1144)进士,由温州教授除太学正,升为国子博士。宋孝宗即位时,授参知政事。隆兴元年(1163),拜尚书右仆射。淳熙十年(1183),除太保致仕,封魏国公。宋光宗御极后,进太师。史浩一生都积极为朝廷举荐人才,其中包括张栻、王十朋、朱熹、杨简、陆游、叶适、袁燮、陆九渊、舒璘等人。史浩与张浚政见相左,而史浩还向朝廷推荐张栻,王十朋曾经诋毁过史浩,但史浩仍然推荐他出任合适的官职。史浩为政之时,为朝廷引进人才,尽职尽责,不问亲疏,不计私仇,不念旧恶。

史浩在政治上虽然主张抗金,但是也不盲目抗金。他积极为受秦桧迫害蒙罪或者是含冤而死的抗金人士平反昭雪,为岳飞正名,振奋民心,端正朝廷作风,激励爱国之士发奋图强。他还召复在高宗时期受秦桧迫害的老臣,恢复他们的官职,肯定他们的政绩。他在抗金方面的主张被有些人曲解,王十朋等"主战派"歪曲事实,给他安上莫须有的罪状。史浩的反战无关政治派别,而是从当前的国势出发。他主张只有先"内修政事",外固边境,革除朝廷不良风气,增强国力,收拾人才,才能为北伐事业打好稳定的政治基础和丰厚的物质基础。

史浩对于张九成非常的感念,"予平生受无垢先生张公之知,至今寝饭不忘"②。史浩在思想方面的主张,见于《光宗皇帝初即位进封事》,史浩说:"是故谋国之言,必以正心为主,心是百行之本,心为万化之原。"③他直接提出"心为万化之源"的观点,认为心是教化的根本所在。张九成提出:"心通,则六经皆我心中物也。"④"以此知天下治乱,尽在人主而已;人主治乱,尽在一心而已。"⑤"圣王法度皆自其心中造化。"⑥由此可以看

---

① [清]黄宗羲、全祖望:《宋元学案》,北京:中华书局,1986年,第1330页。

② [宋]史浩:《史浩集》,杭州:浙江古籍出版社,2016年,第662页。

③ [宋]史浩:《史浩集》,杭州:浙江古籍出版社,2016年,第189页。

④ [宋]张九成:《张九成集》第1册,杭州:浙江古籍出版社,2013年,第196页。

⑤ [宋]张九成:《张九成集》第2册,杭州:浙江古籍出版社,2013年,第425页。

⑥ [宋]张九成:《张九成集》第4册,杭州:浙江古籍出版社,2013年,第1071页。

出,史浩继承了张九成的心学思想。史浩主张以心为本,并主张明心致用。他对心学非常提倡,晚年曾引陆九渊的门人杨简、袁燮、沈焕等到家中讲学,教授自己的子孙。张九成思想是以儒为本,参以佛老,而史浩也继承了这一点。

郭钦止(1128—1184),字德谊,婺州东阳(今浙江省金华市)人。师承张九成,朱熹撰《郭钦止墓志铭》云:"才百夫之特,而身不阶于一命。志四方之远,而行不出乎一乡。"①宋绍兴十八年(1148)独力创办石洞书院,开创了东阳民间兴学之新风,并且捐献了数百亩天地和石洞之山作为书院产业,而且以家中藏书充实书院。他还延聘了叶适主师席,后来朱熹、吕祖谦、魏了翁、陈亮、陈傅良、陆游等也相继来此讲学交游。

第二节　横浦后学

这一节的横浦后学指的是张九成的再传弟子,主要是沈清臣、倪称、史浩、汪应辰的传人,他们的私淑弟子或者三传弟子并未包括在内。

一、沈氏门人

赵彦肃(1148—1196),字子钦,号复斋,严州建德(今浙江省建德市)人,太祖之后。师沈清臣,为张九成门人。十八岁中进士,后来掌宁国军书记,调秀州推官,移华亭县丞摄县事,以内艰归。赵汝愚奏为宁海军节度推官,终年四十九岁。杨简评价其:"先生书无不习,习无不究。自始仕,习明经科。业成,去习宏博科。业成,又去习先儒诸书。自谓无不解者,逮从晦岩沈先生游,因论太极不契,愤闷忘寝食,遂焚平昔所业数箧,

---

① ［宋］朱熹撰,朱杰人、严佐之、刘永翔主编:《朱子全书》第25册,上海:上海古籍出版社;合肥:安徽教育出版社,2002年,第4269页。

动静体察工夫，无食息闲。"①著作有《广学杂辨》《士冠》《士昏》《馈食图》等，均已佚。今只存《复斋易说》六卷，其书在赵彦肃死后二十六年，由郡太守许兴裔刊行于世。赵彦肃注易经传不单独分开，不袭旧说，只抒己意。南宋时期，象数和义理开始出现和融，赵彦肃正是适应了这一潮流和趋势。

二、倪氏家学

倪思（1147—1220），字正甫，号齐斋，湖州归安（今浙江省湖州市）人，谥文节。其父倪称，继承家学，为张九成门人。袁燮评价其一生正直，为人善良亲近，"立于朝廷，则忠言谠论，不知有身。而位乎岳牧，则抚民如子，养之如春，其或退而归休，则德望岿然"②，《宋元学案》中黄宗羲评价倪思："先生孤行一意。其在乾、淳间，不为周益公所喜。赵忠定公尝称先生为真侍讲，而先生亦以事忤之。陈止斋、章茂献，皆其所不咸也。朱子入朝，君子倾心归之，先生亦落落，人颇疑之。及其为周、赵、朱三公制词，极其奖许，乃知其无私。庆元之召为吏部也，侂胄亦以先生故，与诸君不甚相得，意欲援之以自助，遣弟仰胄道意，先生谢之，是以有太平之谪。及再起，乃大忤以去，叶公水心极叹之。"③全祖望评价倪思："先生始终风节不屈不随，真有得于横浦之传。"④他一生著述很多，但很多著作均已佚，今只存《经锄堂杂志》八卷、《班马异同》三十五卷。

南宋乾道二年（1166）进士，淳熙五年（1178）又中博学宏词科。孝宗末，累迁秘书郎，除著作郎兼翰林权直。历孝宗、光宗、宁宗三朝，曾任礼部侍郎、兵部尚书、礼部尚书等职。在政治上，他主张抗金，反对求和，以直谏著称，曾因为斥责韩侂胄而被革职，后重新起用。嘉定二年（1209），

---

① ［清］黄宗羲、全祖望：《宋元学案》，北京：中华书局，1986 年，第 1932 页。

② ［宋］袁燮：《絜斋集》卷二十二，杭州：浙江大学出版社，2020 年，第 348 页。

③ ［清］黄宗羲、全祖望：《宋元学案》，北京：中华书局，1986 年，第 1335 页。

④ ［清］黄宗羲、全祖望：《宋元学案》，北京：中华书局，1986 年，第 1335 页。

被史弥远两次罢官。他一生忠心为国，直到临死，还上疏朝廷，陈述政治主张。倪思不畏权贵，敢于直谏，为人正直。只是他更佞佛。

三、史浩门人

史弥坚(1166—1232)，字固叔，一字开叔，忠宣，明州鄞县(今浙江省宁波市)人。师承杨简、袁燮，因为是史浩幼子，传承其家学，为张九成门人。他的兄长为史弥远，因与其兄有一些嫌隙，出为潭州、湖南安抚使。以兄久在相位，数劝归不听，遂食祠禄于家。守建宁，行义仓法，有政绩。吴鹤林《泳行词》有云：在熙宁则不党于熙宁，如安国之于安石。在元祐则不趋于元祐，如大临之于大防。

史守之(1166—1224)，字子仁，明州鄞县(今浙江省宁波市)人。师承杨简、袁燮，是宰相史浩之孙，史弥坚之子，传承其家学，为张九成门人。他为人耿介清正，淡泊名利，因厌恶史弥远的所作所为，朝廷屡次征召他出仕，均辞不就，以朝奉大夫致仕。著作有《升闻录》。

史定之，生卒年不详，字子应，号月湖渔老。师承杨简、袁燮，是宰相史浩之孙，史弥坚之子，传承其家学，所以为张九成门人。以祖恩补修职郎。历知昭武、兰溪二县。宁宗开禧中，知吉州。嘉定间，知饶州，广浚城河。著作有《乡饮酒仪》《太极图论》《易赞》《饶州志》《月湖集》等，今已佚。

张良臣，生卒年不详，字武子，一字汉卿，号雪窗，学者称雪窗先生，开封襄邑(今河南省开封市)人，家于四明(今浙江省宁波市)。师承史浩，为张九成门人。孝宗隆兴元年(1163)进士。笃学好古，著作有《雪窗集》，今已佚。

四、汪应辰门人

汪伯时，生卒年不详，信州玉山(今江西省上饶市)人。汪应辰长子，承其家学，为张九成门人。其为官之时，汪应辰曾写信给他："惟公与正，乃万事之本。又须行之以恕,居之以宽,庶几久而无愧。"希望其做事秉持公正的原则,待人宽和,教导其为人处世之方。

汪逵,生卒年不详,字季路,信州玉山(今江西省上饶市)人。汪应辰的二儿子,承其家学,为张九成门人。乾道八年(1172)进士,官国子司业。为人谨慎,生性宽和,恪守家法,博学多识。庆元元年(1195),为国子司业。韩侂胄主政,禁理学,逐名士。汪逵上札子反对,遂被斥入庆元党籍,闲居多年。嘉定元年(1208)复为秘书少监,擢权工部侍郎。后累迁至吏部尚书、端明殿学士。

尤袤(1127—1194),字延之,小字季长,号遂初居士,晚号乐溪、木石老逸民,常州无锡(今江苏省无锡市)人,谥号"文简"。他从喻樗、汪应辰游学,所以为张九成门人。喻樗学于杨时,乾道、淳熙间,程氏学稍振,有些人攻击道学,他依然坚守不移,为道学正名。尤袤与杨万里、范成大、陆游并称为"南宋四大诗人"。著作有《遂初堂书目》一卷、《梁溪遗稿》两卷、《全唐诗话》六卷。

南宋绍兴十八年(1148)举进士。最初任泰兴县令,关注民间疾苦,为民请命革除苛捐弊政,并率领军民整修城郭,在泰兴颇有政绩,后奉调入京,任秘书丞兼国史院编修官和实录院检讨官,后又升任著作郎兼太子侍读。乾道八年(1172)二月,尤袤因参与一些大臣反对孝宗任用安庆军节度使张说执政,于次年冬出京外任台州(今浙江省临海市)知州。尤袤在台州期间,加固城垣,减轻丁税,后来,台州发生洪水时,城区由于城墙高、厚而未受淹。尤袤在江东任内,适逢大旱,他率领人民抗灾,并设法赈济灾民。后被提升为江南西路转运使兼隆兴(今江西省南昌市)知府。淳熙九年(1182),尤袤被召入朝,授吏部郎官、太子侍讲,后又提升为枢密检正兼左谕德。绍熙元年(1190),尤袤再次被外放,出任婺州(今浙江省金华市)、太平州(今安徽省当涂县)的知府。后又被召入朝任给事中兼侍讲。

吕祖谦(1137—1181),字伯恭,婺州(今浙江省金华市)人,祖籍淮南寿州(今安徽省凤台县)。宋宁宗时,追谥为"成"。嘉熙二年(1238),改谥"忠亮"。他学无专师,曾从学刘勉之、汪应辰、林之奇、芮煜等,为张九成再传弟子。陈亮评其："乾道间,东莱吕伯恭、新安朱元晦及荆州,鼎立为一代学者宗师。"①陆九渊评其："窃惟执事聪明笃厚,人人自以为不及,乐教导人,乐成人之美,近世鲜见。"②著作有《春秋左氏传续说》十二卷、《大事记》十二卷、《东莱集》四十卷、《古周易》一卷、《观澜集注》三十二卷、《历代制度详说》十五卷、《丽泽论说集录》十卷、《吕氏家塾读诗记》三十二卷、《少仪外传》两卷、《宋文鉴》一百五十卷、《卧游录》二十五卷、《左氏传说》二十卷、《增注古文关键》二十卷、《书说》三十五卷、《永斋近思录衍注》十四卷。

吕祖谦出身于"东莱吕氏",门荫入仕,起家将仕郎。隆兴元年(1163)进士及第,调补南外宗学教授,累迁直秘阁学士、提举亳州明道宫,参与重修《宋徽宗实录》,编纂刊行《皇朝文鉴》。吕祖谦其学不宗一师,不私一说,博学多识,主张明理躬行,学以致用,反对空谈心性,创立"婺学"(又称"金华学派"),在理学发展史上占有重要地位。与朱熹、张栻齐名,并称"东南三贤"。在哲学上,主张"理"与"心"并重。在认识论上,既主张"明心",又主张"格物穷理"。淳熙二年(1175)五月底,吕祖谦为了调和朱熹"理学"和陆九渊"心学"之间的理论分歧,企图使二人的哲学观点"会归于一",于是充当发起人和组织者,出面邀请陆九龄、陆九渊兄弟前来与朱熹见面,在信州鹅湖寺举行哲学辩论会,竭力调和朱熹、陆九渊两派。吕祖谦的学术思想相当丰富,博采众长,在理学、史学、哲学、经学、文学、文献学等方面都有较高成就。

章颖(1141—1218),字茂献,临江新喻(今江西省樟树市)人,谥文肃。师承汪应辰,为张九成门人。"先生操履端直,生平风节不为穷达所移。"③孝宗即位,应诏上万言书,礼部奏名第一,孝宗称其文似陆贽,调道州教授。淳熙二年(1175)进士,调道州教授,召为太学录,迁太学博士。添差通判赣州。绍熙二年(1191),召为太常博士。三年(1192),除太常

---

① [宋]陈亮:《陈亮集》,北京:中华书局,1974年,第322页。

② [宋]陆九渊:《陆九渊集》,北京:中华书局,1980年,第61页。

③ [清]黄宗羲、全祖望:《宋元学案》,北京:中华书局,1986年,第1462页。

丞。四年(1193),为军器少监,除左司谏。宁宗即位,除侍御史兼侍讲。庆元元年(1195),权兵部侍郎兼实录院同修撰,与韩侂胄不和,罢归。起知衢州、赣州,均被劾罢,再仕,知建宁府。侂胄被诛,召除集英殿修撰,累迁刑部侍郎兼侍讲,除吏部侍郎,迁礼部尚书。著作有《文州古今记》十二卷、《四将传》三卷,今已佚。

张杰,生卒年不详,字孟远,衢州(今浙江省衢州市)人。明隽闳达,才气横厉。从学于张浚,师事汪应辰。与张栻、朱熹、吕祖谦相交。

赵焯(？—1183),字景昭,开封(今河南省开封市)人。以吕祖谦荐而师事汪应辰。登宋孝宗乾道八年(1172)进士第,与陆九渊为同年友,且与其相谈甚欢,陆九渊称"景昭极贤"。淳熙二年(1175)五月,受赵景明之邀参与鹅湖之会。历官司直,仕至国子监簿,淳熙七年(1180)九月其官满秩,过南康与朱熹见面。黄宗羲评其:"有志于正学,练达世故,于辈流中不易得。"①

郑侨,生卒年不详,字惠叔,号回溪,兴化军莆田(今福建省莆田市)人,谥忠惠。汪应辰之婿,为张九成门人。孝宗乾道五年(1169)进士第一。中状元后,郑侨被授予签书镇南军节度判官,步入仕途。淳熙十六年(1189)二月,孝宗禅位太子赵惇,是为光宗。郑侨出任代理吏部尚书。绍熙五年(1194)六月,大臣赵汝愚、韩侂胄等发动政变,拥立嘉王赵扩为帝,是为宁宗。郑侨是政变的拥护者、参与者。宁宗登基,郑侨出任参知政事,即副相。后进官为知枢密院事,成为最高军事长官。后韩侂胄弄权,郑侨不满其专权跋扈,接连四次上疏谏争,韩侂胄对郑侨恨之入骨。韩侂胄为了铲除异己,把郑侨贬出京师,去福州(州治侯官、闽县,今福建省福州市)做知州。后以观文殿学士致仕。

横浦学派在南宋时期是具有一定的影响力的,南宋以后逐渐地开始没落。横浦学派没落的原因主要分为以下两点:一是张九成的影响力下降,二是没有强有力的弟子传承其思想。张九成虽然著作颇多,但是没有

---

① [清]黄宗羲、全祖望:《宋元学案》,北京:中华书局,1986年,第1463页。

强有力的弟子继承其思想，导致其思想在后世没有得到有效的传播。他的弟子中在后世比较有名的就是汪应辰和史浩，但是他们都没有真正地传承张九成的心学思想。汪应辰所主张的是理学，史浩其思想中虽然具有一定的心学特色，但是并没有形成一定的理论体系。在其后学中，也没有人继承其心学思想。在其后学中，吕祖谦是比较著名的人物。吕祖谦思想中虽然也具有心学的内容，但是没有直接的证据证明其思想的形成受到张九成心学思想的影响。张九成的弟子虽然没有继承其心学思想，但是在政治方面与他具有相似的政治主张，他们在政治上都主张抗金，都关注民生、以民为本。在思想上都反对空谈，主张经世致用。横浦学派的特色就是"明经，所以立身行己而致君泽民"①。真正地做到学有所用，认识到经书中存在的"圣人之道"，然后把"圣人之道"运用于社会治理之中。

---

① ［宋］张九成:《张九成集》第4册，杭州:浙江古籍出版社，2013年，第1316页。

附录二 参考文献

1.古籍类

［魏］王弼注,楼宇烈校释:《老子道德经注校释》,北京:中华书局,2008 年。

［梁］真谛译,高振农校释:《大乘起信论校释》,北京:中华书局,2016 年。

［宋］李焘:《续资治通鉴长编》,北京:中华书局,1979 年。

［宋］欧阳修:《欧阳修全集》,北京:中华书局,2001 年。

［宋］张载:《张载集》,北京:中华书局,1978 年。

［宋］程颢、程颐:《二程集》,北京:中华书局,1981 年。

［宋］杨时:《杨时集》,北京:中华书局,1993 年。

［宋］谢良佐:《上蔡语录》,北京:商务印书馆,2005 年。

［宋］胡安国:《春秋传》,长沙:岳麓书社,2011 年。

［宋］胡宏:《胡宏集》,北京:中华书局,1987 年。

［宋］胡寅:《崇正辩·斐然集》,北京:中华书局,1993 年。

［宋］张九成:《张九成集》,杭州:浙江古籍出版社,2013 年。

［宋］陈亮:《陈亮集》,北京:中华书局,1974 年。

［宋］朱熹:《四书章句集注》,北京:中华书局,1983 年。

［宋］朱熹:《朱子全书》,上海:上海古籍出版社;合肥:安徽教育出版

社,2002年。

　　［宋］张栻:《张栻集》,长沙:岳麓书社,2013年。

　　［宋］陆九渊:《陆九渊集》,北京:中华书局,1980年。

　　［宋］吕祖谦:《吕祖谦全集》,杭州:浙江古籍出版社,2008年。

　　［宋］黎靖德编,王星贤点校:《朱子语类》,北京:中华书局,1986年。

　　［宋］杨简:《杨简全集》,杭州:浙江大学出版社,2015年。

　　［宋］史浩:《史浩集》,杭州:浙江古籍出版社,2016年。

　　［宋］正受:《嘉泰普灯录》,上海:上海古籍出版社,2017年。

　　［宋］蕴闻编:《大慧普觉禅师语录》,蓝吉富主编《禅宗全书》语录部七(42),北京:北京图书馆出版社,2004年。

　　［宋］王十朋:《梅溪后集》,景印文渊阁四库全书。

　　［宋］祖咏编:《大慧禅师年谱》,国家图书馆藏径山明月堂刻本。

　　［宋］赵与时:《宾退录》,上海:上海古籍出版社,1983年。

　　［宋］韩元吉:《南涧甲乙稿:附拾遗》,北京:中华书局,1985年。

　　［宋］韩淲、陈鹄:《涧泉日记 西塘集耆旧续闻》,上海:上海古籍出版社,1993年。

　　［宋］汪应辰:《文定集》,北京:中华书局,1985年。

　　［宋］袁燮:《絜斋集》,杭州:浙江大学出版社,2020年。

　　［宋］叶绍翁:《四时闻见录》,上海:上海古籍出版社,2012年。

　　［金］赵秉文:《滏水集》,景印文渊阁四库全书。

　　［明］吴之鲸:《武林梵志》,杭州:杭州出版社,2006年。

　　［明］王守仁:《王阳明全集》,上海:上海古籍出版社,1992年。

　　［明］王世贞:《弇州续稿》,景印文渊阁四库全书。

　　［清］黄宗羲:《黄宗羲全集》,杭州:浙江古籍出版社,2012年。

　　［清］焦循:《孟子正义》,北京:中华书局,2018年。

　　［清］陆心源:《宋史翼》,杭州:浙江古籍出版社,2016年。

　　［清］纪昀等:《四库全书总目》,北京:中华书局,1965年。

　　［清］孙奇逢:《夏峰先生集》,北京:中华书局,2004年。

［清］黄宗羲、全祖望编：《宋元学案》，北京：中华书局，1986 年。

中国地方志集成编辑工作委员会：《中国地方志集成》，上海：上海书店出版社，1992 年。

2. 现代研究著作

冯友兰：《中国哲学史》，上海：华东师范大学出版社，2015 年。

牟宗三：《心体与性体》，上海：上海古籍出版社，1999 年。

徐复观：《中国思想史论集》，上海：上海书店出版社，2004 年。

陈鼓应：《老子今注今译》，北京：商务印书馆，2003 年。

张岱年：《张岱年全集》，石家庄：河北人民出版社，1990 年。

张岱年：《中国哲学发微》，太原：山西人民出版社，1981 年。

邓广铭：《北宋政治改革家王安石》，石家庄：河北教育出版社，2000 年。

张立文主编：《中国学术通史》（宋元明卷），北京：人民出版社，2004 年。

陈来：《宋明理学》，北京：生活·读书·新知三联书店，2011 年。

蔡方鹿：《程颢程颐与中国文化》，贵阳：贵州人民出版社，2001 年。

陈来：《有无之境：王阳明哲学的精神》，北京：人民出版社，1991 年。

吕思勉：《理学纲要》，南昌：江西教育出版社，2018 年。

徐复观：《中国人性论史》，北京：九州出版社，2014 年。

方立天：《中国佛教哲学要义》，北京：宗教文化出版社，2015 年。

陈来：《中国近世思想史研究》，北京：生活·读书·新知三联书店，2010 年。

刘玉敏：《心学源流——张九成心学与浙东学派》，北京：人民出版社，2013 年。

杨伯峻：《论语译注》，北京：中华书局，1980 年。

何俊：《南宋儒学建构》，上海：上海人民出版社，2004 年。

任继愈：《中国哲学发展史（先秦篇）》，北京：人民出版社，1983 年。

吴长庚：《朱熹与江西理学》，南昌：江西高校出版社，2007 年。

王凤贤、丁国顺:《浙东学派研究》,杭州:浙江人民出版社,1993年。

宋志明、向世陵、姜日天:《中国古代哲学研究》,北京:中国人民大学出版社,1998年。

向世陵:《善恶之上——胡宏·性学·理学》,北京:中国广播电视出版社,2000年。

向世陵:《理气性心之间——宋明理学的分系与四系》,北京:人民出版社,2008年。

邓克铭:《张九成思想之研究》,台北:东初出版社,1990年。

林继平:《陆象山研究》,台北:台湾商务印书馆,1983年。

[美]田浩:《朱熹的思维世界》,西安:陕西师范大学出版社,2002年。

[日]楠本正继:《宋明时代儒学思想の研究(修订版)》,东京:広池学园出版部,1964年。

3.论文

冯友兰:《宋明道学中理学心学二派之不同》,《清华大学学报(自然科学版)》1932年第1期。

崔大华:《张九成的理学思想及其时代影响》,《浙江学刊》1983年第3期。

滕复:《阳明前的浙江心学》,《浙江学刊》1989年第1期。

朱汉民:《论胡宏的性本论哲学》,《湖南大学学报》1990年第5期。

王伟民:《张横浦的心学思想述论》,《浙江学刊》1994年第6期。

尹波:《张九成年谱》,《宋代文化研究》,1995年辑刊。

尹波、朱天:《张九成著述考》,《宋代文化研究》,1996年辑刊。

何俊:《洛学向心学的转化——论王苹、张九成思想走向》,《哲学研究》2001年第1期。

卢连章:《论程颢心学思想的传承》,《天中学刊》2003年第1期。

钱建状、尹罗兰:《南渡士人的佛教因缘与文学创作》,《浙江大学学报(人文社会科学版)》2003年第3期。

李承贵:《张九成佛教观论析——兼论佛教中国化的路径及特点》,

《中山大学学报（社会科学版）》2005 年第 5 期。

蔡根祥：《张九成〈尚书〉学研究》，《高雄师大学报》2007 年总第 22 期。

周淑萍：《宋代学人对两宋非孟思潮的理论回击》，《现代哲学》2007 年第 5 期。

魏娟：《张九成忠君爱民的政治思想》，《重庆工商大学学报（社会科学版）》2008 年第 2 期。

张昭炜：《宋明理学第四系的形成与发展》，《朱子学刊》2009 年辑刊。

吴珍平：《宋代儒家学者学佛经历对理学的影响——以张九成为例》，《山西大同大学学报（社会科学版）》2009 年第 6 期。

戴成方：《对张九成孟学研究方法的初步探究》，《科教文汇（中旬刊）》2010 年第 9 期。

郑熊：《工夫消解本体——论张九成的〈中庸〉研究》，《中州学刊》2010 年第 3 期。

刘玉敏：《即本体即工夫：张九成对〈中庸〉的解读——兼与郑熊先生商榷》，《中州学刊》2011 年第 5 期。

陈良中：《张九成〈书〉学思想脞说》，《重庆师范大学学报（哲学社会科学版）》2011 年第 3 期。

刘玉敏：《张九成的事功思想及其影响》，《浙江工业大学学报（社会科学版）》2011 年第 3 期。

陈良中：《张九成〈无垢尚书详说〉解经特点琐议》，《重庆师范大学学报（哲学社会科学版）》2012 年第 1 期。

李春颖：《性善之善不与恶对——以张九成为中心讨论宋代性善论涵盖的两个问题》，《中国哲学史》2012 年第 2 期。

李春颖：《已发未发之间——张九成对道南已发未发思想的发展》，《平顶山学院学报》2013 年第 1 期。

朱军：《从谢良佐到张九成：洛学心本体的建构》，《科学经济社会》2013 年第 2 期。

刘玉敏:《张九成〈尚书〉说刍议》,《浙江工业大学学报(社会科学版)》2013年第3期。

郑翔高:《士大夫居士张九成的佛禅观》,《湖南大学学报(社会科学版)》2013年第4期。

徐莹:《张九成〈孟子传〉中的商鞅》,《史学月刊》2013年第11期。

杨新勋:《张九成〈横浦集〉宋本刊刻考》,《古籍整理研究学刊》2014年第3期。

杨新勋:《张九成作品考述》,《儒家典籍与思想研究》,2014年辑刊。

郑翔高:《张九成与大慧宗杲的交游》,《原道》2014年第1期。

刘玉敏:《张九成与南宋浙学》,《浙江社会科学》2014年第5期。

林素芬:《张九成的圣王论述》,《成大中文学报》2015年总第49期。

李敬峰:《理学范式,心学旨趣:张九成思想特质辨析》,《原道》2015年第4期。

徐慧文、杨新勋:《张九成〈孟子传〉的主要特色》,《山东社会科学》2015年第6期。

左志南:《"造化何在,吾心而已"——张九成理学体系建构特点及其意义》,《南昌大学学报(人文社会科学版)》2016年第1期。

李春颖:《张九成对〈大学〉致知格物的心学诠释》,《中国哲学史》2017年第3期。

姜广辉、李准:《宋元〈尚书〉学略论》,《湖南大学学报(社会科学版)》2017年第6期。

李春颖:《张九成〈孟子传〉中的君臣观与宋代疑孟思潮》,《中国儒学》,2017年辑刊。

刘力耘:《〈尚书〉诸篇阐释与宋代复仇论》,《湖南大学学报(社会科学版)》2018年第5期。

李春颖:《张九成基于心学思想的天人感应论》,《周易研究》2018年第4期。

刘玉敏:《钱时的道统论与浙江心学》,《浙江社会科学》2018年第

5 期。

　　曹树明:《北宋〈西铭〉诠释模式述论》,《齐鲁学刊》2018 年第 2 期。

　　李春颖:《张九成与朱熹慎独工夫的路径及分歧》,《中州学刊》2018 年第 8 期。

　　徐艺舫:《"真实无妄"和"真诚不欺"——程颐关于"诚"的本体理论建构》,《周易研究》2020 年第 1 期。

　　袁大鑫:《论张九成〈四书〉诠释与道统论建构》,《地域文化研究》2021 年第 2 期。

　　许家星:《"洪水猛兽":朱子对宋代名士"阳儒阴佛"思潮的批判及其意义——以〈杂学辨〉为中心》,《江南大学学报(人文社会科学版)》2021 年第 3 期。

　　张荷群:《北宋孟子学案》,四川大学 2005 年硕士论文。

　　齐景红:《张九成理学思想研究》,南开大学 2006 年硕士论文。

　　张申娜:《张九成工夫论意义下的"心""理"关系考察》,南京大学 2008 年硕士论文。

　　陈利娟:《谢良佐哲学思想研究》,南昌大学 2010 年硕士论文。

　　张晔:《张九成〈孟子〉学研究》,陕西师范大学 2011 年硕士论文。

　　邵海根:《张九成心性论对佛教的融摄》,杭州师范大学 2017 年硕士论文。

　　肖湘:《朱熹〈杂学辨〉研究》,湖南大学 2018 年硕士论文。

　　戎姝阳:《张九成〈横浦集〉研究》,广西大学 2019 年硕士论文。

　　袁大鑫:《张九成〈四书〉学研究》,西北大学 2021 年硕士论文。

　　刘玉敏:《心学的肇始——张九成哲学思想研究》,中国人民大学 2007 年博士论文。

　　方新蓉:《大慧宗杲与两宋诗禅世界》,四川大学 2010 年博士论文。

　　李春颖:《张九成思想研究》,北京大学 2012 年博士论文。

　　郑翔高:《张九成的儒佛会通思想历程》,湖南大学 2018 年博士论文。

后　记

　　本书的写作源于我对宋代心学思想的长期探索。在研究张九成心学思想的过程中，我深刻体会到心学传承的特殊性——它不仅是文本的解读与义理的阐发，更是一种生命体验的共鸣与精神境界的传递。张九成作为两宋之际理学向心学转型的关键人物，其思想既承洛学之绪，又启象山之先，却在学术史中长期被边缘化，这一现象尤其值得学界关注。

　　本书付梓之际，我首先要衷心感谢我的博士导师翟奎凤先生。先生以严谨的治学态度和宽厚的为人风范，从选题立意到行文表述都给予我悉心指导。同时，我也要感谢求学路上所有给予帮助的师友，他们的建议、鼓励和批评始终是我学术前进的重要动力。当然，书中存在的不足之处，皆因我个人学力所限，恳请学界同仁不吝指正。

　　本书虽力求系统地呈现张九成心学的思想脉络，但笔者深知研究仍有未尽之处。张九成是两宋之际这一重要思想转折点的关键人物，对其心学思想的研究尚有许多值得深入探讨的空间。唯愿以此书为引玉之砖，唤起学界对这一时期思想转型的更多关注。若读者能从中感受到心学思想的独特魅力与思想温度，那将使笔者感到莫大的欣慰。

朱　琳

2025 年 2 月 5 日